高职高专公共基础课系列教材

新编大学生体育与健康

○ 主编 林 礼 孔胜源 李 辉

西安电子科技大学出版社

内 容 简 介

本书依据《全国普通高等学校体育课程教学指导纲要》《国家学生体质健康标准》和《学校体育工作条例》，针对普通高等学校体育教育工作的新形势、新特点和新需求编写而成。

本书主要介绍田径、羽毛球、篮球、排球、足球、乒乓球、健美操、武术、形体训练、体育舞蹈与其他操舞、游泳运动、球类项目竞赛编排等内容，旨在使学生掌握一定的体育基本知识、基本技能和技巧，养成经常锻炼身体的习惯和终身体育锻炼的意识和行为。本书内容简洁、重点突出、任务明确，可最大程度地满足大学生在体育方面自我发展、学习和适应社会的需要。本书打破原学科的固有体系与运动项目本身的逻辑顺序，遵循"综合改革""身心合一""为我所用""主动学习"等原则，体现出多样、简明、灵活和综合等特点。

本书可作为高职高专院校公共体育课教材，也可作为对体育与健康感兴趣的各界人士的参考书。

图书在版编目(CIP)数据

新编大学生体育与健康 / 林礼,孔胜源,李辉主编. --西安: 西安电子科技大学出版社,2023.9
ISBN 978–7–5606–7028–7

Ⅰ.①新… Ⅱ.①林… ②孔… ③李… Ⅲ.①体育—高等学校—教材②健康教育—高等学校—教材 Ⅳ.①G807.4②G647.9

中国国家版本馆 CIP 数据核字(2023)第 154938 号

策　　划　杨丕勇
责任编辑　杨丕勇
出版发行　西安电子科技大学出版社(西安市太白南路 2 号)
电　　话　(029)88202421　88201467　　邮　　编　710071
网　　址　www.xduph.com　　　　　电子信箱　xdupfxb001@163.com
经　　销　新华书店
印刷单位　陕西天意印务有限责任公司
版　　次　2023 年 9 月第 1 版　　2023 年 9 月第 1 次印刷
开　　本　787 毫米×1092 毫米　　1/16　印张　17.5
字　　数　414 千字
印　　数　1～5000 册
定　　价　48.00 元
ISBN 978 – 7 – 5606 –7028–7/G

XDUP 7330001-1

本书编委会名单

前　言

　　大学体育作为我国现代教育的重要组成部分，担负着重要的历史使命。大学体育工作的好坏，直接关系到能否培养德、智、体、美、劳全面发展的合格人才。大学体育课程是根据国家制定的德、智、体、美、劳全面发展的教育方针以及社会的需要，依据学生身心发展的特点，以适当的身体练习和卫生保健措施为手段，通过多种组织形式所进行的一种有计划、有组织的教育活动。其目的是促使大学生有效地锻炼身体，增强体质，培养大学生的体育能力，并对其进行思想品德教育，提高其运动技术水平，为培养身心全面发展的社会主义现代化建设人才服务。

　　为了使学生在体育锻炼时有据可查、有标准可依，我们特精心编写了此书。同时，本书还兼顾了《全国普通高等学校体育课程教学指导纲要》《国家学生体质健康标准》和《学校体育工作条例》等对体育课程的要求，希望对教师的实际教学工作能有所帮助。本书依据科学发展的要求，紧密结合当前高校体育教学的需要和大学体育改革的现状，以学生为本，从实际出发，为完善以学生身心健康为目标的新型体育教育教学体系发挥积极作用。

　　本书语言叙述简明扼要，通俗易懂。全书共有 14 章，第一章为体育卫生与保健常识，第二章为学生体质健康标准，第三章为田径，第四章为羽毛球，第五章为篮球，第六章为排球，第七章为足球，第八章为乒乓球，第九章为健美操，第十章为武术，第十一章为形体训练，第十二章为体育舞蹈与其他操舞，第十三章为游泳运动，第十四章为球类项目竞赛编排。

　　本书在编写过程中参考了相关专业书籍，在此向各位编者致以诚挚的谢意！

　　本书既可作为高等学校"公共体育"课程教材，也可作为体育爱好者自我锻炼的指导用书。

　　由于编者水平有限，书中难免有疏漏之处，恳请广大读者不吝赐教。

编　者

2023 年 6 月

目　录

第一章 体育卫生与保健常识

第一节 体育锻炼中的常规要求

一、准备活动和整理活动

体育锻炼过程是人体由静态到动态再到静态的变化过程，准备活动和整理活动就是实现这种变化的过渡手段。

通过准备活动，人体能够有准备地从相对安静状态逐渐过渡到运动状态，身体内脏器官、运动系统的肌肉、关节、韧带的机能都进入工作状态，克服机体的生理惰性，加速肌肉组织的新陈代谢，适应运动的需要，预防运动创伤的发生。

人在剧烈运动以后，身体的许多变化不能随着运动停止而立即恢复正常，只有经过整理运动才能使心跳、呼吸逐渐平静下来，肌肉放松，血液流动顺畅，而不至于造成心输出量减少，血压下降，引起头晕、心慌等不良反应。整理活动有助于人体机能尽快恢复常态，有助于消除疲劳。

二、运动时掌握合理的呼吸方法

正确合理的呼吸，对于提高肺换气量、增加锻炼效果、发挥人体机能有着重要的作用。一般情况下，运动时最好用鼻呼吸，因为空气通过鼻黏膜时可以得到净化、湿润和温暖，从而避免寒冷、干燥和带有尘埃、细菌的空气吸入肺内。但在剧烈运动时，只靠鼻子呼吸是不够的，需用口鼻同时呼吸，且呼吸应慢而深。但在严寒冬季进行锻炼时，口不宜张得过大，以免吸入大量的冷空气，使呼吸系统受到刺激，引起身体不适。

三、运动时的着装要合适

运动时的着装与运动效果有着十分密切的关系。如果着装窄小，会限制运动幅度，完不成动作；着装过宽肥，不仅会妨碍完成动作，而且易发生伤害事故。如跑步时，所穿鞋袜不合适，会造成脚踝损伤。因此，运动时的着装与平时的着装有所区别，应以舒适、轻松、柔软、宽窄合体、不影响运动为宜。冬、夏季着装应有区别，夏季以浅色为主，质地为棉织物最好，冬季以深色御寒服装为宜。运动时一定要穿运动鞋，且鞋袜不要太紧，并要勤洗，保持鞋袜的清洁，给脚一个舒适的环境。

四、建立合理的饮食制度

合理的饮食制度是促进健康的重要环节。营养与体育运动是身体发育和提高健康水平不可缺少的重要因素，对青少年尤为重要。营养过剩或匮乏，对身体发育都极为不利。因此，补充合理的营养和进行适当的体育锻炼是肌体的需要。

合理的饮食必须含有肌体所需要的各种营养物质，由于各种食物的营养价值是不同的，任何一种天然食物都不能单独地提供人体所需要的全部营养，因此食物要多样化。同时注意建立合理的饮食制度，切忌暴饮暴食、饥一顿饱一顿。进餐前后一定时间内不要做剧烈运动。一般来说，运动后半小时左右再吃饭；饭后要休息1~2小时才可参加运动。

运动后切忌暴饮。运动后暴饮会引起肠胃不适，增加心脏的负担，应少量饮用淡盐水，补充失去的水和盐分。

五、注意清洁卫生

运动后由于肌体排出大量汗液，有条件的应该洗洗澡，没有条件的可用温水擦拭全身，以清洁皮肤、降低体温。但不宜用冷水洗澡，因为运动后毛细血管扩张，向外散热，大部分血液仍在皮肤和肌肉内，如果用冷水洗澡，会造成血管收缩，使血液流向心脏，增加心脏负担，出现心慌、气短和头晕等现象。剧烈运动后不可立即去游泳，因为剧烈运动后，呼吸和血液循环的机能仍然很强，体温较高，如果这时去游泳，会增加心脏和呼吸器官的负担，引起伤风、抽筋，损害身体健康。

六、女子体育卫生

由于女子的生理特征与男子不同，因此在体育教育和运动训练时，要根据女子本身的特点，切合实际地安排练习的量和强度，才有利于健康水平和运动成绩的提高。月经是女性的正常生理现象，一方面无须人为地提出各种不适当的清规戒律，另一方面应当将月经期视为月经周期中的一个特殊阶段，不能否认其特殊性。恰当的体育活动可以改善盆腔的血液循环，加上腹肌、骨盆骶肌的收缩与放松，对子宫能起到柔和的按摩作用，有助于经血的排出，调整大脑皮质的兴奋和抑制作用，减轻身体的不适感。只要不是严重的痛经、经血量过多或有严重的妇科疾病，可不必过分限制经期参加体育锻炼。另外，由于在月经期盆腔有不同程度的充血，盆底肌肉及盆腔内的韧带也充血较松，生殖器官充血绵软，应避免动作过猛和腹压增加，腰腹肌练习、大重量的杠铃负重练习、耐力训练等应停止，以免造成月经量过多或引起子宫位置的变化。一般来说，月经期间能否参加运动训练，应根据每个人的具体情况区别对待。如果月经正常，无特殊反应，可以参加训练，但要注意调节运动量，并要加强医务监督。

月经期参加体育锻炼应注意以下几点：

(1) 月经期可进行运动量较小的锻炼，特别是月经的头两天，运动量和运动时间不要过大过长。若身体虚弱，比以往经期反应明显加重者，如腰酸背痛、全身不适、恶心、头晕、下腹有痉挛性疼痛等不良反应，应停止锻炼。

(2) 对运动水平较高又在经期锻炼和比赛的运动员，可根据情况适当地调整运动量。

一般情况下，经期如果自我感觉正常，可以进行一般的身体锻炼，如跳舞、健美操、球类活动，但不要做耐力、跳跃、力量以及剧烈收腹的身体锻炼，避免流血过多或造成其他疾病。

(3) 月经期不宜游泳。因为这时子宫内膜脱落、流血，形成了创面，一旦冷水和细菌进入子宫，一方面造成被排出的血液和分泌物遇冷排出不畅，引起痛经等不良反应；另一方面细菌随水侵入人体，易引起炎症，危害健康。

(4) 不宜参加激烈的对抗性比赛，避免运动量过大，影响月经周期的变化。

(5) 月经期要保持良好的情绪，注意个人卫生，不要喝冰凉饮料和酒，不要过多吃刺激性较强的食物，注意休息与睡眠，学习、工作、锻炼等不要占时间过多，以防过度疲劳。

第二节 医务监督

医务监督是体育运动中常用的一种保健方法，是对参加体育健身者进行帮助和指导的重要措施。体育锻炼过程中，要对自己的身体状况进行自我评估和监督，其目的是防止运动过度或方法不当而造成肌体的损伤。自我监督对促进健康、提高肌体能力有着十分重要的作用。自我监督应从以下几方面做起。

一、自我感觉

在体育锻炼过程中，自我感觉精神饱满、心情愉快、积极性高、情绪稳定，这说明身体状况良好；若在运动负荷较小的情况下，出现精神不振、疲倦无力、头昏等情况，这是不正常的表现，锻炼者应及时进行调节诊治，防止肌体受到损伤。

二、睡眠

经常运动的人，神经系统的功能比较稳定，一般就寝后能迅速入睡，并且睡得很熟，做梦少。早晨醒来后精神状态良好，全身有力，这说明身体机能正常；相反，如果入睡困难，做梦多，早晨醒来后头昏无力，身体困乏，这可能是健身方法不当或运动负荷过大所致，应尽快调节健身方法及运动量和强度，使肌体得到恢复。

三、食欲

经常进行体育锻炼，可使肌体的物质代谢过程进行得比较完善和快速，正常情况下能使食欲增加。但如果过度运动，会出现食欲降低，这可能是疾病的症状，应及时诊治。但这要和运动后不想马上吃饭区分开。

四、脉搏

脉搏次数和锻炼水平有密切关系。在自我监督中可以用早晨脉搏频率来评定身体状态，安静时的平均脉搏频率应在 50～60 次/分。若早晨脉搏逐渐下降或稳定不变，则说明身体反应良好；若每分钟增加 10 次以上，有心律不齐现象，则应注意减少运动次数和运动量。

五、体重

参加体育锻炼后，体重可能有三种变化：第一种是刚参加锻炼的人，身体的水分和脂肪大量消耗，体重下降；第二种是经过一段时间的锻炼，体重比较稳定，运动后减轻的体重能全恢复；第三种是长期坚持锻炼的人，肌肉逐渐发达起来，体重有所增长，而且保持在一定水平上不变。进行医务监督最好每周早晨测量体重一次，并记录千克数，也可在运动前后分别测量体重，参照体重的差额数，控制运动负荷。

六、运动效果

坚持合理锻炼，运动成绩可逐步提高，也可保持在很高的水平上。如果运动水平没有提高甚至下降，动作的协调性逐渐变差，这可能是早期过度训练的结果，应引起注意，需要适当休息或调整运动负荷。

总之，体育锻炼一定要进行医务监督，以避免肌体受到损伤。

第三节　运动中常见的生理反应及疾患

一、极点与第二次呼吸

在进行剧烈运动时，往往会产生一种非常难受的感觉，此时呼吸困难、肌肉酸痛、动作迟缓、精神低落，不愿再继续运动下去，这种状态叫作极点。

极点的产生是由于在运动开始阶段内脏器官的活动赶不上运动器官的需要，造成氧供应不足，大量乳酸类的物质堆积在血中，产生刺激，引起呼吸、循环系统活动失调。这些机能失调的强烈刺激传入大脑皮质，引起动力定型的暂时性紊乱。因此当极点出现时，就会出现呼吸急促、胸闷难忍、下肢沉重、动作不协调，甚至有恶心的感觉。当极点出现后，应保持情绪稳定，并要适当减轻运动强度，加速呼吸，坚持下去，上述生理现象将会逐步缓解消失，动作会重新变得协调和有力，生理过程出现新的平衡。此时呼吸变得均匀而加深，动作感到轻快，一切不舒适的感觉就会消失，这标志着极点已有所克服，此种现象在运动生理学中称为"第二次呼吸"。

二、运动中腹痛

运动中腹痛多在中长跑运动时发生。引起腹痛的原因包括：运动前吃得过饱、喝水过多；空腹运动；饭后过早运动；运动前没有做好准备活动，内脏器官功能还没适应；运动时大量排汗，体内丧失大量水分和盐分，造成水盐代谢失调等。对上述原因引起的腹痛，可采取降低运动强度、放慢跑速，同时按摩疼痛部位并做深呼吸等方法，疼痛常可减轻或消失。对于胃肠饱胀、肠痉挛和慢性疾病引起的腹痛，如果采取上述措施后仍无效，应停止运动。

运动中腹痛的预防：合理安排运动时间，饭后至少 1 小时后再进行活动；运动前要做好准备活动，运动时要循序渐进。

三、肌肉痉挛

在剧烈运动中，肌肉快速连续性收缩，导致肌肉收缩与放松的协调交替关系遭到破坏，特别在局部肌肉处于疲劳时，更容易发生肌肉痉挛。肌肉受到寒冷的刺激，或因运动中大量排汗和身体疲劳过度也会引起肌肉痉挛。肌肉痉挛时，局部肌肉产生剧烈性收缩，并变得坚硬和隆起，疼痛难忍，且一时不易缓解，此时应立即对痉挛部位的肌位进行牵引。例如，发生腓肠肌痉挛时，可伸直膝关节，并做足的背伸动作；若屈拇肌、屈趾肌痉挛，则用力将足趾背伸。处理时最好有同伴协助，切忌施力过猛。此外，可配合局部按摩、点穴(承山、涌泉、委中等穴)，以加速缓解痉挛直至痉挛消失。

肌肉痉挛的预防：运动前做好准备活动，对容易发生痉挛的肌肉可先进行按摩；冬季锻炼时，要注意保暖；夏季进行剧烈运动时，应注意补充盐分；游泳下水前，应先用冷水淋浴，游泳时不要在水中停留时间过长；疲劳和饥饿时，不要进行剧烈运动。

四、肌肉酸痛

平时很少参加体育锻炼的人突然参加锻炼，长时间中断锻炼后再锻炼，或者一次锻炼的时间过长和锻炼的强度过大，都会出现肌肉酸痛的现象。这种酸痛发生在运动结束1～2天后，因此也称延迟性疼痛。其症状为连续出现广泛性肌肉酸痛，无明显的压痛点。

肌肉酸痛的预防与处置：

(1) 预防。根据锻炼者的不同体质和健康状况，科学地、循序渐进地增加运动负荷；锻炼时应注意身体不同部位的交替练习，不可长时间地过于集中锻炼身体的某一部位，以免局部肌肉负担过重；运动前做好准备活动，特别是对锻炼时负荷较重的肌肉、关节的专项准备活动要更加充分；在运动后的整理运动中除进行一般整理活动外，还应注意肌肉的伸展性牵拉练习；疲劳时，不宜做大强度的体育锻炼。

(2) 处置。对酸痛的局部肌肉进行热敷和采用揉捏手法按摩，促进血液循环及代谢过程，有助于损伤组织的修复及痉挛的缓解，每天2～3次，每次15分钟以上；口服维生素C可以促进结缔组织中胶原的合成；症状严重者也可采用针灸、理疗等手段来缓解疼痛。

五、中暑

在高温环境中，特别是在温度高、通风不良、头部又缺乏保护而被烈日直接照射的情况下进行体育锻炼，导致体温调节功能障碍易发生中暑。轻度中暑者可出现面部潮红、头晕、头痛、胸闷、皮肤灼热、体温升高等症状；严重者将出现恶心、呕吐、脉搏快而细弱、精神失常、虚脱抽搐、血压下降甚至昏迷等。此时应迅速将患者移至通风阴凉处，解开衣领，冷敷额部，用温水抹身，并让其饮用含盐的清凉饮料或"十滴水"，数小时后即可恢复正常。严重患者经临时处理后，应迅速转送医院治疗。

中暑的预防：在高温炎热季节锻炼时，应适当减少运动量，缩短运动时间，避免在烈日下长时间锻炼；夏天在室外锻炼时，宜穿浅色衣服，戴遮阳帽；在室内锻炼时，应有良好的通风，并适当饮用低糖含盐饮料。

六、运动性贫血

我国成年健康男子每 100 ml 血液中血红蛋白含量为 12.5～16 g，女性为 11.5～15 g。若低于这一生理数值，则视为贫血。因运动引起的这种血红蛋白含量减少，称为运动性贫血。

引起运动性贫血的原因：

(1) 运动时肌体对蛋白质与铁的需要量增加，一旦需求量得不到满足，便会引起运动性贫血。

(2) 运动时脾脏释放的溶血卵磷脂能使红细胞的脆性度增加，加上剧烈运动时血流加快，易引起红细胞破裂，从而导致运动性贫血。

(3) 少数学生由于偏食或爱吃零食，影响正常营养摄入，或者长期慢性腹泻，影响营养吸收，运动时也常出现贫血现象。

运动性贫血发病缓慢，平时表现有头晕、恶心、气喘、体力下降等症状，运动后出现心悸、心率加快、脸色苍白等症状。出现运动性贫血后，应适当减少运动量，必要时暂停运动。补充富含蛋白质和铁的食物，服硫酸亚铁片剂和维生素 C，对缺铁性贫血的治疗有明显的效果。

运动性贫血的预防：锻炼时要遵循循序渐进的原则，并纠正偏食习惯。

七、游泳性中耳炎

游泳性中耳炎是由于呛水或水进入耳内，引起细菌感染，导致中耳发生的炎症。其症状为耳内剧烈疼痛，有时还会引起发热和头痛，也可见黄色液体从外耳道流出。

预防与处置：游泳时可用耳塞或蘸有凡士林油的脱脂棉塞紧外耳道口，防止水进入耳道内。耳内灌水后，应停止游泳。上岸后可采用头偏向有水耳朵的一侧，用同侧的手掌轻轻托打头部，同时同侧脚进行原地跳的办法使水震动排出，再用棉花擦干外耳道，切忌挖耳。如果耳道发痒，可用 75%酒精棉轻擦外耳道；如果感到耳内疼痛，应及时到医院诊治。鼻子呛水后应按住一侧鼻孔，轻轻将水擤出，不要同时捏住两个鼻孔用力擤；或抽吸至后鼻孔，从口内吐出。

第四节　运动损伤与处置

在体育锻炼和运动训练过程中所发生的损伤，称为运动损伤。

一、运动损伤产生的原因

大学生在锻炼和训练中造成运动损伤的原因是多方面的，既与锻炼者的运动基础、体质水平、运动项目的特点、技术难度、运动环境等因素有关，也与运动中的内容安排、运动量、运动强度、运动密度有着一定的关系。

造成运动损伤的多重原因可归为两大方面：

1．主观方面

(1) 思想麻痹大意。运动前不检查器械，预防措施不得力；运动前准备活动不充分，特别是缺乏针对性的准备活动，使运动器官协调能力和内脏器官机能没达到运动所需状态而造成损伤。

(2) 身体状况不佳。生理功能和运动能力都相对下降，这时若参加剧烈运动，就可能因肌肉力量弱、反应较迟钝、注意力减退、身体协调性差而造成运动技术水平低下，导致技术失误而受伤。

(3) 心理状态不良。兴奋性过高，争强好胜，急于求成，在抗争和冒失中受伤；或运动情绪低下，有畏难、恐惧、害羞、犹豫以及过分紧张等情绪，致使注意力不能集中，缺乏自我保护能力而造成损伤。

2．客观方面

(1) 练习内容安排不合理，肌体局部负荷强度过大，运动中又不从实际出发进行调整而造成损伤。

(2) 运动场地狭窄，地面不平坦，器械安置不当或不坚固，未能充分利用保护装置和采取有效保护措施，造成运动损伤。

(3) 运动场地器材受限，锻炼人数过于拥挤，容易相互冲撞，造成运动损伤。

(4) 运动环境不良，如空气污染、噪音、光线不足或气温过高、过低，以及运动着装不符合运动要求，都会直接或间接地造成伤害事故。

总之造成运动损伤的因素是多种且复杂的，但只要能充分认识产生运动损伤的原因，加强安全教育，做好准备活动，合理安排运动负荷，认真检查场地器材，加强医务监督，就能做到防患于未然，有效防止运动损伤的发生。

二、常见运动损伤的处理

1．擦伤

在运动中经常会因碰撞、重心失控摔倒导致擦伤。擦伤面积小的轻伤，冲洗后，可以用 2% 的红汞水或紫药水涂抹，无须包扎，暴露于空气中即可痊愈。擦伤面积稍大的创面，有异物污染的创面，则需用生理盐水或双氧水冲洗创口，创口周围用 75% 的酒精棉球消毒，局部擦碘酒或紫药水即可。但关节及面部擦伤不宜用紫药水，最好涂上磺胺软膏或青霉素软膏并用弹力绷带包扎。面积较大、伤口深、创面有异物污染的擦伤，则需用生理盐水冲洗创口，用消毒棉球拭干，创口可用双氧水冲洗、创口周围用 25% 的碘酒和 75% 的酒精沿着创口周围从内至外做圆形消毒，然后用凡士林纱布块覆盖，或涂上消炎软膏或消炎粉后再用无菌敷料覆盖并包扎。若创口较深、污染较重，则应注射破伤风抗毒血清，并用抗菌素药物治疗。

2．肌肉拉伤

肌肉拉伤是在外力直接或间接作用下，使肌肉过度收缩或被动拉长而造成的损伤。受伤后，伤处疼痛，局部肿胀、压痛，伤后肌肉功能减弱或丧失。处理肌肉拉伤，一般施行冷敷、局部加压包扎并抬高伤肢，24 小时后可施行理疗和按摩。

3．关节韧带损伤

关节韧带损伤后，一般表现为压痛，急性期有肿胀和皮下淤血，关节功能发生障碍等。

一般性扭伤在 24 小时内可采用冷敷，必要时可加压包扎；24 小时后采用理疗、按摩和针灸治疗，待疼痛减轻后可增加功能性练习。对急性腰扭伤，如果出现剧烈疼痛，则不可轻易扶动，应让患者平卧，并用担架送医院诊治。处理后，应卧硬板床或腰部下面垫一枕头，使肌肉韧带处于放松状态。

4．关节脱位

因受外力作用，使关节失去正常的连接关系，叫作关节脱位，又称脱臼。关节脱位可分为完全性脱位和半脱位(或称错位)两种。脱位后常出现畸形，即刻发生剧烈疼痛和明显压痛，关节周围显著肿胀，关节功能丧失，有时发生肌肉痉挛，严重时出现休克。出现关节脱位后，用夹板或三角巾固定伤肢，并尽快护送医院治疗。如果没有整复技术和经验，切不可随意做复位动作，以免加重伤情。

5．骨折

骨折后患处出现肿胀，疼痛难忍，肢体失去正常功能，肌肉可产生痉挛，骨折的部位可见到畸形。严重骨折伴有出血和神经损伤、发烧，乃至发生休克等症状。一旦出现骨折，暂勿随意移动患肢，应先用夹板或其他代用品固定伤肢。如出现休克，应先施行人工呼吸。骨折后若伴有伤口充血，应同时施行止血，并及时护送医院治疗。

6．脑震荡

脑震荡就是在脑部受到严重打击后，即刻发生意识丧失，呼吸表浅，脉搏缓慢，肌肉松弛，瞳孔稍大但保持对称，待清醒后，常有头晕、头痛、恶心或呕吐、失眠、耳鸣、记忆力减退等症状。致伤后，应立即让患者平卧，不可坐起或立起，对其头部进行冷敷，若发生昏迷则可施行指压人中、内关穴。伤者出现呼吸障碍时，可对其施行人工呼吸，并立即送医院诊治。患者在恢复期，要保持环境安静，卧床休息，直至头痛、头晕症状消失，切忌过早地参加体育运动和脑力劳动。

7．溺水

溺水是在游泳运动中发生的伤害事故。溺水时大量的水经过溺水者口鼻灌入腹中和肺中，引起喉部痉挛而造成窒息和缺氧，导致心力衰竭，必须立即抢救。

救治方法：首先将溺水者俯卧在救护者蹲屈的膝上，头部倒悬，以利于迅速排出肺内和胃内的水。然后清理口鼻中的杂物，以免堵塞呼吸道，在最短的时间内施行人工呼吸和胸外心脏按摩。

8．运动性昏厥

由于剧烈运动或长时间运动，大量血液积聚在下肢，回心血流量减少，导致脑部供血不足，当氧债不断积累并达到一定程度时，会发生一时性知觉丧失现象，这种现象称为运动性昏厥。

运动性昏厥出现时，会使人感到全身无力，眼前一时发黑，面色苍白，手足发凉，失去知觉，脉搏慢而弱，呼吸缓慢，血压降低等。此时应立即将患者平卧，足略高于头部，并进行向心方向按摩，同时指压人中、合谷等穴位。如果有呕吐，应将患者头偏向一侧，以利呼吸道畅通。如果呼吸停止，应立即进行人工呼吸。轻度症患者，由同伴搀扶慢走，并进行深呼吸，即可消除症状；重症患者，经临场处理后，立即送医院治疗。

运动性昏厥的预防：不要在饥饿情况下参加剧烈运动；疾跑后不要立即停下来；久蹲后也不要突然起立；平时要加强体育锻炼，以增强体质。

第五节　按摩在体育运动中的应用

按摩是中医中最为古老的一种防治疾病、养身强身、延年益寿的非药物疗法，是祖国传统医学中的宝贵遗产，也是运动医学的重要组成部分。按摩是体育运动中常用的一种治疗方法，其特点是简单易行，可运用各种不同的手法或手的代替物质刺激人体体表的一定部位或穴位，以提高或改善人体生理功能，消除疲劳和防治疾病，具有较大的实用价值，深受人们的喜爱。

一、按摩在体育运动中的意义

按摩是一种直接作用于肌体的良好物理刺激，通过对皮肤、神经、血管、淋巴、肌肉、肌腱、关节的刺激，可活动末梢神经，促进血液、淋巴循环和组织代谢，帮助并维持器官之间的相互关系，最后使整体功能逐步得到改善。按摩具有简便易行、易学易懂、经济实用、安全可靠的特点，有着广泛的群众性和实用性。

(1) 在运动前采用按摩可促使身体处于最佳运动前状态，也是预防运动损伤的积极措施。对兴奋性较高、过度紧张的运动员，在准备活动和运动之间，可采用抑制性手法，即手法缓和、轻推摩、时间稍长的揉捏手法，时间约为5~10分钟。对兴奋性较低、精神不振的运动员，在一般性准备活动和专项性准备活动之间，可采用兴奋性手法，即手法重、速度快、时间短的重推摩、擦摩、揉捏、叩打的方法，时间约为3~5分钟，以便提高中枢神经系统的兴奋程度。

(2) 在运动中采用按摩可及时消除疲劳、缓解肌肉僵硬或关节无力，保持良好的运动状态。一般采用中、小强度的揉法、擦摩法、引拉法、点穴法等手法，进一步促进关节肌肉的灵活性、力量和速率，达到发挥其肌体潜力的作用。

(3) 在运动后采用按摩可加速运动负荷最重的肌肉、关节部位的疲劳消失，减轻肌肉关节的酸胀感觉。运动后的推拿与按摩，开始及结束均采用推摩手法。关节部位以摩擦为主，中间穿插使用按压、抖动手法。肌肉部位以揉捏为主，交替使用按压、抖动、叩打等手法。

(4) 在治疗运动损伤中采用按摩可收到显著的疗效。对肌肉、肌腱、韧带部分损伤的治疗，按摩可使断裂的组织抚顺理直，有利于减轻疼痛，促进断面的生长吻合；对人体软组织损伤的治疗，按摩可加快局部血液循环，促进肌肉横断面的毛细血管数明显增加，并改善微循环中血液流速、流态，加速体内活性物质的转动和降解，促进炎性产物的排泄；按摩对关节错位、肌腱滑脱所造成的急性损坏等解剖位置异常也有明显的治疗效果。

二、按摩的生理作用及康复机理

1. 按摩的生理作用

(1) 按摩对神经系统的作用。当被按摩部分的周围感觉器官得到按摩手法活动的影响时，皮肤、肌肉、肌腱等部分就会产生传入冲动，对神经系统可起到兴奋或抑制的作用，从而通过神经反射影响各个系统的功能。不同的手法、不同的强度和不同的持续时间对神经系统的功效也不同。在一般情况下，缓慢、用力轻、时间长的按摩可起到镇静的作用；频率快、用力大、时间短的按摩可起到兴奋的作用。

(2) 按摩对运动系统的作用。按摩肌肉能使肌肉中的毛细血管扩张，后备毛细血管开放增多，加强局部血液供应，提高营养物质的吸收，促进代谢产物加速排除，使疲劳消除得更快，从而提高肌肉的工作能力；按摩肌腱、韧带，可增加和改善其供血，从而增强其韧性；按摩关节部位，可增加滑液分泌，加快关节活动范围，预防关节损伤；按摩对骨组织的生长发育亦有良好的影响，并可整形复位，防治因其长期固定而引起的肌肉萎缩、韧带和肌腱弹性减弱，以及关节活动障碍。

(3) 按摩对循环系统的作用。按摩可使周围的血管扩张，降低大循环中的阻力，加速静脉血回流，重新调整肌肉和内脏的血流量，促进肌肉适应新的紧张工作；按摩能直接挤压淋巴管，促进淋巴回流，有助于渗出液的吸收，对消除局部水肿有良好的作用。

2．按摩的康复机理

(1) 疏通经络，行气活血，祛瘀止痛。经络是人体内经脉和络脉的总称。它内属脏腑，外连肢节，通达表里，贯穿上下，像网络一样将人体各部分联系成一个有机的整体。当人体受到运动损伤后，一般均会损伤到人体经络，使气血瘀阻不通，产生肿胀、疼痛。通过推拿按摩手法作用于损伤部位的体表及穴位，引起局部经络反应，激发和调整经气，疏通经络，同时增强气血生化，推动气血运行，也就起到祛瘀、消滞、止痛之功效。

(2) 理筋散结，整复错缝，润滑关节。在许多剧烈的运动训练和比赛中，参加者常常发生关节扭伤，使关节肌肉附着点和筋膜、韧带、关节囊等受到损伤，严重者使关节发生脱位、骨缝错开、软组织撕裂、肌腱滑脱等症状。运用推拿按摩手法治疗，可促进局部气血运行，消肿散结，改善新陈代谢。同时运用适当的被动运动法，有助于松解粘连、润滑关节、纠正筋结出槽及关节错缝，恢复关节的正常生理功能。

(3) 加速恢复功能，缩短康复期，消除后遗症状。在运动损伤的治疗过程中，往往后期治疗时期较长，功能恢复慢，并且稍不注意就会留下后遗症，如出现肌肉萎缩、肌无力、关节僵硬、灵活性差等。通过推拿按摩手法治疗，有利于软组织中毛细血管扩张，后备毛细血管开放增加，使局部的血液供应增加，营养改善。因而按摩能有效地防治肌肉萎缩，提高肌肉的工作能力，使关节滑液分泌增加，加大关节活动范围，有利于剥离粘连、理筋生新、促进骨组织生长发育，起到功能恢复快、康复期限短、后遗症状消失的良好作用。

三、按摩常用手法

按摩常用手法多种多样，手法技巧性强，而且风格各异。现将常用的 10 种方法介绍如下：

1．推法

(1) 方法与步骤(以掌为例，如图 1-1 所示)。

① 用手掌、掌根或拇指指腹等部紧贴于被按摩的部位上。

② 根据不同的按摩部位采用不同的手形。

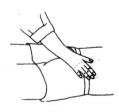

图 1-1

③ 根据用力的大小，分为轻推法和重推法。运用适当的压力，沿着淋巴流动的方向向前推动。

(2) 动作要领。轻推法用力要均匀柔和，连续不断，轻而不浮，以舒适为度。重推法用力较重，力量达于皮下组织。

(3) 功效与应用。轻推法能消除疲劳，对神经系统起镇静作用；重推法能加速静脉与淋巴回流，有消肿散瘀和提高局部温度之功效。轻推法多用于按摩的开始和结束及转换手法时使用；重推法常用于按摩过程中，多于揉捏、按压等手法交替使用。

2．擦法

(1) 方法与步骤(如图 1-2 所示)。

① 用拇指或四指指腹、手掌、大鱼际、小鱼际或掌根部位紧贴于皮肤上。

② 根据不同的按摩部位采用不同的手形，做来回直线的摩擦。

(2) 动作要领。手法要轻柔，力量均匀，速度稍快，作用力主要在皮肤上，亦可达皮下组织。

图 1-2

(3) 功效与应用。擦法可加强局部血液循环和提高皮肤温度，增强关节韧带的柔韧性，通常用于四肢、腰、背、关节、韧带和肌腱部位。

3．揉法

(1) 方法与步骤(以掌、指为例，如图 1-3 所示)。

① 用手掌、掌根、大鱼际、小鱼际、拇指或四指指腹部分紧贴于皮肤上。

② 在施治部位进行圆形或螺旋形揉动，揉时手指或手掌不能离开接触的皮肤，使该处的皮下组织随手法的揉动而滑动。

(2) 动作要领。揉法用力均匀柔和，连续不断，轻而不浮，重而不滞。

图 1-3

(3) 功效与应用。轻揉法具有镇静安神、缓解重手法刺激、活血散瘀、放松肌肉、消除疲劳的作用。重揉法有加速血液循环、促进代谢、消肿止痛、软坚散结、软化疤痕的作用。揉法适用于身体各部位。

4．捏法

(1) 方法与步骤(以掌、指为例，如图 1-4 所示)。

① 以拇指和四指相对成钳形，抓握治疗部位的肌肉。

② 将治疗的肌肤下皮下组织相对用力挤压并向上提，做中速均匀移动为宜。

(2) 动作要领。

① 用拇指和另四指的指腹捏挤肌肤，捏挤动作宜灵活、均匀而有节律。

② 移动应顺着肌肉的外形轮廓循序地向上或向下。

单手　　　　双手

图 1-4

(3) 功效与应用。轻捏法有放松肌肉、消除局部疲劳的作用。重捏法有加速血液循环、促进代谢、解除痉挛、活血散瘀、消肿止痛之功效。捏法应用于头面部、颈部、肩部、四肢和腰背部。

5. 揉捏法

(1) 方法与步骤(如图 1-5 所示)。

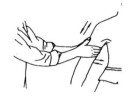

① 拇指外展，其余四指并拢，手成钳形，全掌及各指紧贴于皮肤上。

② 拇指与四指相对用力，将肌肉捏住略向上提，边揉边捏沿向心方向做螺旋式移动。

图 1-5

(2) 动作要领。

① 揉捏法要求全掌着力均匀，拇指揉的动作与其余四指捏的动作都要明显，揉和捏同时进行。

② 要求腕部柔和放松。作用力达肌肉组织，做到揉中有捏、捏中有揉。

(3) 功效与应用。揉捏法促进局部深层组织的血液循环，改善代谢，增加营养，可消除肌肉疲劳性酸痛，防治肌肉萎缩，有活血散瘀、解除肌肉痉挛、消肿止痛、剥离粘连的作用。揉捏法适用于大块肌肉和肌肉肥厚的部位，如四肢、臀部等。

6. 按法

(1) 方法与步骤(如图 1-6 所示)。

① 按法分为拇指按、屈指按、屈肘按、掌根按。

② 用手指、手掌或肘着力于治疗部位或穴位上。

③ 由轻到重地逐渐用力按压，在被按摩的部位或穴位上停留一段时间，再由重到轻地缓缓放松。

拇指按　　　　　掌根按

图 1-6

(2) 动作要领。

① 按压要紧贴体表不可移动，用力方向要与体表垂直，用力均匀，速度慢，力量由轻到重，使刺激达到肌体组织的深层，持续数秒后渐渐放松，如此反复操作。

② 拇指按穴位要准确，以产生酸、麻、沉、胀和走窜的感觉为度。

(3) 功效与应用。按法可使肌肉放松，消除疲劳，也可使轻微错位的关节复位。按法适用于腰背部、肩部及四肢肌肉僵硬或发紧时的放松，也适用于腕关节损伤时的治疗。

7. 摩法

(1) 方法与步骤(如图 1-7 所示)。

① 摩法分为指摩法和掌摩法。

② 肘关节微屈，腕关节放松，指、掌关节自然伸直，平伏地紧贴于患部。

③ 指、掌着力部分随着腕关节连同前臂做盘旋式摩擦。

指摩法　　　　　掌摩法

(2) 动作要领。

图 1-7

① 用力要自然、缓和、协调，压力均匀，动作轻柔。

② 指摩法操作宜轻快，频率约为每分钟 120 次左右；掌摩法操作稍重缓，频率约为每

分钟 100 次左右。

(3) 功效与应用。摩法具有温经活络、调和气血、祛郁消肿、开导放松等功效。摩法适用于全身各部位。

8．拍击法

(1) 方法与步骤(如图 1-8 所示)。

① 拍击法分为叩击、轻拍、切击。

② 叩击时，两手握空拳，尺侧面向下交替叩打被按摩的部位；轻拍时，双手握空拳或双手伸开，拳心或掌心向下交替拍打被按摩的部位；切击时，

叩击法　　　轻拍法　　　切击法

图 1-8

双手自然冲击，以手掌尺侧面接触被按摩的部位，沿着肌纤维的方向交替切击被按摩的部位。

(2) 动作要领。

① 动作要求幅度小而轻快，肩带肘、肘带腕、腕带手。叩击时肩、肘、腕要放松；切击时肩、肘、腕较为紧张，力达组织深部。

② 着力轻巧有弹性，动作协调灵活，频率均匀。

(3) 功效与应用。叩击具有促进血液循环、舒筋活血、畅通血流、消肿止痛、消除疲劳、振奋精神的功效，常用于肩部、上背部、腰臀部及四肢肌肉较厚部位；轻拍具有调和气血、镇静止痛、消肿散瘀的作用，适用于头面部、颈胸背、肩腰臀和四肢等处；切击功效同叩击，适用于四肢肌肉较厚部位。

9．运拉法

(1) 方法与步骤(如图 1-9 所示)。

① 运拉法是根据关节活动的可能性，做被动性的运动，常用的有颈部、肩关节、肘关节、腕关节、髋关节等的运拉法。

② 在关节的生理活动范围内，做屈伸、内收、外展、内旋、外旋、环转及牵引活动。

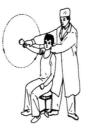

肩关节运拉法　　　髋关节运拉法

图 1-9

(2) 动作要领。

① 运拉时动作要缓和，顺势给力；动作幅度要在生理活动范围内做到由小到大。

② 做环转运动时，可沿顺时针或逆时针方向进行。

(3) 功效与应用。运拉法能增加关节的活动范围，增强肌肉和关节的柔韧性，还能放松和消除关节的疲劳。运拉法常用于关节部位。

10．拿法

(1) 方法与步骤(如图 1-10 所示)。

① 用拇指与其余四指的罗纹面相对用力地夹住治疗部位的肌筋。

② 逐渐用力内收，将治疗部位的肌筋提起，并做轻重交替而连续的一紧一松的捏提和捏揉动作。

(2) 动作要领。

① 用力要由轻到重，再由重到轻。

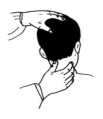

图 1-10

② 操作时肩臂要放松，腕要灵活，以腕关节和掌指关节活动为主，用指面相对用力提拿。

③ 拿法刺激强度较大，拿捏持续时间宜短，次数宜少，拿后应配合使用轻揉法，以缓解强刺激引起的不适。

(3) 功效与应用。拿法具有通经活络、散寒祛邪、顺气活血、分离粘连、缓解痉挛、止痛开窍、开导闭塞、消除疲劳、促进新陈代谢等功效。拿法常运用于头部、颈部、肩背部和四肢等部位。

四、按摩的自我保健疗法

1. 全身部位的按摩保健

推拿按摩能够疏经活络、平衡阴阳、滑利关节、内调脏腑气血功能，可治疗疾病，还可用于预防保健。利用推拿按摩进行保健时，要重点抓住身体上几个容易疲劳的部位，施用相应手法，以达到事半功倍的效果。

(1) 点按揉双侧太阳穴，用力由轻至重再变轻，操作 2～3 分钟。

(2) 令被操作者微闭双眼(佩戴隐形眼镜或玻璃眼镜者需摘除镜片)，先行用一手的拇、食二指或两手的食指点按睛明穴(用力方向为向鼻柱侧)，然后用两手的食、中、无名三指轻揉双眼眼球，并加以微微挤弹，共操作 3～5 分钟。

(3) 点按百会穴 1～2 分钟，后改成掌振百会穴，振动幅度不宜过大，频率稍高。

(4) 拿揉两侧膝关节及关节以上部位，再改成掌揉膝关节，共操作 2～3 分钟。

(5) 令被操作者取俯卧位，点按、拿揉两侧风池穴各 2 分钟。

(6) 拿揉两侧肩井穴，力量以轻缓为宜，并逐渐向背部移动，共操作 3～5 分钟。

(7) 双掌重叠施掌揉法于腰部 3 分钟，然后改用四指(拇指除外)的第一指间关节按揉骶骨部八髎穴区域，以感到明显酸胀为度。

(8) 双手并拢分别提拿两侧小腿腓肠肌，一捏一提，松紧有度，并逐渐向下捏拿至跟腱部止，反复操作 5～8 分钟。

(9) 一手托住被操作者足跟，另一手握住其趾掌部，做顺时针和逆时针方向的摇法，共操作 3 分钟。

2. 头面部常用的按摩保健

头面部是人体生命中枢之所在，又与个人外在容貌直接相关。头面部的自我按摩，既能益智醒脑，防治头痛、头昏、失眠等病症，又能改善面部皮肤营养状况，使人精神振作，容光焕发。

(1) 抹额。以两手食、中、无名和小指的掌面交替由左向右或由右向左，分抹前额部，共操作 2 分钟，如图 1-11 所示。

(2) 抹颞。以双手除拇指以外的四指的掌面，从耳上鬓角处向耳后推抹，约 3 分钟，如图 1-12 所示。

(3) 按揉脑后。双手四指按扶头侧，两拇指点按两侧风池穴，用力做顺时针和逆时针方向的按揉，约 2 分钟，如图 1-13 所示。

图 1-11 图 1-12 图 1-13

(4) 振耳。以两手掌心紧按两耳，然后做快速有节律的鼓动、振拔，约 20 次，如图 1-14 所示。

(5) 拍击头顶。取正坐位，双目前视，牙关咬紧，以掌心有节律地拍击头顶百会穴及囟门部，拍击时以腕带力，掌部放松，勿用死劲，连续拍击 10 次，如图 1-15 所示。

(6) 双手浴面。先将两手搓热，随后掌心紧贴双眼(两眼微闭)，再微微用力向下拖抹至下颌，每次约做 10 遍，如图 1-16 所示。

图 1-14 图 1-15 图 1-16

3. 眼部常用的按摩保健

眼为人体的视觉器官，引起眼病的原因一般与个人卫生、职业、学习和工作环境有密切关系。保护眼睛的正常功能十分重要。眼部的自我按摩方法简便易行，效果明显，只要每日坚持练习 2～3 次，注意眼睛适当的休息和用眼卫生，你将会保持一双明亮有神的眼睛。具体方法如下：

(1) 揉攒竹。取正坐位，双肘支撑桌面，用左右拇指的罗纹面，分别按揉左右眉内侧凹陷处攒竹穴，以产生酸胀感为宜，每次练习 1 分钟，如图 1-17 所示。

图 1-17

(2) 按睛明。取上势，以双手食指或单手拇指和食指的罗纹面相对用力，按揉双眼内侧睛明穴处，指端可向内侧稍勾，用力方向为鼻柱，一挤一按，反复进行，约揉按 1～2 分钟，如图 1-18(1)所示。

(3) 揉四白。取上势，以左右食指罗纹面按揉眶下孔凹陷的四白穴处，持续揉 1～2 分钟，如图 1-18(2)所示。

(1) (2) (3) (4)

图 1-18

(4) 刮眼眶。将左右食指屈曲成弓状，两手拇指按压于头侧太阳穴处，继则以食指、中指轮刮眼眶，由内向外，先上后下，重复进行约 2 分钟，如图 1-18(3)所示。

(5) 揉太阳。以左右手中指罗纹面紧贴眉梢与目外眦连线后约一寸凹陷处，逐渐用力按揉，顺逆交替，约按揉 2 分钟，如图 1-18(4)所示。

4. 胸腹部常用的按摩保健

胸腹部是人体重要脏器所居之处，因而积极有效的按摩方法，不仅能预防局部肌肉、骨骼的异常变化，而且对内脏疾病也有一定的防治作用。

(1) 按揉胸部。取坐位或站位，以食指、中指和无名指的罗纹面沿锁骨下肋骨间隙，由内向外，自上而下用力按揉，至肋弓尽处，左右相同，反复 3 遍，如图 1-19 所示。

(2) 拍振胸部。以一手虚掌掌面，五指微开，拍击胸部，自上而下。拍击时须自然呼吸，切勿屏气，反复拍振 2 分钟，如图 1-20 所示。

(3) 横擦胸廓。以一手掌面紧贴胸部体表，往返用力推擦，由上至下，以发热为度，如图 1-21 所示。

图 1-19　　　　　　　　　图 1-20　　　　　　　　　图 1-21

(4) 摩揉脘腹。一手掌心贴于脐部，另一手掌心按其手背之上，动作缓和，用力轻柔，做顺时针和逆时针方向摩揉各 1～2 分钟，如图 1-22 所示。

(5) 抄擦少腹。以双手掌面偏小鱼际侧置于两侧少腹部，腹部放松后，行双手上抄法，使腹腔胃肠发生内摩擦约 1～2 分钟，然后改作少腹部的斜向擦法，以微热为度，如图 1-23 所示。

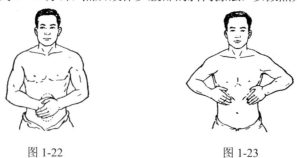

图 1-22　　　　　　　　　图 1-23

(6) 掌振曲骨。双掌重叠按于下腹曲骨穴处，放松腹部，调匀呼吸，使其自然通畅。肩及上臂部放松，以前臂部持续收缩用力振颤曲骨穴处，约 2 分钟，以腹内有振动和温热感为佳。

5. 腰部常用的按摩保健

腰部负担了人体 70% 以上的体重，加上平时工作和生活中的负重，更增加了腰部损伤和慢性退变的可能。同时腰为肾之居所，因而腰部的按摩不仅能预防腰肌劳损和韧带退化，而且对有关脏器的功能亦有一定的促进作用。

(1) 揉腰眼。取坐位，双手握拳，以拳眼按压双侧腰眼，同时用力旋转按揉，以酸胀为宜，如图 1-24 所示。

(2) 擦腰骶。暴露腰骶部，双掌从腰部开始，用力向下来回做直线推擦，以发热为度，如图 1-25 所示。

图 1-24　　　　　　　　　　　　　　图 1-25

(3) 臂击腰腹。取站位，双手自然下垂，以腰部的交替左旋和右旋带动上肢的摆动，并以摆动的双臂交替击打腰部和腹部，共练习 3～5 分钟。

(4) 推挤腰腹。取站位，双手按住两侧腰腹交界处，腰肌、腹肌放松，两掌同时用力向中心推挤，使腹部前凸，然后突然松开两手，使腹壁回弹，连续练习 15～20 次。

(5) 腰部运动。取站位，双手叉腰，做腰部前屈、后伸、侧屈和左右旋转活动，每次练习时以感到腰部微微发酸而不致疲劳为宜。

6．上肢部常用的按摩保健

上肢部的自我按摩部位包括肩部、肘部和手部三处，经常练习使用能预防肩臂肌肉劳损、僵硬和关节退变，具体方法如下：

(1) 按揉肩内俞、肩髎、肩井穴。取坐位或站位，先以拇指罗纹面紧贴三角肌前侧缘持续按揉；继则用中指紧贴肩端前面的凹陷，持续用力按揉，同时配合活动肩关节；最后再以中指罗纹面按揉肩颈之间肌肉耸起处的肩井穴。每穴各按揉 1 分钟，如图 1-26 所示。

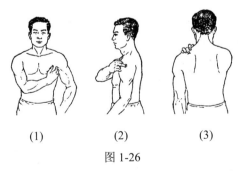

(1)　　　　　(2)　　　　　(3)

图 1-26

(2) 擦肩。暴露肩部，一手自然下垂，肩部放松，另一手掌面置肩峰部向下至臂部来回推擦，以局部温热为度，左右相同，如图 1-27(1)所示。

(3) 按揉曲池、少海、小海穴。一手置于腿上，肘关节屈曲、放松，另一手以拇指按揉、弹拨曲池、少海和小海穴，以产生酸胀感为宜，左右相同，如图 1-27(2)所示。

(4) 擦肘。取上势，以一手掌面置于肘部，做上下来回推擦，以肘部周围有温热感为度，如图 1-27(3)所示。

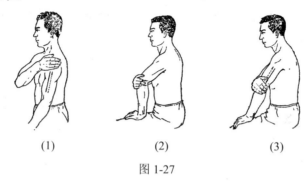

(1)　　　　　　　　(2)　　　　　　　　(3)

图 1-27

(5) 捻拔十指。先以右手的拇、食二指逐一捻捏、拔伸左手各指，然后左右手交替。捻捏时要求捻动各指指间关节和掌指关节，如图 1-28 所示。

(6) 对搓双手。以两手掌、两手背分别相对用力搓动，由快而慢，擦热为止，如图 1-29所示。

图 1-28　　　　　　　　　　　　　　　　图 1-29

(7) 双手抓空。取站位，双足分开与肩等宽，两臂由身侧逐渐抬起，沉肩、垂肘，十指如抓物状，有节律地向前抓握 1～2 分钟。

7．下肢部常用的按摩保健

下肢的按摩保健部位包括大腿、小腿和足部三处。按摩保健能充分放松下肢部肌肉，促进下肢血液循环，帮助代谢产物的及时排泄，预防肌肉酸痛、静脉曲张、肌肉痉挛等病症的产生。

(1) 按揉大腿。取坐位，小腿略向前伸，大腿放松，以双手掌根紧贴大腿根部，自上而下，用力按揉至膝盖上方为止，来回 5 遍，如图 1-30 所示。

(2) 按揉髌骨。下肢放松，以两手掌心握裹左右膝盖髌骨，顺逆揉动，然后再以拇、食二指挟持髌骨做四方推移，共操作 2～3 分钟，如图 1-31 所示。

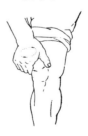

图 1-30　　　　　　　　　　　　　　图 1-31

　　(3) 拿捏小腿。取坐位，小腿放松，或将外踝置于对侧大腿之上，单手或双手从腘窝下逐渐捏拿小腿，一捏一放，至跟腱止，来回 5 遍，左右相同，如图 1-32 所示。

　　(4) 按揉三里。下肢小腿部放松，以拇指指面按揉两侧足三里穴 2 分钟，以酸胀为宜；然后点按、弹拨阳陵泉穴，使之产生酸麻感，并向脚趾部放射，如图 1-33 所示。

　　(5) 掌叩下肢。以两手掌根部发力，叩击下肢，从大腿逐渐向小腿移动，叩击时手腕要求放松，并适当向外甩弹，以增强冲击力，往返操作 3～5 遍，如图 1-34 所示。

图 1-32　　　　　　　　图 1-33　　　　　　　　图 1-34

　　(6) 摇踝擦足。先将一侧脚外踝置于另一侧大腿之上，一手扶握小腿下端，另一手握住趾部，进行顺时针和逆时针方向的摇动；然后再以小鱼际直擦足底涌泉穴，以发热为度，左右相同，如图 1-35 所示。

摇踝　　　　　　　　　　　擦足

图 1-35

五、按摩的注意事项

　　(1) 按摩操作时按摩者双手应清洁、温暖，指甲要剪短以防引起疼痛和发炎，手指上不要佩戴饰物。

　　(2) 被按摩部位的肌肉要放松。

　　(3) 身体各部位按摩及手法应有先后顺序，用力要符合先轻后重、再由重到轻的要求。

　　(4) 要用巧劲，不可用蛮劲，动作要轻柔协调。

　　(5) 要随时观察和询问被按摩者的反应与感觉，以便及时调整手法的轻重程度。

　　(6) 有皮肤病、皮肤破损、疮、疖等炎症，急性损伤 24 小时内，骨折关节脱位等情况，不能做患部按摩。

第二章　学生体质健康标准

第一节　教育部关于印发《国家学生体质健康标准 (2014 年修订)》的通知

教体艺〔2014〕5 号

各省、自治区、直辖市教育厅(教委)，新疆生产建设兵团教育局，部属各高等学校：

为建立健全国家学生体质健康监测评价机制，激励学生积极参加身体锻炼，引导学校深化体育教学改革，推动各地加强学校体育工作，促进青少年身心健康、体魄强健、全面发展，在认真总结各地实施现行《国家学生体质健康标准》的基础上，结合新时期青少年体质健康状况和学校体育工作实际，我部组织对现行《国家学生体质健康标准》进行了修订。现将《国家学生体质健康标准(2014 年修订)》印发给你们，请认真贯彻执行。

教育部

2014 年 7 月 7 日

第二节　《国家学生体质健康标准(2014 年修订)》内容

一、说明

(1)《国家学生体质健康标准》(以下简称《标准》)是国家关于学校教育工作的基础性指导文件和教育质量基本标准，是评价学生综合素质、评估学校工作和衡量各地教育发展的重要依据，是《国家体育锻炼标准》在学校的具体实施，适用于全日制普通小学、初中、普通高中、中等职业学校、普通高等学校的学生。

(2) 本标准的修订坚持健康第一，落实《国家中长期教育改革和发展规划纲要(2010—2020 年)》《国务院办公厅转发教育部等部门关于进一步加强学校体育工作若干意见的通知》(国办发〔2012〕53 号)和《教育部关于印发〈学生体质健康监测评价办法〉等三个文件的通知》(教体艺〔2014〕3 号)有关要求，着重提高《标准》应用的信度、效度和区分度，着重强化其教育激励、反馈调整和引导锻炼的功能，着重提高其教育监测和绩效评价的支撑能力。

(3) 本标准从身体形态、身体机能和身体素质等方面综合评定学生的体质健康水平，是促进学生体质健康发展、激励学生积极进行身体锻炼的教育手段，是国家学生发展核心素养体系和学业质量标准的重要组成部分，是学生体质健康的个体评价标准。

(4) 本标准将适用对象划分为以下组别：小学、初中、高中按每个年级为一组，其中小学为 6 组、初中为 3 组、高中为 3 组；大学一、二年级为一组，三、四年级为一组。

(5) 小学、初中、高中、大学各组别的测试指标均为必测指标。其中，身体形态类中的身高、体重，身体机能类中的肺活量，以及身体素质类中的 50 米跑、坐位体前屈为各年级学生共性指标。

(6) 本标准的学年总分由标准分与附加分之和构成，满分为 120 分。标准分由各单项指标得分与权重乘积之和组成，满分为 100 分。附加分根据实测成绩确定，即对成绩超过 100 分的加分指标进行加分，满分为 20 分；小学的加分指标为 1 分钟跳绳，加分幅度为 20 分；初中、高中和大学的加分指标为男生引体向上和 1000 米跑，女生 1 分钟仰卧起坐和 800 米跑，各指标加分幅度均为 10 分。

(7) 根据学生学年总分评定等级：90.0 分及以上为优秀，80.0～89.9 分为良好，60.0～79.9 分为及格，59.9 分及以下为不及格。

(8) 每个学生每学年评定一次，记入《〈国家学生体质健康标准〉登记卡》(附表 1～6)。特殊学制的学校，在填写登记卡时可以按规定和需求相应地增减栏目。学生毕业时的成绩和等级，按毕业当年学年总分的 50% 与其他学年总分平均得分的 50% 之和进行评定。

(9) 学生测试成绩评定达到良好及以上者，方可参加评优与评奖；成绩达到优秀者，方可获体育奖学分。测试成绩评定不及格者，在本学年度准予补测一次，补测仍不及格，则学年成绩评定为不及格。普通高中、中等职业学校和普通高等学校学生毕业时，《标准》测试的成绩达不到 50 分者按结业或肄业处理。

(10) 学生因病或残疾可向学校提交暂缓或免予执行《标准》的申请，经医疗单位证明，体育教学部门核准，可暂缓或免予执行《标准》，并填写《免予执行〈国家学生体质健康标准〉申请表》(附表 7)，存入学生档案。确实丧失运动能力、被免予执行《标准》的残疾学生，仍可参加评优与评奖，毕业时《标准》成绩需注明免测。

(11) 各学校每学年开展覆盖本校各年级学生的《标准》测试工作，《标准》测试数据经当地教育行政部门按要求审核后，通过"中国学生体质健康网"上传至"国家学生体质健康标准数据管理系统"。测试和数据上传时间由教育行政部门确定。

(12) 本标准由教育部负责解释。

二、单项指标与权重

测 试 对 象	单 项 指 标	权重/%
小学一年级至大学四年级	体重指数(BMI)	15
	肺活量	15
小学一、二年级	50 米跑	20
	坐位体前屈	30
	1 分钟跳绳	20
小学三、四年级	50 米跑	20
	坐位体前屈	20
	1 分钟跳绳	20
	1 分钟仰卧起坐	10
小学五、六年级	50 米跑	20
	坐位体前屈	10
	1 分钟跳绳	10
	1 分钟仰卧起坐	20
	50 米×8 往返跑	10
初中、高中、大学各年级	50 米跑	20
	坐位体前屈	10
	立定跳远	10
	引体向上(男)/1 分钟仰卧起坐(女)坐(女)	10
	1000 米跑(男)/800 米跑(女)	20

注：体重指数(BMI) = 体重(千克)/身高 ^{2}(米 ^{2})。

三、评分表

详见下方二维码。

国家学生体质健康标准

第三章 田 径

第一节 田径运动概论

一、田径运动简介

田径运动是由田赛和径赛、公路赛、竞走和越野赛组成的运动项目。据记载，最早的田径比赛是公元前776年在希腊奥林匹克村举行的第1届古代奥运会上进行的，田径项目只有一个短距离赛跑，跑道为一条直道，长192.27米。直到公元前708年的第10届奥运会上，才正式列入了跳远、铁饼、标枪等田赛项目。当时只准男子参加，女子连观看也不行，违者处以死刑。

田径赛是根据场地而命名的。最早并没有像现在这样的标准田径场，那时一些跳跃和投掷项目的比赛都在一块空着的场地上举行，而一些赛跑的项目在一段平坦的道路上举行，"田"和"径"的命名就由此而来。"田"指广阔的空地或原野，田赛是在一定区域内进行的各种跳跃和投掷项目比赛的统称。"径"指跑道或道路，径赛是在田径场的跑道上或场外规定的道路上进行的不同距离的竞走和各种形式的赛跑的统称。1894年，在英国举行了最早的现代田径运动国际比赛，比赛共分9个项目。真正的大型国际比赛是从1896年举行的现代奥运会开始的，它沿用了古代奥运会每隔4年举行一次的制度。每届奥运会上，田径运动都是主要的比赛项目之一。从1928年第9届奥运会起，才增设了女子田径项目，此后，女子便参加了田径项目的比赛。

远在上古时代，人们为了获得生活资料，在和大自然及禽兽的斗争中，不得不走或跑相当的距离，跳过各种障碍，投掷石块和使用各种捕猎工具。在劳动中不断地重复这些动作，便形成了走、跑、跳跃和投掷的各种技能。随着社会的发展，人们有意识地把走、跑、跳跃、投掷作为练习和比赛形式。

二、田径运动的特征

(1) 走、跑、跳、掷是人类生活的基本技能，是田径运动项目中最基本的运动形式。这些自然动作和技能对学习掌握田径运动各项技术有着十分密切的关系。

(2) 田径运动具有个体性，具有广泛的群众性。田径运动除接力跑外，都是以个人为单位参加比赛的运动项目，团体成绩和名次大都是由个人成绩和名次以及接力跑成绩的名次的计分相加决定的。田径运动是体育运动中最大的一个项目，它包括5大类的很多单项，是任何大型运动会中比赛项目最多、参赛运动员最多的项目。

（3）参加田径运动很少受到条件限制。男女老少都可以在平原、田野、草地、小道、公路、河滩、沙地、丘陵、山冈、公园等较宽且安全的地带从事田径运动。基层田径比赛要从实际出发，因地制宜，"任何坚固、均质、可以承受跑鞋鞋钉的地面均可用于田径竞赛"。使用简易的场地器材和设备也可举行基层田径运动会。

（4）田径运动中的单项和全能项目，对人体形态、主要身体素质水平和心理机能等有不同的要求。运动员要从个人实际和特点出发，选择运动项目，掌握具有个人特点的、先进的、合理的运动技术。

三、国际田径联合会

国际业余田径联合会(International Amateur Athletic Federation，IAAF)简称国际田联，1912 年 7 月 17 日在瑞典首都斯德哥尔摩成立，现有协会会员 210 个，分属欧、亚、非、中北美、南美及大洋洲等 6 个地区联合会，1994 年 6 月 10 日新的总部在摩纳哥公国启用。

田径是夏季奥运会的基础项目。国际田联在国际体育和奥林匹克运动中举足轻重。国际田联有两位主席担任过国际奥委会主席，前任国际田联主席内比奥罗也是世界大学生体育联合会和夏季奥运会项目国际单项体育联合会协会主席。

四、田径项目设置

奥运会田径项目设置：

男子：100 米跑、200 米跑、400 米跑、800 米跑、1500 米跑、5000 米跑、10 000 米跑、马拉松、3000 米障碍跑、110 米跨栏跑、400 米跨栏跑、跳高、撑竿跳高、跳远、三级跳远、铅球、铁饼、链球、标枪、十项全能、20 公里竞走、50 公里竞走、4×100 米接力跑、4×400 米接力跑。

女子：100 米跑、200 米跑、400 米跑、800 米跑、1500 米跑、5000 米跑、10 000 米跑、马拉松、100 米跨栏跑、400 米跨栏跑、跳高、撑竿跳高、跳远、三级跳远、铅球、铁饼、链球、标枪、七项全能、20 公里竞走、4×100 米接力跑、4×400 米接力跑、3000 米障碍跑。

奥运会共 47 个项目，其中男子 24 项，女子 23 项。

五、现代田径运动发展概况

(一) 世界田径的发展

19 世纪中叶，田径运动竞赛在英国许多大学相继开展，1894 年在法国教育家皮埃尔·德·顾拜旦倡议下，在巴黎召开了国际体育会议，成立了国际奥林匹克委员会。1896 年召开了以田径运动竞赛为主要内容的第 1 届现代奥林匹克运动会。1912 年国际业余田径联合会(IAAF)在斯德哥尔摩成立，随后拟订了国际统一的田径竞赛项目和竞赛规则。国际业余田径联合会的成立，对于田径运动的发展起到了积极的推动作用。

从现代田径运动形成初期至 20 世纪 30 年代后期，田径运动基本处于自然发展阶段，第 1 届奥运会只有男子 12 项，第 5 届斯德哥尔摩奥运会增设 5000 米跑、10 000 米跑，4 × 100 米接力跑，4 × 400 米接力跑、十项全能等项目，1928 年第 9 届阿姆斯特丹奥运会增设女子田径项目。

(二) 世界田坛的格局

20 世纪五六十年代，世界田坛是"三强鼎立"，美国、前苏联、德国处于领先水平。

90 年代以后，形成了美国"一枝独秀"，埃塞俄比亚、俄罗斯、肯尼亚、德国、古巴、英国等国"百花争艳"的新格局。

各国田径发展的项目特征：

美国在短跑、跳跃、跨栏等项目上优势明显，俄罗斯在投掷、跳跃、女子径赛等项目上优势明显，古巴的优势项目是跳跃，肯尼亚、埃塞俄比亚的优势项目是中长跑、障碍跑，日本的优势项目是马拉松，我国在男子 110 米跨栏跑、女子投掷、中长跑、男、女竞走项目上有一定的实力。

六、我国田径运动的发展与成绩

20 世纪初外国传教士将现代田径运动带进中国，当时只有在教会创办的学校之间开展田径比赛，后来逐渐普及到全国的国立、私立学校。1932 年中国首次参加第 10 届洛杉矶奥运会。当时中国短跑运动员刘长春已具备了世界水平，但由于经费不足，他经过长途跋涉，到达洛杉矶的第 3 天就参加 100 米跑预赛，仅以 11 秒 1 的成绩名列小组第 5 名，未能进入下一轮比赛。在 200 米跑比赛中，刘长春跑出了 22 秒 1 的好成绩，虽获小组第 4 名，也未能进入复赛。比赛结束后刘长春没有回国的路费，在当地华侨的捐助下才得以返回祖国。

1949 年后，我国田径运动经过了 4 个阶段：

第 1 阶段：1949—1965 年，即"起飞阶段"。

1953 年，旧中国的女子全部项目的纪录被打破，半数男子项目纪录被刷新。1958 年，最后一项 100 米跑男子纪录也被打破，也称"黄金时期"。1957 年，郑凤荣以 1.77 米的成绩破女子跳高世界纪录。1965 年第 2 届全运会有 18 人 11 项进入世界前 10 名，男子 100 米跑、110 米跨栏跑、跳高排世界第一，陈家全以 10 秒的成绩平 100 米跑世界纪录。

第 2 阶段：1966—1976 年，即"下降阶段"。

1966 年，因运动员停止训练，故田径成绩全面下降，只有 1970 年倪志钦以 2.29 米的成绩打破男子跳高世界纪录。

第 3 阶段：1977—1989 年，即"奋进阶段"。

1978 年，中国田径协会恢复了在国际田联的合法席位。1979 年 10 月，我国恢复了在国际奥委会的合法席位。1983—1984 年，朱建华以 2.37 米、2.38 米、2.39 米的成绩三破男子跳高世界纪录。徐永久在挪威举行的第 3 届世界杯竞走比赛中获冠军，中国队获团体冠军。1985 年，在第 4 届世界杯竞走比赛中阎红、关平分获冠、亚军，中国再次捧回"艾思堡恩杯"。在第 12 届亚运上中国获 29 枚金牌，占金牌总数的 69%，从此，中国田径称雄亚洲。

第 4 阶段：1990—2012 年，即"攀登阶段"。

1993 年是中国田径史上最辉煌的一年，创造了 3 项世界纪录、21 项亚洲纪录、28 项全国纪录。在第 7 届全运会中，有 3 人 5 次破 3 项世界纪录，12 人 2 队 18 次破 13 项亚洲纪录。曲云霞在女子 1500 米跑、王军霞在 3000 米跑和 10 000 米跑均打破世界纪录。中国代表队参加了第 23 届至第 30 届奥运会，并取得了辉煌的战绩。

90 年代"马家军"崛起，创造了一批女子中长跑世界纪录，王军霞还赢得了"亚洲神鹿"的称号。2000 年悉尼奥运会上，中国运动员王丽萍获得 20 公里竞走金牌。2004 年雅典奥运会上，刘翔以 11 秒 92 平世界纪录的成绩获得男子 110 米跨栏跑冠军，黄种人第一次站在了奥运会短距离直道项目的最高领奖台上，震惊了世界田坛。邢惠娜也在女子 1500 米跑比赛中获得了金牌。2011 年亚洲田径锦标赛在日本神户进行，在万众瞩目的男子 110 米跨栏跑决赛里，卫冕冠军中国飞人刘翔以 13 秒 22 夺冠，继 2002 年、2005 年和 2009 年后缔造空前的亚锦赛短跨四冠王壮举，同时还刷新了他自己六年前创造的亚锦赛纪录。2012 年伦敦奥运会。在男子 20 公里竞走决赛中，中国选手陈定以 1 小时 18 分 46 秒的成绩夺得冠军，并且创造了新的奥运会纪录！这是中国首枚男子竞走的奥运会金牌，陈定也成为继刘翔之后，中国第二位夺得奥运会男子男径冠军的选手。但总的来说，中国的田径运动水平与田径运动中具有高水平的其他国家仍有明显差距，提高田径运动水平的任务十分艰巨。田径运动是各项运动的基础，代表着国家竞技运动的实力，我们相信中国田经能够进一步推进中国体育事业的发展。

第二节　短　　跑

一、短跑的发展和研究概况

1896 年现代第 1 届奥运会设置 100 米跑和 400 米跑比赛，英国运动员布克分别以 12.0 秒和 54.2 秒获得两项冠军；第 2 届奥运会增设了 200 米跑比赛项目，美国的邱斯贝利以 22.2 秒的成绩取得冠军；在 1928 年、1948 年和 1964 年的奥运会上依次设立女子 100 米跑、200 米跑和 400 米跑比赛项目。

短跑的发展自 1896 年创造的 100 米纪录(11 秒 8)，到 2009 年博尔特创造的世界纪录(9.58 秒)，前后经历了 100 多年历史。历年 100 米跑成绩提高状况说明运动水平越高，人体运动能力达到越高的水平，但成绩提高的幅度越小。随着近代科学技术的提高，人体的潜在功能不断发挥，最大限度地提高了短跑运动成绩，新的世界纪录仍在不断地出现。

20 世纪 60 年代末期塑胶跑道的使用，使短跑技术和运动成绩产生了大的飞跃。1968 年在墨西哥城举行的第 19 届奥运会上运动员海因斯以 9.9 秒的成绩打破了原联邦德国阿明·哈里斯创造并保持 8 年之久的 10.0 秒的世界纪录。在 200 米跑和 400 米跑比赛中，美国的史密斯和伊万斯，分别以 19.8 秒和 43.9 秒的成绩获得冠军并打破了世界纪录。短跑技术逐渐得到改善并形成了现代的短跑技术，其特点是更加强调摆动腿高抬膝，前摆大腿时积极送髋，积极支撑腿着地，脚掌扒地动作轻快柔和，后蹬动作有力，蹬摆动作配合协调，摆臂动作幅度大而向前，其优点在于身体各部分动作协调、自然、步幅较大、步频快，形成了更合理的短跑技术。

在第 11 届奥运会以前，短跑运动员不使用起跑器，一直是在起跑点跑道上挖穴起跑的。1938 年，起跑器才被正式批准使用。几十年来体育研究和教练员对短跑的起跑技术和起跑器进行了大量的研究和改进，还根据运动员的形态、技术和素质状况的差异设计出如"普通式""拉长式"和"接近式"等起跑器的安装方法，使运动员在起跑时能够迅速摆脱静止状态，获得尽量大的起跑初速度。80 年代初《田径规则》严格规定短跑运动员在比赛中一律采用"蹲踞式"的起跑姿势，在"预备"口令发出后运动员的四肢必须支撑地面，这种起跑姿势一直延用至今。

二、短跑技术

短跑属于无氧代谢的周期性运动项目，其最大的特点是用最短的时间发挥最高速度，完成一定(较短)距离的运动，这就要求人体的运动器官、内脏器官在极短的时间内完成最大强度的工作。在正式比赛中，短跑包括 60 米跑、100 米跑、200 米跑、400 米跑。短跑全程技术包括起跑的反应速度、起跑后的加速跑能力、途中跑技术和最后终点跑技术 4 个部分。

(一) 100 米跑的技术

1. 起跑

起跑的任务是获得向前冲力，使身体迅速摆脱静止状态，为起跑后加速创造有利的条件。田径规则规定，在短跑比赛中必须采用"蹲踞式"起跑。短跑起跑过程包括"各就位""预备""鸣枪"三个阶段，如图 3-1 所示。

图 3-1

(1) 起跑器的安装。起跑器安装的方法有"普通式"和"拉长式"两种。通常采用"普通式"，前起跑器安装在起跑线后一脚半处，后起跑器距离前起跑一脚半；前、后起跑器的支撑面与地面间的夹角分别保持 40°～45°和 70°～80°；两个起跑器的中轴线间隔约 15 厘米。"拉长式"前起跑器距起跑线两脚长，后起跑器距离前起跑一脚长，前、后起跑器的支撑面与地面间的夹角分别保持 40°～45°和 70°～80°；两个起跑器的中轴线间隔约 15 厘米。

(2) 起跑技术。起跑技术包括"各就位""预备""鸣枪"三个阶段。

听到"各就位"口令后，走到起跑器前，两手撑地，两脚依次踏在前、后起跑器的抵足板上，后膝跪地，两手放在紧靠起跑线后沿处，两臂伸直，肩与起跑线平行，两手间隔比肩稍宽，四指并拢和拇指成"八"字形支撑。颈部自然放松，两眼视前下方约 40～50 厘米处，注意听"预备"口令，如图 3-2 所示。

图 3-2

听到"预备"口令后，平稳地抬起臀部，稍高于肩约 10～20 厘米，同时重心适当前移，肩部稍超出起跑线，这时身体重心主要落在两臂和前腿上。"预备"姿势应保持稳定，两脚贴起跑器抵足板，注意力高度集中。

听到枪声后，两手迅速推离地，两臂屈肘有力地作前后摆动，两腿迅速蹬起跑器，使身体向前上方运动，前腿快速有力地蹬伸髋、膝、踝三个关节。

2．起跑后的加速跑

起跑后的加速跑是从后腿蹬离起跑器，到途中跑之间的一个跑段其任务是充分利用向前的冲力，在较短距离内尽快地获得高速度。当后腿蹬离起跑器并结束前摆后，便积极下压着地。第一步着地应尽量靠近身体重心投影点，脚着地后迅速转入后蹬。前腿在蹬离起跑器后，也迅速屈膝向前摆动。起跑后的最初几步，两脚沿着两条相距不宽的直线前进的，随着跑速的加快，两脚着地点就逐渐合拢到假定的一直线两侧。加速跑的距离，一般约为25～30 米。加速起跑第一步不宜过大，一步比一步大。身体要保持适当的前倾，后蹬充分、积极有力，大小腿折叠较小，前摆积极、幅度较大，两臂积极有力地摆动，且幅度也较大，步频较快；随着跑速的加快，上体逐渐抬起，步长也逐渐加大，直至达到途中跑的步长。

3．途中跑

途中跑是短跑全程中，距离最长，速度最快的一段。其任务是继续发挥和保持高速度跑。跑是周期性运动，以一个复步为一个周期，它是由两个单步组成的，一个单步由后蹬和前摆、腾空、着地缓冲三部分组成的，如图 3-3 所示。

图 3-3

(1) 后蹬和前摆。

短跑途中跑当身体重心移过人体支点的垂直面时，进入支撑腿后蹬和前摆阶段。这时摆动腿的膝关节(大小腿呈折叠动作)超越支撑腿，在肌肉的协同收缩下，开始迅速有力地向前上方摆动，并且带动同侧骨盆前送，使大腿抬至水平或低于水平位置，支撑腿在摆动腿积极前摆的配合下，快速有力地向前上方摆出。支撑腿在摆动腿积极前摆的配合下，快速有力地依次展髋、伸膝、伸踝，直到脚掌蹬离地面。后蹬结束时，支撑腿与摆动腿的两腿间夹角应大于 100°，支撑腿支撑点至髋关节的连线与地面形呈 47°～50°左右的夹角。

(2) 腾空。从支撑腿脚掌蹬离地面至摆动腿脚掌着地为腾空阶段，如图 3-4 所示。

支撑 腾空 支撑

图 3-4

腾空时期的主要任务：一是最大限度地放松刚刚参加后蹬活动的肌肉，并且迅速将大腿向前上方摆出；二是摆动腿前摆至最高点后，大腿做积极下压和扒地动作，准备落地。当支撑腿脚掌蹬离地面，小腿随着蹬地后的惯性和大腿的摆动，迅速向大腿靠拢，形成大小腿边折叠边前摆的动作，与此同时，以髋关节为轴牵动大腿积极下压，膝关节放松，小腿随摆动腿下压的惯性自然向前下方伸展(小腿的鞭打动作)，积极准备着地。

在腾空阶段人体运动不受外加作用，骨盆是以骶腰关节为轴，在盆带肌收缩产生拉力的作用下，协同两摆动腿的摆动而转动。为了使摆动腿做好扒地动作，要强调两大腿做"剪绞"动作。这不仅有助于提高步频，还能使前腿脚掌的着地点接近身体重心的投影点，有利于缩短着地缓冲阶段的支撑时间，减小着地时产生的前支撑阻力。

(3) 着地缓冲。

摆动腿的前脚掌着地即开始着地缓冲阶段。

着地瞬间由于支点在人体重心投影点之前，前脚掌着地动作应该非常积极，着地点约在人体重心投影点前一至两脚处。前脚掌着地后，支撑腿迅速屈膝积极进行缓冲。股二头肌和半腱半膜肌在协助股四头肌做退让工作的同时，应协助臀大肌主动用力展髋，以加快身体重心的前移，达到缩短时间的目的。当身体重心移到支点的垂直面时，支撑腿的膝关节角度约为 130°～150°，踝关节背屈角度约为 85°～90°，脚跟稍离地，使支撑腿伸肌群处于拉长的状况，这有助于完成后蹬与前摆动作。

着地缓冲的要求是腾空结束时，摆动腿积极下压(避免小腿前伸)，用前脚掌富有弹性地着地，着地瞬间小腿与地面接近垂直，着地点距身体重心投影点约 27～37 厘米，着地角约为 65°～68°，摆动腿积极着地有利于缩短前支撑的时间，并能减小着地时的阻力，有利于身体重心迅速前移转入后蹬阶段。然后迅速屈膝屈踝缓冲，随着跑动惯性，摆动腿大小腿折叠，迅速向前摆动并与支撑腿靠拢。随着身体的继续前移，当身体重心位于支撑点上方时，身体重心高度几乎接近最低点，支撑腿的膝关节角度呈 136°～142°，踝背屈角约为 85°～90°，身体重心刚超出支撑面瞬间，其位置处于最低点，这时膝关节和踝关节屈角度最大，支撑腿伸肌形成良好的拉长压紧待发状态。可以看出，现在的研究更加具体，过去的着地点约在人体中心投影点前一至两脚处，这就非常含糊，脚有大小，以多大为标准？而现在给出了具体的数字(27～37 厘米)，这样更有助于人们的理解和应用。身体中心移到支点的垂直面时，支撑腿的膝关节角度是 136°～142°。这强调了摆动腿折叠，摆动腿以大小腿折叠姿势迅速向前摆动，直至摆过支撑腿的膝关节稍前部位，这时大小腿折叠角度最小，脚跟几乎碰到臀部。大小腿折叠越好，越能缩短摆动半径、减小摆动时的阻力，并加快摆动速度。为缩短支撑腿的缓冲支撑时间，摆动腿用力加快其摆动速度，并与支撑腿做相向运动，使支撑腿为尽早由缓冲转入后蹬做好准备。

4．终点跑

终点跑是全程跑的最后一段，其任务是尽力保持途中跑的高速度跑过终点。

终点跑的技术要求在离终点线 15～20 米处，尽量保持上体前倾角度，加快两臂摆动的速度和力量。在跑到距离终点线一步时，上体急速前倾用胸部或肩部撞终点线，并跑过终点，然后逐渐减慢跑速。

(二) 200 米跑和 400 米跑的技术

在 200 米跑和 400 米跑中有一半以上的距离是在弯道上进行的。为了发挥比赛中的好水平，技术上有相应的变化。

1．弯道起跑和起跑后加速跑

为了便于在弯道起跑之后有一段直线距离进行加速跑，应将起跑器安装在自己分道的右侧。弯道起跑、加速跑的动作与直道起跑、加速跑的动作相同，为了起跑后有一段直线加速跑，起跑器必须安装在跑道右侧正对弯道切点的位置，在"各就位"后，左手应撑在距起跑线后沿 5～10 厘米处，尽量使身体正对弯道的切线方向。弯道起跑后，为了尽快进入弯道跑，加速的距离要适当缩短些，同时要求运动员早些抬起较大前倾的身体，以适应弯道跑。

2．弯道技术

从直线进入弯道跑时，身体应向内倾斜，为了克服离心力，身体应向圆心方向倾斜。摆动腿前摆时，左膝稍向外展，以前脚掌外侧着地；右膝稍向内扣，以脚掌内侧着地，同时，加大右腿前摆的幅度。弯道跑摆臂时，左臂摆动幅度稍小，靠近体侧前后摆动；右臂摆动的幅度和力量稍大，且前摆时稍向左前方，后摆时肘关节稍向外。弯道技术变化的程度与跑的速度、弯道半径有关联，跑速越快，弯道半径越小，技术变化的程度越大。从弯道进入直道时，身体逐渐减小内倾程度，放松跑 2～3 步，然后全力跑完全程。

三、学习短跑

(一) 了解短跑的技术和知识

(1) 了解短跑项目的技术特点、裁判法、规则和发展概况。
(2) 进行技术示范。
(3) 观看优秀运动员技术图片、电影、录像等，使学生了解短跑的基本技术。

(二) 学习直道途中跑的技术

(1) 学习摆臂的技术。
(2) 学习用前脚掌着地的富有弹性的慢跑。
(3) 学习中等速度的反复跑 60～100 米。

(4) 两人并列，中速反复跑 60～100 米。

(5) 学习大步幅的反复跑 60～100 米。

(6) 学习从慢跑到快跑，以均匀加速的技术跑 60～80 米。

(7) 学习变换节奏的加速跑 80～100 米。

(三) 学习蹲踞式起跑和起跑后加速跑的技术

(1) 学习安装起跑器的方法。

(2) 学习"各就位""预备"的技术。

(3) 学习起跑和起跑后加速跑的技术。

(4) 学习起跑、起跑后加速跑接途中跑的技术。

(5) 学习弯道起跑器安装的技术和学习弯道起跑、起跑后加速跑的技术。

(四) 学习终点跑技术

(1) 学习终点撞线技术。

① 在慢跑中做上体前倾动作，做用胸部或肩部撞线的练习。

② 用中等速度跑做胸部或肩撞线练习。

(2) 学习终点跑技术。

① 快速跑 40～50 米，直接跑过终点(不做撞线动作)。

② 快速跑 40～50 米，在终点线前 1 米左右做用胸部或肩撞线的动作，迅速跑过终点。

(五) 学习弯道跑的技术

(1) 沿一个半径 10～15 米的圆圈跑。

(2) 学习进弯道跑的技术。

(3) 学习出弯道跑的技术。

(4) 学习全弯道跑的技术。让学生进行 120～150 米的全弯道跑，体会上弯道、弯道和下弯道跑的衔接技术。

四、易犯的错误和纠正方法

在短跑的教学中，学生对技术的理解和掌握的程度有一定的差异，会出现很多的技术动作、身体素质、意志品质等方面的问题。对这些问题的解决既是教学的一部分，也是学生各方面提高的过程。

1. 起跑

易犯错误：起跑的第一反应同起跑后加速跑的衔接不紧，头和上体抬起过早。

纠正方法：

① 明确"预备"时，重心要稍前移，注意力主要集中于后脚。

② 明确"跑"的第一反应是两腿"后摆前蹬"，同时两臂"推摆"配合，后腿着地点不要过远。

③ 反复进行起跑接加速跑 30～40 米的练习。

2. 途中跑

易犯错误:

(1) 后蹬不充分,上体后仰,坐着跑。

纠正方法:

① 通过示范、讲解,使学生明确后蹬动作、过程的合理用力方式,建立正确的后蹬技术概念。

② 通过短跑的专门性练习(高抬腿跑、后蹬跑等),让学生加深体会蹬伸膝、踝关节的动作技术。

③ 反复做放松大步40~60米中速跑练习。重心要高,前摆和后蹬幅度要大。

④ 指导学生合作学练,学生两人一组,一人做原地后蹬练习,体会后蹬用力顺序、动作,另一人双手抵其肩阻抗相助。

⑤ 学生两人一组,一人腰系橡皮带做后蹬跑练习,另一人用适当力量的牵拉橡皮带配合练习。

(2) 前摆大腿抬不起来,向前甩小腿。

纠正方法:

① 通过示范、讲解,使学生明确大腿前摆的合理姿势。

② 反复做快速跑的专门性练习(原地和行进间或支撑下高抬腿跑、后蹬跑、车轮跑等),让学生体会跑的时候,大腿以膝领先,积极地向前上方摆动的本体感觉。

③ 通过上坡跑、跑台阶的练习,加强大腿前摆的练习。

④ 中等速度跑40~60米,改进蹬摆技术。

(3) 摆臂紧张,方式不合理。

纠正方法:

① 通过讲解、示范、原地摆臂练习等形式,规范学生的摆臂动作;要求沉肩且肩部放松,两臂自然屈肘,以肩为轴前后摆动。

② 中速跑40~60米,要求学生的摆臂姿势正确。

(4) 踝关节紧张,脚搓着地跑。

纠正方法:

① 通过讲解、示范和学生模仿练习等,建立正确的脚着地部位和脚着地方式等概念,体会踝关节的放松和脚后扒式着地。

② 做跑的专门练习(小步跑、高抬腿跑等),加强练习。

③ 速度稍慢一点做60~80米跑的练习,进一步体会跑进的过程中,脚着地的方式和踝关节的放松。

3. 终点跑

易犯错误:上体后仰,明显减速。

纠正方法:

① 进一步明确跑"过"终点的实际意义;跑过终点线后,才能逐渐、自然地减速。

② 结合全程跑练习,重点进行终点跑的反复练习;明确跑的后程,由于体力等原因,后蹬力量不充分,易于出现大腿前摆过高、头和上体后仰的现象,这时要有意识地加强摆

臂和加大上体前倾的幅度。

第三节 跨 栏 跑

一、跨栏跑技术的发展概况

跨栏跑最早起源于英国，据考证是牧民在放牧的牧场休息时玩的一种跳跃羊圈栅栏的追逐游戏，后来逐步发展成为一项赛跑的项目，在 19 世纪末被英国列为正式的比赛项目。当时跨栏跑的技术还很落后，大多采用跳的动作；跨栏跑的栏架是将木头埋入地下制成的，不能活动，容易对运动员造成伤害。第一个 110 米跨栏跑的世界纪录是 1896 年诞生的，成绩是 17 秒 6。1900 年出现可移动的倒 T 字形栏架。1935 年有人将倒 T 字形栏架改成 L 形栏架，L 形栏架支脚的另一端朝向运动员的跑进方向，稍加推力即可向前翻倒，减轻了运动员过栏时的恐惧心理。奥运会比赛项目分男子 110 米跨栏跑、400 米跨栏跑(1896 年列入)；女子 100 米跨栏跑(1932 年列入，当时为 80 米跨栏跑，1972 年改为 100 米跨栏跑)、400 米跨栏跑(1984 年列入)。男子 110 米跨栏跑的栏高为 106 厘米，400 米跨栏跑的栏高为 91.4 厘米；女子 100 米跨栏跑的栏高为 84 厘米，400 米跨栏跑的栏高为 76.2 厘米。比赛时，运动员必须跨越 10 个栏架，除故意用手推或用脚踢倒栏架外，身体其他部位碰倒栏架不算犯规。

2004 年雅典奥运会刘翔获 110 米跨栏跑冠军，成绩为 12 秒 91，打破奥运会纪录，同时也追平了世界纪录。在 2006 年瑞士洛桑田径超级大奖赛男子 110 米跨栏跑的比赛中，刘翔以 12 秒 88 打破了沉睡 13 年之久、由英国名将科林·杰克逊创造的 12 秒 91 的世界纪录。

二、跨栏跑技术

跨栏跑有直道栏和弯道栏之分。下面介绍直道栏技术。

直道栏包括 110 米栏和 100 米栏，因为二者技术差别较小，所以重点介绍 110 米栏技术。直道栏全程分为起跑至第一栏技术、过栏技术、栏间跑技术、全程栏跑技术。

110 米栏由 110 米的跑道和跑道上面的 10 个跨栏组成的。男子 110 米栏第一栏距起跑线 13.72 米。第 2～第 10 栏栏间距离 9.14 米，栏高 106.7 厘米，最后栏距终点 14.02 米。

1. 起跑至第一栏的技术

跨栏跑的起跑一般应采用蹲踞式。关于起跑器的安装方法及起跑技术动作，基本上与短跑相同。但由于起跑线到第一个栏的距离是固定的，因而技术上要求从起跑到第一个栏加速跑的步数也要相对固定。根据个人的不同情况，从起跑到第一栏是双数步，起跑时，应将起跨腿放在前面；用单数步跑完这段距离的，则正好相反，摆动腿放在前面。做"预备"动作时，臀部抬起要明显高于肩，这是为了起跑后前几步就能取得较大的步长。听到"跑"的信号后，后蹬要有力且角度稍大，重心稍高，促使起跑后步长能够得到较快的增长。一般在起跨前两步时，身体已基本成正常的途中跑姿势。

2．过栏技术

(1) 攻栏技术。

起跨腿用前脚掌着地，在充分蹬伸的同时，摆动腿大腿屈膝高抬，上体尽量前倾，当起跨腿蹬离地面时，小腿积极快速前伸，异侧臂也尽力前伸，完成攻栏，如图3-5所示。

图 3-5

(2) 过栏技术。

当起跨腿蹬离地面时，即开始过栏。这时起跨腿收髋屈膝，大腿外展向前提拉，提膝勾脚过栏，准备前摆；同时摆动腿以大腿带动小腿积极下压扒地，迅速蹬伸髋、膝、踝关节过渡到后蹬，使身体重心迅速移过栏架，如图3-6所示。

图 3-6

(3) 下栏技术。

下栏是从摆动腿的脚掌移过栏板，大腿下压开始。下栏时，摆动腿积极下压，着地后髋关节稍有缓冲，膝、踝关节保持伸直，保持较高重心；起跨腿迅速提拉向正前方摆出，积极跑出第一步；躯干适当抬起，如图3-7所示。

图 3-7

3．栏间跑技术

栏间跑是跨栏跑的主要组成部分。因为栏间跑是在固定的距离上，以固定的步数跑过，同时又要跨越栏架，所以在步长、速度用技术结构等方面与短跑途中跑技术有所不同，构成栏间跑特有的节奏。下栏的第一步，因水平速度下降较明显，故步长有所缩短。栏间跑最后一步要准备起跨，动作要点基本上与起跨过第一个栏前的最后一步相同。栏间跑中间的几步大体上与快速跑途中跑的动作相同，但要高抬大腿用前脚掌弹性着地，明显加大摆臂的幅度。

4．全程栏跑技术

全程栏跑的任务是把跨栏跑各部分技术合理地连接起来，使运动员的技术和体能都能得到最大限度的发挥，以取得最好的运动成绩。由于全程栏跑运动员要跨越 10 个栏架，尤其是起跑到第一栏、最后一栏至终点，运动员跑的速度不断发生变化。虽然近年来跨栏周期的最高速度没有很大的突破，但是全程高速跑的能力得到了提高，优秀运动员的过栏技术日趋完善，水平速度损失减少，使得全程跨栏技术更自然、流畅，这对改善全程栏的节奏和提高跨栏成绩都起到十分重要的作用。

三、学习跨栏跑

（一）学习掌握过栏技术

1．跨栏跑的概念及过栏技术和知识

（1）讲解跨栏项目的技术特点、裁判法、规则和发展概况。

（2）观看优秀运动员技术图片、电影、录像等，使学生了解跨栏的基本技术。

2．学习跨栏步的技术

主要学法：

（1）原地或慢跑中摆动腿由栏侧过栏练习：从栏前 1.10 米处起跨，摆动腿屈膝高抬，膝盖到达栏架高度时，小腿迅速向前摆出，接着大腿积极下压，直腿下落，两臂配合，如图 3-8 所示。熟练后在慢跑中连续跨 3～4 个栏。

图 3-8

（2）原地由栏侧做起跨腿过栏练习：双手扶肋木站立，在起跨腿一侧距肋木 1～1.2 米远处横放一栏架，在栏顶做起跨腿屈膝经腋下向前提拉过栏，当起跨腿的膝提举到身体正前方时，自然放下。熟练后，做慢跑或快跑栏侧提拉过栏练习。

（3）慢跑或高抬腿跑过栏练习：起跨点距栏约 1 米，过栏动作同前，但幅度小，腾空时间短。注意栏前栏后高重心支撑，上下肢协调配合，尽量不要向上跳，下栏后继续高抬腿跑，准备过下一个栏。

注意事项：

（1）学习跨栏跑技术的重点是学习跨栏步技术，可以通过上述分解练习和专门性练习

帮助掌握动作，但分解练习不宜过多。

(2) 加强柔韧性和髋关节灵活性练习，有助于跨栏步技术的学习。

(3) 跨栏步的专门性练习和技术学习，都应注意下肢动作与上体、两臂动作的协调配合。

3. 学习起跑过第一栏的技术

主要学法：

(1) 确定步点：根据自己的身体素质状况，在起跨点处画出起跨标志，站立式起跑用 8 步反复练习，建立栏前 8 步步长的空间定位感。

(2) 起跑过第一栏专门性练习：站立式起跑，起跨腿或摆动腿栏侧过栏练习。

(3) 站立式起跑过第一栏：要求同上，过第一栏后继续跑进。

(4) 蹲踞式起跑过第一栏：使用起跑器，听信号练习。

注意事项：起跑到第一栏的技术要求步点准确，节奏感强，积极加速。

4. 学习过栏与栏间跑相结合的技术

主要学法：

(1) 站立式或蹲踞式起跑过前 3 栏：适当缩短栏距，降低栏高，逐步掌握栏间跑技术和节奏。随着技术的提高，逐步过渡到标准栏。

(2) 站立式起跑跨 3～5 栏。

(3) 站立式或蹲踞式起跑过 5 栏、8 栏、10 栏等多栏技术练习。

注意事项：栏间跑技术学习，应重点突出栏间跑三步的节奏，保持栏间跑的水平速度和跑。

5. 学习全程跨栏跑的技术

主要学法：

(1) 站立式或蹲踞式起跑跨过 2～3 个栏。

(2) 蹲踞式起跑跨过 5～7 个栏。

(3) 听发令枪声，起跑跨越 5～10 个栏。

注意事项：

(1) 重点改进个人过栏与栏间跑技术，建立正确的跨栏跑节奏。

(2) 下最后一栏时尽力跑向终点，做冲刺撞线动作。

(二) 易犯错误和纠正方法

1. "跳" 栏

纠正方法：

(1) 鼓励学生要相信自己的运动能力，树立信心，尽量消除心理障碍。

(2) 采用尽量降低栏高或利用替代器材，减小过栏的难度等方法、手段，以使学生增强自信、消除惧怕心理。

(3) 通过讲解、示范，明确身体要积极向前攻栏，强调身体向前而不是向上，培养跨或跑栏的意识。

(4) 标出适宜的起跨点，控制起跨距离，强调起跨腿要充分蹬直，不要离地过早。

(5) 反复练习过栏，提高熟练程度。

2. 起跑和起跑后的加速跑

起跑和起跑后的加速跑，节奏不稳定，发挥不出速度。

纠正方法：

(1) 通过讲解、示范，建立较正确的跨栏跑起跑和起跑后加速跑的技术概念。

(2) 反复进行快速跑的起跑和起跑后加速跑练习后，进行跨栏跑起跑和起跑后加速跑 (不做跨栏动作) 的练习，突出跨栏跑起跑的技术特点。

(3) 反复进行蹲踞式起跑，并从栏侧跑过或从栏侧过栏，提高动作的熟练程度。

3. 下栏后制动

下栏后制动，起跨腿提拉得不够。

纠正方法：

(1) 通过讲解、示范，明析技术要点，下栏后的瞬间要迅速向前提拉起跨腿。

(2) 做出摆动腿落地的标记，反复练习，明确下栏动作要为下一步过栏做准备的意识。

4. 栏间跑

栏间跑不是跑，而是跨步跳。

纠正方法：

(1) 适当调整栏间距。

(2) 改进攻栏技术，减小水平速度的损失。

(3) 加强腿部力量，提高速度。

5. 栏间节奏不稳定

纠正方法：

(1) 反复练习摆动腿下栏和起跨腿的提拉过栏动作，适当加大下栏后第一步的步长。

(2) 反复进行栏侧过栏或没有栏的栏间跑练习。

第四节　接　力　跑

接力跑是由短跑和传、接棒技术组成集体配合的径赛项目。它既能发展学生快速奔跑能力，又能培养团结协作的集体主义精神，是田径赛场上最具有吸引力和令人关注的项目之一。

一、接力跑技术

在田径赛场正式比赛的接力跑项目有男、女 4×100 米接力跑、4×400 米接力跑、混合 4×100 米接力跑。在各级各类学校中，还有各种不同形式的接力跑，如迎面接力、越野跑接力、异程接力、圆圈接力、跨栏接力和不同距离的团体接力赛等。

(一) 4×100 米接力跑技术

1. 起跑

(1) 持棒起跑：第一棒传棒队员以右手持棒，采用蹲踞式起跑，按规则接力棒不得触及起跑线和起跑线前的地面。持棒起跑技术和短跑的起跑相同，持棒方法主要有三种。

① 右手的食指握住棒的后部，拇指与其他三指分开撑地。

② 右手的中指、无名指握住棒的后部，拇指、食指和小指成三角撑地。

③ 右手的中指、无名指和小指握住棒的后部，拇指和食指分开撑地。

(2) 接棒队员起跑：接棒队员站在接力区后端线或者说预跑线内，选定起跑位置，两脚前后开立，两膝弯屈，上体前倾。接棒队员应站在跑道外侧，左腿在前，右手撑地保持平衡，身体重心稍偏右边，头部左转，目视传棒队员的跑道和自己起动的标志线。当传棒队员跑到标志线时，接棒队员便迅速起跑。

2．传、接棒方法

传、接棒方法，一般有上挑式和下压式两种。

(1) 上挑式。接棒队员的手臂自然向后伸出，掌心向后，拇指与其他四指自然张开，虎口朝下。传棒队员将棒向前上方送入接棒队员的手中，如图3-9(1)所示。

(2) 下压式。又称"向前推送"的传、接棒方法，接棒队员手中手腕内旋，掌心向上，拇指与其他四指自然张开，虎口朝后，传棒队员将棒的前端由上向下传到接棒队员手中，如图3-9(2)所示。

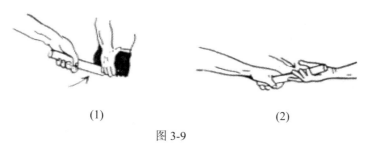

(1)　　　　　　　　　　　　　(2)

图 3-9

无论是采用哪一种传接棒方法，接力棒传递的顺序，都应是第一、第三棒队员沿跑道内侧跑进，以右手将棒传给第二、第四棒队员的左手，第二棒队员沿跑道外侧跑进，以左手将棒传给第三棒队员的右手。

3．传、接棒时机

接棒队员站在接力区20米或预跑段(10米)内相应的一侧，转身回头看传棒队员跑至起动标记时，迅速起动；当传棒队员距离接棒队员还有约一步远的时候，传棒队员发出"接"或"嘿"等传接棒的信号，接棒队员立即向后伸臂，按传、接棒方法要求，与传棒队员在接力区内快速跑进中完成传、接棒动作。传棒队员完成传棒后，在本跑道内逐渐减慢速度，等待其他道次队员跑过后，再离开跑道，以免造成犯规。

4．接棒队员起跑标志的确定

由于传、接棒队员的速度快慢不同，即传棒队员最后跑进时是高速跑，接棒队员是从静止状态起跑和起跑后的加速跑，为了能使传、接棒在高速度跑中进行，接棒队员必须提前起跑，提前起动处的标志叫标志线。这段距离的确定是根据传、接棒队员的跑速，以及传、接棒技术的熟练程度和接棒队员的反应快慢等确定的。

5．接力队员的棒次安排

一般是第一棒安排起跑技术好并善于跑弯道的队员；第二棒安排耐力好，并善于传、接棒的队员；第三棒安排要善于跑弯道并善于传、接棒的队员；第四棒安排短跑成绩最好、冲刺跑能力强的队员。

(二) 4×400米接力跑技术

4×400米接力跑的传、接棒技术相对比较简单。但是，因为传棒队员在跑近接力区时的跑速已经明显下降，所以接棒队员应十分注意接棒技术。当传棒队员跑近时，接棒队员要在慢加速跑中目视传棒队员，顺其跑速主动接棒，随后快速跑出。

第一棒采用蹲踞式起跑，起跑技术同4×100米接力跑的起跑技术；第二棒采用站立式起跑，上体左转，目视传棒队员，要估计好传棒最后一段跑的速度，如果传棒队员最后一段仍然保持较好的速度，接棒队员可以早些起动，如果接棒队员的跑速减慢，接棒队员应晚些起跑，并主动接棒。第三、第四棒的接棒方法基本与第二棒相同。传棒队员将棒传出后，应从侧面退出跑道，避免影响其他接力队队员的跑进。

二、学习接力跑

(一) 学习交接棒技术

(1) 给学生讲解、示范交接棒技术动作，包括上挑、下压、混合式交接棒。

(2) 进行原地交接棒练习。前后两人相距 2 米左右，原地摆臂，按同伴或教师的信号做传接棒练习。接棒队员手后伸时，臂要稳，交棒队员臂在充分前伸的同时，注意上体的前倾。

(3) 学习第一棒蹲踞式右手持棒起跑练习。

(4) 学习其他棒次站立式的起跑练习。

(二) 学习在接力区内传、接棒技术

(1) 讲解如何确定接棒队员起动的标志线。

(2) 两人一组做 2×30 米的传、接棒技术练习。

(三) 学习全程接力跑技术

(1) 进行 4×50 米接力跑练习。

(2) 进行 4×100 米和 4×400 米的全程接力练习。

三、易犯错误和纠正方法

(1) 接棒队员起跑过早或过晚，不能在预定的传、接棒位置范围内完成传、接棒；或者在接棒时，接棒队员尚未发挥出很大的跑速就已经完成传、接棒动作。

产生原因：

① 对传棒队员脚踩接棒队员起跑标志线判断不准确，或起动犹豫、不果断。

② 接棒队员起跑过早或过晚，造成犯规或未能发挥高速度。

③ 两队员的速度或传、接棒配合不好。

纠正方法：让接棒队员用接力跑的起跑动作反复进行起跑练习。

(2) 接棒没有按应跑的跑道一侧跑进，给传递接力棒造成困难。

产生原因：没有形成各棒次在跑道内侧或外侧跑进传、接棒的习惯。

纠正方法：

① 消除接棒队员在跑进的紧张心理状态。

② 反复讲解和示范各棒次队员正确的跑进路线和传、接棒技术。

(3) 接棒队员起跑时过早的向后伸臂等待接棒。

产生原因：

① 怕接不着棒早早伸臂等着接棒。

② 传棒队员过早发出接棒信号。

纠正方法：

① 讲清过早伸臂跑的危害性。

② 讲清发信号的时机。

(4) 接棒队员手型不对，传、接棒配合不协调。

产生原因：

① 接棒队员向后伸手臂左右晃动不稳定无法传棒。

② 传棒队员向前伸臂过早或路线不正确。

纠正方法：

① 以中速跑做传接棒示范，让学生着重接棒时手和臂的动作、讲解手臂稳定的意义。

② 传、接棒队员反复大胆地快跑在接力区内进行传、接棒练习，通过练习调整接棒队员起跑标志线。

(5) 起跑标志线的距离确定不准确，造成传、接棒的困难和犯规。

产生原因：

① 没有认真地确定起跑标志线。

② 信号发出不及时。

纠正方法：

① 按照判定起动时机的标志，提高准确判断能力，认真掌握时机，准确起动。

② 调整标志距离。

③ 正确掌握发出信号的时机。

④ 组织教学比赛，反复进行接力跑练习。以巩固熟练接力跑技术。

第五节　中　长　跑

中长跑起源于英国。1836 年以前在英国就开始了中长跑项目的比赛。1896 年，在雅典举行的第一届奥运会上，男子 800 米和 1500 米跑被列入正式比赛项目。中长跑运动发展至今，已经不局限于传统的模式。根据项目的类别、性质和距离划分为中跑、长跑、障碍跑、超长跑(奥运会项目)、公路赛跑及越野赛跑(非奥运会项目)。

一、中长跑技术

中长跑的完整技术一般包括起跑、起跑后的加速跑、途中跑、终点跑等。跑步的距离不同，所采用的技术也不尽相同，而且还有全程跑的体力合理分配技术环节。因为中长跑的时间和距离较长，所以要讲究动作的实际效果，更要节省体力。对于中长跑的各个技术过程，始终要贯彻这些要求：动作轻松、自然，幅度较小；重心高且平稳；跑的节奏感要强。

(一) 起跑和起跑后的加速跑

站立式起跑的动作顺序按下列口令进行：听到"各就位"口令后，走到起跑线保持稳定姿势，集中注意力听枪声。

听到枪声或"跑"的口令时，两腿用力蹬地。后腿蹬地后迅速前摆，前腿迅速蹬直，两臂配合两腿动作做快而有力的摆动，使身体快速向前冲出，在短时间内获得较快的跑速。

(二) 途中跑

中长跑途中跑上体的姿势：正确的上体姿势是正直或稍前倾，头部自然，眼平视，面部和颈部的肌肉要放松。

腿部动作：跑的速度大小取决于步长和步频。

后蹬与前摆：在一个跑的周期中，当身体重心移过支撑点后，开始后蹬与前摆的动作。当摆动腿通过身体垂直部位向前摆动时，支撑腿的各个关节要迅速蹬伸，首先伸展髋关节，再迅速有力地伸展膝关节和踝关节。后蹬结束时，腿几乎伸直。蹬伸的时间应短促，这样才能在蹬伸后及时向前摆腿。

腾空：后蹬腿蹬离地面后，身体进入腾空时期。当后蹬腿的大腿开始向前摆动时，小腿按惯性自然摆起，膝关节弯曲，形成大小腿折叠的姿势。

脚的着地与缓冲：当摆动腿的大腿开始下落时，膝关节亦随之自然伸直，并用前脚掌着地。

摆臂动作：中长跑时，两臂稍微离开躯干，肘关节自然弯曲，以肩为轴前后自然摆动，摆幅要适当。

途中跑有一半以上的距离是在弯道上跑的。弯道跑的技术与短跑基本相同，只是动作的幅度与用力程度较小。

(三) 终点跑

中长跑终点跑是临近终点的一段加速跑，进入最后的直道时，要竭尽全力进行冲刺跑。什么时间加速跑，要根据比赛的距离、个人训练水平和战术决定。

(四) 中长跑的呼吸

参加中长跑练习的人，应掌握正确的呼吸方法。刚开始跑时可在自然的情况下加深呼吸，呼吸的节奏要和跑的节奏相配合。一般是跑两、三步一呼气，跑两、三步一吸气，并有适宜的呼气深度。随着疲劳的出现，呼吸的频率有所增快，应着重将气呼出。

二、学习中长跑技术

中长跑技术教学，必须把掌握技术和提高学生心肺功能及发展耐力素质结合起来，要在一系列跑的练习中掌握中长跑技术和提高耐久能力。在学习过程中，应注意采用多种手段变换跑的形式，避免枯燥、单调，以调动学生学习的积极性。中长跑学习的重点是途中跑。学习的顺序应先学途中跑，然后学习起跑和终点跑，最后进行提高跑的技术的学习。

1. 直道途中跑的技术

(1) 80～100 米的匀速慢跑。

(2) 60 米加速跑＋20 米惯性跑。

(3) 变速跑：100 米中速跑(在直道)＋100 米慢跑或走(在弯道)。

2. 弯道途中跑的技术

(1) 在弯道上进行加速跑练习。

(2) 由直道进入弯道跑。

(3) 由弯道进入直道跑。

(4) 变速跑(或走跑交替)：120 米中速跑(在弯道)＋80 米慢跑或走(在直道)。

3. 起跑和起跑后的加速跑技术

(1) 起跑方式：站立式或半蹲式起跑。

(2) 起跑后的加速跑：原地站立，身体前倾，顺势跑出，保持前倾姿势，加速跑 20～30 米；个人在直道或弯道上起跑，跑 60～80 米。

4. 学习中长跑的技术

(1) 根据学生掌握中长跑技术的情况，使学生掌握正确的技术。

(2) 认真纠正学生的错误动作。

(3) 最后 50～150 米进行加速，开始冲刺，到终点做撞线动作。

(4) 变速跑：200～300 米中速跑＋100 米慢跑。

三、易犯错误和纠正方法

在中长跑的教学中，由于跑的距离较远、时间也相对较长，学生出现一些技术动作方面的问题是外在的，我们易于发现，并可以采取适宜的教学手段予以纠正；与此同时，学生的心理在运动中，随着体力的消耗，肌体的不适应，也会有波动。因此，教师要认真研究学生的课堂表现，从动作技术、身体素质、心理变化等角度去考虑问题，可能会好一些，更能找到解决问题的最佳途径，收到好的教育效果。

1. 动作不放松

纠正方法：

(1) 通过讲解、示范、个别指导等，明确中长跑中由于跑的时间较长，距离较远，因而全身肌肉需适度放松，上下肢协调配合，上体保持相对正直，摆臂、摆腿、落地等动作都要显得轻松、自然，节省体力。

(2) 进行上体正直的慢跑练习、中速跑及反复跑练习，进一步培养运动感觉；并与有节奏的呼吸相配合，保持动作的放松。

2. 跑的节奏性差

跑的节奏性差，全程体力分配不当。

纠正方法：

(1) 通过讲解、示范以及分段跑的反复练习，培养运动感觉和跑的节奏性。

(2) 帮助学生分析本人的技术特点及运动水平，确定较为合理的全程体力分配计划，并通过反复的分段跑和全程跑练习加深体会，巩固提高全程跑水平。

3. 呼吸方法

呼吸方法不正确，节奏不合理。

纠正方法：

(1) 通过讲解、示范、个别指导，明确正确呼吸的方法和节奏，以及必要性和重要性；结合练习让学生体会在全程跑后程时肌体的感受。

(2) 在全程跑练习过程中，要不定时的提示学生要注意呼吸的方法和节奏。

第六节 跳 高

一、跳高运动的发展概况

跳高作为一项竞技运动项目，至今仅一百多年的历史。1864 年在英国跳高被列为田径比赛项目。男、女跳高被列为现代奥运会正式比赛项目分别是在第 1 届和第 9 届奥运会。1957 年，我国优秀女运动员郑凤荣以 1.77 米的成绩打破了 1.76 米的女子跳高世界纪录，成为我国田径史上第一个创造世界纪录的运动员。1970 年，我国男子运动员倪志钦以 2.29 米的成绩打破了男子跳高世界纪录。1983—1984 年，我国男子运动员朱建华分别以 2.37 米、2.38 米、2.39 米的成绩三破世界跳高纪录。经过漫长的发展历程，跳高技术不断改进提高，从跨越式、剪式、滚动式、俯卧式发展到背越式，目前最先进的技术是背越式跳高技术。

背越式跳高技术最大的优越性是弧线助跑起跳，弧线助跑起跳为充分发挥和利用助跑速度提高起跳效果创造了有利条件。在背越式跳高技术教学中贯彻"以速度为中心"的指导思想，有利于把跳高技术教学与现代跳高技术发展结合起来。

跳高技术是由助跑、起跳、过杆、落垫几个紧密相连的技术环节组成的，其中最重要的是弧线助跑起跳技术，应把学习和掌握弧线助跑起跳技术作为学习的重点。

二、背越式跳高技术

背越式跳高又称"福斯贝里式跳高"，急行跳高姿式之一。助跑步数为 8～12 步，前段跑直线，后段跑弧线，用离横杆较远的腿起跳。起跳离地后，保持伸展姿势向上腾起，并在摆动腿及其同侧手臂的带动下，加速身体围绕纵轴旋转，使身体背对横杆；当头、肩越过横杆后，及时仰头、倒肩、展体、挺腹，并稍后收双腿，形成杆上背弓姿势，同时身体重心尽量靠近横杆，以充分利用腾空高度；当身体重心移过横杆后，应加速向上甩腿越过横杆。过杆后以背部落垫。

（一）助跑

1．助跑的任务

从背越式跳高的助跑路线可以看到，在助跑开始的前段直线跑，应尽可能大地获得水平速度。在助跑后段的弧线跑应为跑跳创造尽可能大的离心加速度，有助于向横杆方向运动。

2．助跑的技术要点

开始采用直线助跑，双肩要下垂，用脚前掌着地，跑时具有弹性；提高重心，步幅均匀，不断加速；进入弧线跑时，外侧摆动腿富有弹性地蹬地。为了克服离心加速度的作用，上体应稍向弧线内侧倾斜。前脚掌沿弧线落地，身体重心轨迹向内越出足迹线。助跑的节奏要快，特别是助跑最后两步髋关节前送幅度要大，迈步时上体保持较垂直的姿势，摆动腿积极，充分后蹬，起跳腿快速前伸，同时髋部自然前送。助跑过程中两臂应积极有力地前后摆动，弧线跑时外侧手臂摆动幅度应大于内侧手臂的摆动幅度。

（二）起跳

起跳的目地在于使助跑获得的水平速度，迅速转变为垂直向上运动，以使身体充分向上腾起，并为过杆做好准备。起跳动作可分为起跳腿的着地、缓冲和蹬伸三个阶段及摆动腿与双臂的配合。

1．跳腿的着地、缓冲和蹬伸技术

为加快起跳的速度，起跳腿应大幅度、平稳地以脚掌外侧着地，并迅速从脚跟向前脚掌滚动。这时由于迈步放脚时髋关节的积极快速前送和迅速的弧线助跑而形成了身体向后、向内的倾斜姿势。在起跳的缓冲阶段，为了提高起跳的速度，还应减小屈膝的幅度，以利于保持水平速度。在这阶段当身体由倾斜转为垂直且身体重心移至起跳腿的上方时，迅速有力地充分蹬直起跳腿的 3 个关节，躯干在离地前瞬间几乎垂直地立于起跳脚之上。这时起跳腿的蹬伸方向应在身体重心的外侧，从而产生了过杆所必需的旋转冲力。

2．起跳时摆动腿与双臂的协调配合技术

起跳时离横杆较远的一臂使劲地向上摆动，另一臂不要充分摆出，并且较早地制动，这样有利于肩轴倾向横杆。摆动腿的摆动应从屈膝的起跳腿旁开始，以膝盖领先，先屈膝折叠，后在跳高架的远端支柱上方用力摆出。当摆动腿摆到起跳腿前方之后应向里转，而小腿和脚要稍许外展。这样的积极动作，有助于使骨盆保持在起跳力量的作用线上，围绕纵轴产生转身动作。此时，头应补偿性地转向横杆。

（三）过杆和落地

过杆就是充分利用起跳获得的腾空时间改变身体姿势，缩短身体重心与横杆之间的距离，并利用身体的屈伸、旋转越过横杆。过杆时，立即屈髋收腹，下颚迅速引向前胸，同时双腿补偿地高举两小腿积极向上甩起。应注意，落地前的收腹举腿，以背先着地，或团身以肩先着地，然后再做一个后滚翻。为了控制腾越方向，头部不能后仰，要注意在落垫过程的"视力监督"，眼睛始终要注视着横杆方向。

三、学习背越式跳高

(一) 学习和掌握起跳技术

1. 地蹬摆练习

站立，一手抓支撑物，起跳腿在前，摆动腿在后，摆动腿向异侧肩的前上方摆动，起跳腿配合充分蹬伸。要求摆腿屈膝折叠并膝内扣，加速摆至最高点，异侧臂配合上摆，同时拔腰、顶肩，髋部前送并扭转。

2. 2步走动起跳练习

站立，起跳腿在后，摆动腿在前，起跳腿向前迈步放脚，摆动腿积极向前摆动。要求沿直径为15～20米的圆圈走动，起跳腿积极主动向前迈步放脚，并在摆动腿与手臂的有力配合下迅速完成起跳。

3. 弧线助跑起跳练习

在2步走动起跳练习的基础上分别用1步、2步、3步助跑转体四分之一垂直纵跳，两脚落地。要求蹬摆配合协调一致，动作快速有力，助跑节奏清楚，最后两步和起跳连贯，体会弧线助跑转入起跳时上体由内倾到竖直的垂直用力感觉。双脚落地，是为了使摆动腿努力下沉，有利于按"桥"型完成过杆动作。此练习可在两个跳高架之间吊拉橡皮筋，高度宜控制在练习者起跳后头顶刚好能够触及的位置。

(二) 学习和掌握过杆落地技术

1. 落地倒肩挺髋练习

背对海绵包站立，倒肩挺髋成"桥"。肩背着垫。要求挺髋挺腹，两臂屈肘外展。

2. 立定背越式跳高练习

背对海绵包站立，两腿屈膝半蹲，然后提腿发力向上跳起，形成典型的"桥"腾空姿势。接着屈髋，向上积极甩小腿，用整个背落垫。要求在用力向上起跳之后，两臂配合上摆、挺髋、挺胸、肩后倒下沉，两小腿放松下垂。体会空中背弓的肌肉感觉。落垫前两小腿积极上甩，动作自然放松。

此练习开始可以不用横杆，动作熟练后再用橡皮筋、横杆。另外，为了增加腾空高度，可站在低跳箱或起跳板上进行。

3. 弧线助跑做背越式跳高练习

在立定背越式跳高练习的基础上，可采用先是1步助跑，然后3步、5步助跑做背越式跳高练习。弧线助跑最后两步起跳要与过杆技术有机衔接。开始练习时，应将重点集中在起跳和腾空动作的正确结合上。初学者可在起跳点放置起跳板，增加腾空高度。另外，也可以增加垫子的高度。在技术上要求做到助跑点准确；起跳充分向上"旋转"；过杆时身体舒展成"桥"与横杆大致成十字交叉；头、肩、背和小腿依次越过横杆后，肩背领先落垫。

(三) 学习和掌握全程助跑背越式跳高练习

1. 全程助跑和丈量方法

走步丈量法：先确定起跳点。起跳点的位置一般在离近侧跳高架的立柱 1 米左右(或横杆长的四分之一)，离横杆投影点 50～90 厘米处。由起跳点沿横杆的平行方向向前自然走 5 步，再向右转成直角向前自然走 6 步做一标志，由此点向起点跳约 5 米的半径画弧，即成最后 4 步的助跑弧线；从标记点再前走 7 步自然步画起跑点，定为前段直线跑 5 步距离。全程共跑 8 步。

等半径丈量法：助跑距离为 9～13 步。起跑点离横杆约 15～20 米，与内侧跳高架向外延伸线之间的距离约为 3～5 米。助跑弧线的半径取决于助跑的速度，速度越快，半径越长。初学者变化幅度大致为 6～8 米。起跳点和横杆之间的距离视横杆的增高高度而向外移。

2. 全程助跑的练习方法

弯道弧线跑练习：此练习可先采用沿田径场弯道做加速跑。然后再缩小半径，沿直径 10～15 米的圆圈快跑。要求跑到身体向内倾斜，平稳向前移动，注意摆臂的幅度内小上大。

直段跑切入弧线跑练习：可沿直线加速 5 至 7 步后转入弧线跑，过渡要自然连贯，节奏要逐步加快。

全程助跑起跳练习：采用 7 至 9 步助跑距离，即直线跑 3 至 5 步，弧线跑 4 至 5 步的方法进行助跑起跳练习。要求助跑速度快，节奏性强，步点固高。注意体会助跑与起跳的结合，尽量保持"旋起"动作至高垫顶上。

完整技术练习：在熟练掌握全程助跑与起跳节奏的基础上，先做较低高度过杆练习，熟练后逐渐提高横杆的高度。在完整技术练习中，要做到最后 4 至 5 步助跑的足迹落在弧线上，起跳脚的着地点要正，起跳力方向要正。起跳结束时，身体由倾斜转入直立姿势向上腾起。过杆时，后引双肩、挺髋、小腿放松下垂，完成"桥"的动作。助跑身体重心移动要稳，过杆后肩背落垫要平稳。

注意事项：

(1) 重点掌握杆上动作，练习时要注意控制杆上挺髋成"桥"的时机，使之有足够的延续时间，防止"坐"着过杆。

(2) 学习过杆技术要多采取各种辅助练习。注意设备的安全性能及加强保护措施。

(3) 重点抓好助跑与起跳的有机结合。

(4) 应通过对助跑丈量方法的学习，掌握由直线进入弧线的助跑技术，并确定助跑点。

四、易犯错误和纠正方法

(1) 助跑节奏紊乱，助跑与起跳结合不好。

产生原因：助跑步点不准确，拉大步，捣小步或没有沿助跑弧线落脚。

纠正方法：改进直线进入弧线的助跑技术，调整适合自身特点的助跑步点，按画好的每步标志反复进行练习；跳越跨栏架的练习，采用栏间跑 3、5、7 步培养节奏感和目测距离的能力。

(2) 跳向前冲力太大而跳不起来。

产生原因：助跑过快失去控制，自身的腿部支撑力量不够；最后放腿太慢，不能及时完成起跳动作；助跑最后两步与起跳的转换技术没有掌握好。

纠正方法：多做短、中程助跑起跳的结合练习，改进起跳脚快速着地以及摆动腿和摆臂的有力上摆、提肩、拔腰技术，提高助跑结合起跳的速度。另外，可多做弧线助跑结合起跳后身体落在高垫上的练习，强调身体从内倾迅速转成垂直和正确完成起跳后再做过杆动作。

(3) 跳时制动大，减弱水平速度，做过杆动作时，身体压杆。

产生原因：倒数第二步身体重心下降太多，身体内倾不够；起跳前身体后仰过大，起跳脚落地不够积极，前伸太远。

纠正方法：多做弧线助跑起跳的模仿练习。弧线助跑起跳后用头触高物，强调起跳要积极，上体要正直。

(4) "坐"着过杆，臀部及大腿碰落横杆。

产生原因：起跳时身体重心没跟上，髋关节变屈，起跳效果差，腾空高度不够；心理上怕摔，不敢用肩背落垫；小腿太紧张，没有挺髋就过早收腹举腿。

纠正方法：利用跳板或跳箱，做立定背越式跳高，注意延长挺髋时间；逐渐增加高度，克服害怕心理，用肩背落垫。

(5) 斜交叉过杆。

产生原因：起跳时摆动腿内扣向异侧肩方向用力摆的动作做得不够，使身体绕纵轴转体不够。

纠正方法：结合摆臂动作多做原地蹬摆起跳模仿练习；弧线助跑起跳触高物转体90°。短程助跑起跳过杆练习，在垫上画出落垫点，使肩背朝落垫点着垫。

(6) 杆上动作僵直。

产生原因：起跳腾空后，两膝紧张绷直，背弓动作不自然，空中身体感觉能力较差。

纠正方法：加强柔韧性、灵敏和协调性的练习，提高动作和放松能力。在山羊或跳箱上做仰卧背弓、顺势屈小腿举小腿练习，立定背越式跳越橡皮筋练习，体会倒肩、抬臀、挺髋、屈小腿过杆后小腿自然上甩，肩背落垫的动作。还可以中短距离助跑起跳过杆练习。降低横杆高度，用橡皮筋代替横杆，消除心理害怕因素。

第七节　跳　远

一、跳远的发展概况

公元前708年第18届古希腊奥运会上就设有跳远项目的比赛。现代跳远运动的发展是随着现代奥林匹克运动兴起、发展而兴盛起来的。在100多年的历史进程中，跳远运动的形式没有发生根本的变化，但跳远的技术、成绩、场地设施以及训练方法等方面都发生了深刻的变化。这一变化的过程大致经历了 4 个不同的发展阶段，即萌芽阶段(1860—1900年)、研究探索阶段(1900—1935 年)、发展提高阶段(1935—1970 年)、成熟完善阶段(1970年至今)。跳远的姿势曾出现过蹲踞式、挺身式、走步式 3 种空中姿势。在 1896 年第 1 届奥运会上，跳远选手采用的是最简单的蹲踞式姿势。1898 年美国运动员 M·普林斯坦首先采用了"两步半"的走步姿势，成绩为 7.24 米。1920 年芬兰运动员 B·图洛斯以挺身式的新姿势，跳出了 7.56 米的成绩。"三步半"走步式空中姿势是当前男子跳远竞技场上最流行的姿势，而世界女子优秀跳远运动员多采用"挺身式"空中姿势，还有些女子运动员采用"挺身式"和"走步式"相结合的空中姿势。

二、跳远技术

跳远是由助跑、起跳、腾空和落地 4 个部分组成，各部分紧密联系成为统一的整体。

(一) 助跑

跳远的助跑为获得水平速度，并为快速准确地踏跳做准备。

1．开始姿势

(1) 从静止状态开始。一般采用两腿微屈，两脚平行或前后站立的"站立式"。此种开始姿势，第一步步幅和速度较稳定，有利于提高助跑的准确性。

(2) 行进间开始。先走或慢跑几步踏上起点后，开始助跑。此种开始姿势动作比较放松、自然。

2．加速方式

(1) 平稳加速方式。与加速跑基本相同，开始阶段步频较慢，然后逐渐加大步长和提高步频，助跑最后几步保持步长，提高步频。此种加速方式动作轻松、自然。刘易斯就是采用此种加速方式。

(2) 积极加速方式。此种加速方式的特点是步频始终保持在较高的水平上，能够较早地摆脱静止状态和较早地获得较高的助跑速度。

3．助跑速度

跳远助跑速度与腾起初速度关系密切，对跳远成绩影响很大。从理论上讲，在其他因素相同的情况下，助跑速度越快，跳远成绩越好。优秀跳远运动员起跳前的速度，男子可达 10～11 米/秒；女子可达 9～10 米/秒。

4．助跑距离

相比之下，"平稳加速方式"所需的助跑距离要长些；而"积极加速方式"所需的助跑距离要短些。

为了在起跳前达到高速度，就必须有足够的加速距离。男子助跑距离一般为 35～45 米；女子为 30～40 米。

5．第二标志

为了加强助跑稳定性和准确性，可在助跑途中设置第二标志。一般设在最后 4～6 步处。

6．最后几步助跑

跳远最后几步助跑最为关键。在最后几步助跑时，既要达到助跑的最高速度，又要为起跳做好准备。

最后几步助跑有两种技术特征：一种是最后几步的步长相对缩短，步频明显加快；另一种是在步长相对稳定的情况下，加快步频。优秀运动员多采用后者。

7. 起跳准备

助跑的最后几步(一般最后三步)要为起跳动作做好准备。此时，身体重心适度下降，以便为完成高效的起跳动作做好准备。

(二) 起跳

起跳时，要充分利用助跑所获得的水平速度，在短时间内获得尽可能大的腾起初速度和适宜的腾起角度。起跳技术分为起跳脚着地、缓冲和蹬伸3个动作阶段。

1. 起跳脚着地(踏板)

起跳脚应积极、主动地着地(即踏板)。这既可减小着地时的冲击力，又可使着地后身体重心快速前移。起跳脚着地时，足跟与足掌几乎同时着地。

2. 缓冲

起跳脚着地至膝关节的弯曲程度达到最大时，这一过程为缓冲动作阶段。缓冲动作是在"身体快速向前移动"的作用下被动形成的。此时，"蹬伸肌群"处于被动拉长状态，从而为"爆发"用力蹬伸提供了条件。优秀运动员在缓冲阶段，膝关节弯曲的程度较小，这有利于快速有力地完成起跳动作。

3. 蹬伸

蹬伸动作阶段是由膝关节的弯曲程度达到最大时开始，起跳脚蹬离地面瞬间结束。蹬伸时，起跳腿的髋、膝和踝关节乃至整个身体要快速充分地伸展。上体和头部保持正直，摆动腿大腿摆至水平位置或稍高些，小腿自然下垂，双臂前后摆起，肩、腰向上提起，如图 3-10所示。优秀运动员的蹬地角为 75°左右，身体重心的腾起角一般为 18°～24°。

图 3-10

(三) 腾空

结束起跳后，便进入腾空阶段。在腾空阶段，身体重心按助跑和起跳所决定的抛物线轨迹运行。运动员所做的动作都是为了克服身体前旋，从而维持身体平衡，为有效落地做好准备。

腾空初期要形成"腾空步"。其动作特征为上体与头部大致与地面垂直，摆动腿保持屈膝高抬，起跳腿放松留在体后，两臂分别保持在身体前后。

起跳后，保持"腾空步"的时间要短。"腾空步"后，摆动腿下放并后摆与起跳腿靠拢，形成展髋姿势。与此同时，体前臂向下伸展并摆至身体的侧后外处，体后臂向下伸展，同时头和肩也向后运动，形成挺身姿势，片刻后，收腹举腿，同时双臂由体后回环摆至体上，并继续向前下方摆动。将落地时，小腿前伸，双臂向后下方摆动。过程如图3-11所示。

"挺身式"通过加大转动半径来抑制身体前旋的速度，并为收腹举腿的落地动作做更充分的准备。

图 3-11

（四）落地

着地前两腿屈膝高抬，即将着地时，前伸小腿，以脚跟先接触地面，着地后，立刻屈膝，骨盆前移，两臂前摆，使身体迅速移过落点。

三、学习跳远的技术

助跑与起跳结合的技术是跳远教学的重点，在正确完成助跑、起跳技术的基础上学习空中动作。

1. 使学生对跳远技术有初步的了解

利用电影、录像、光碟和图片等直观教具和完整的跳远动作示范，简明扼要地讲述跳远的技术。

2. 学习助跑起跳技术

(1) 连续助跑起跳练习。50 米慢跑中做起跳动作。其目的在于让学生自己确定起跳脚。

注意：不要对学生提动作要求，练习次数不能多。

(2) 迈一步起跳练习。两腿前后站立，起跳腿在前，摆动腿在后，起跳腿向前迈步用全脚掌做扒地动作，随之蹬伸起跳腿，随着起跳腿的蹬伸动作，摆动腿屈膝前摆至水平位置。双臂配合腿的动作前后摆动。腾空时，基本保持起跳动作，形成"腾空步"姿势。在整个练习中，头和上体要保持正直。

注意：开始练习时腾空不要太高。

(3) 50 米连续助跑起跳练习。

慢跑 3～5 步一跳。起跳时，头和上体保持正直，双臂前后向上摆起，起跳脚积极扒地并充分蹬直，摆动腿大腿摆至水平位置，小腿自然下垂，髋部前送。腾空时，基本保持起跳动作，形成头和上体正直，摆动腿大腿抬平，起跳腿保持在体后，双臂分别保持在身体前后的"腾空步"姿势。"腾空步"后，用摆动腿着地。为了充分体会"腾空步"，也可以用起跳腿在体后先着地。

注意：开始练习时，助跑速度要慢些，腾空不要太高。

3. 学习腾空与落地的技术

学习"挺身式"腾空与落地技术。

(1) "腾空步"接"挺身"练习。

在跑道上，3～5 步助跑起跳形成"腾空步"姿势后，摆动腿和其异侧臂下放。摆动腿与起跳腿靠拢；其异侧臂由体前摆至身体的侧后方，另一侧臂在体侧后方下放。头部和上体保持正直，髋部前送，形成"挺身"姿势。然后，在保持"挺身"姿势的情况下，双脚前脚掌落地。

注意：一定要在慢速度助跑下，进行此种练习，逐渐提高腾空高度。

(2)"腾空步"接"挺身"再接落地动作练习。

掌握了上述技术后，在空中形成"挺身"动作，然后高举双腿，接着前伸小腿并以脚跟先落入沙池。与此同时，双臂由身体的侧后方向上回环并配合双腿的动作向前下方摆动。

注意：助跑距离和速度随着技术的熟练而加长和提高。先在平地上起跳，在平地上起跳掌握不了动作的情况下，再借助于踏跳板进行练习。

4. 学习跳远的完整技术

通过短距离和中距离助跑的跳远练习，在助跑速度较慢的情况下，掌握起跳和空中动作后，再进行全程助跑的完整技术练习。

(1) 反复进行全程助跑练习，基本上确定助跑距离和第二标记位置。

(2) 全程助跑跳远练习，不断熟练和巩固跳远的完整技术。

(3) 针对个人技术上存在的问题，采取相应的手段加以解决。

(4) 技术评定和运动成绩测验。

四、易犯错误和纠正方法

(1) 助跑步点不准。

产生原因：起动姿势不固定；加速节奏不稳定，步长变化大。

纠正方法：

① 采用固定的起动姿势。

② 固定助跑的加速方式和节奏。

(2) 助跑最后几步减速。

产生原因：步点不准确；怕越板犯规。

纠正方法：

① 反复跑步点，特别注意调整最后 6～8 步的第二标志的设置点。

② 加强"果断起跳"的意识。

(3)"制动"起跳。

产生原因：助跑最后一步太大；起跳脚着地时身体重心落后，前伸小腿；过分追求腾空高度。

纠正方法：

① 通过调整助跑距离，缩短最后一步步长。

② 加强扒地练习。

③ 强调"追求远度而不是高度"；强调合理的腾起方向。

(4) 起跳腿蹬伸不充分。

产生原因：起跳时身体重心太低；起跳动作速度不够快；急于做"挺身"动作。

纠正方法：

① 提高助跑的重心。

② 加强"快速起跳"练习。

③ 加强助跑起跳接"腾空步"练习。

(5) "挺身式"跳远空中过早"挺身"。

产生原因：起跳不充分，髋部前送不够，摆动腿摆动不积极；"腾空步"不充分。

纠正方法：

① 加强起跳练习，强调"腾空步"姿势。

② 可在适当的位置设一标记物，起跳后用摆动腿膝部触及后再做"挺身"动作。

(6) 落地时身体前倒。

产生原因：腰腹力量不够；落地时伸腿不够。

纠正方法：

① 发展腰腹力量。

② 短程助跑跳远练习，要求落地前屈膝提至胸前，然后伸小腿越过标志点。

(7) 落地后身体后坐。

产生原因：脚跟落地时没有迅速屈膝；双臂没有及时前摆。

纠正方法：做立定跳远和短距离助跑的跳远练习，要求落地时迅速屈膝，双臂迅速向前摆动。

第八节　推　铅　球

一、推铅球的发展概况

早在 1340 年以前，在苏格兰和爱尔兰的民间游戏中就有了当今推铅球运动的雏形。到了 1340 年，欧洲有了炮兵，士兵们为了作战时能快速装填炮弹，就用同炮弹一样重(16 磅，1 磅 = 453.6 克)的石头做比赛性的游戏，后来石头改为铅制、铁制、铁内灌铅的各种器材。1978 年，国际业余田径联合会决定把成年男子铅球重量定为 7.26 千克。

推铅球比赛场地最初是在一条直线后面进行，后来为了限制运动员的活动范围，规定在一个方形场地进行比赛(每边长 7 英尺，折合 2.135 米)，而后又改为在直径为 2.135 米的圆圈内进行比赛，推铅球扇形有效落地区的角度由最初的 90°减小为 60°、45°，现在定为 40°。

男子推铅球始于 1896 年第 1 届现代奥运会，美国运动员加利特以 11.22 米的成绩创造了有记载以来的第一个男子推铅球世界纪录。女子推铅球始于 1948 年第 14 届奥运会，德国运动员奥斯德·迈耶尔以 13.75 米的成绩创造了有记载以来的第一个女子推铅球世界纪录。推铅球这项运动从有历史记载到现在已有近 660 年左右的发展历史，其技术的发展也经历了许多变化。到目前为止，基本上表现出了三种技术类型；第一种，以美国运动员奥布莱思为代表的背向滑步推铅球技术；第二种，以苏联运动员巴雷什尼科夫为代表的旋转推铅球技术；第三种，以德国运动员蒂默曼和拜尔等为代表的背向滑步"短-长步"推铅球技术。

推铅球运动是我国引进较早的运动项目之一。1932 年，我国开始使用与世界上统一重量的铅球。我国推铅球运动的荣耀基本上归于女子运动员。黄志红、隋新梅曾是世界田径锦标赛与田径世界杯冠军得主。李梅素是 20 世纪 80 年代中、后期中国女子铅球走向世界的代表人物，她在 5 年之内连续 14 次改写全国纪录与亚洲纪录。中国女子铅球运动员群体在 20 世纪 80 年代末与 90 年代初共同创造了当时我国女子铅球运动的辉煌。

二、背向滑步推铅球的技术

推铅球运动是以力量为基础、以速度为核心的速度力量型项目。投掷者站在投掷圈后沿，单手持球置于肩上锁骨窝处，经过助跑(滑步、旋转等形式)，尽可能多地动员全身的力量，以尽可能快的动作速度，将器械尽可能掷远。背向滑步推铅球技术可分为握持铅球、滑步前的预备姿势、预摆与准备滑步、滑步、过渡、最后用力和球出手后的维持身体平衡 7 个部分。

(一) 握持铅球

1. 握球方法

五指分开，把铅球放在靠近食指、中指和无名指的指根上，拇指和小指扶在球体两侧，手腕背屈。手指和手腕力量较强者，可将铅球适当地移向手指的第二指节上。手指和手腕力量弱者，铅球可放在更靠近指根处。

2. 持球方法

握持好铅球后，将铅球放在肩上锁骨窝处，贴紧颈部，食指、中指和无名指处在球体的后面，拇指处在锁骨窝的上面与球体的下面，小指处在球体的前上方，掌心向前，右臂屈肘，大臂与躯干夹角为 60°左右，如图 3-12 所示。

图 3-12

(二) 滑步前的预备姿势

滑步前的预备姿势分为高姿势和低姿势两种。

1. 高姿势

持好球后，背对投掷方向，站在投掷圈内靠近后沿处，两脚前后站立，右脚指向投掷相反方向并靠近投掷圈后部的内沿，左脚位于右脚后约 20～30 厘米处，用前脚掌或脚尖着地，体重放在自然伸直的右腿上，左臂位于体前平举或上举，持球臂的肘略低于肩，目视投掷相反方向。

2. 低姿势

持好球后，背对投掷方向，站在投掷圈内靠近后沿处，两脚前后站立，右脚尖指向投掷相反方向并靠近投掷圈后部的内沿。左脚位于右脚后 50～60 厘米处，以前脚掌或脚尖着地。两腿弯曲(弯曲程度根据个人情况而定)，体重基本上落在右腿上，上体前俯，左臂自然下垂，目视前下方。

(三) 预摆与准备滑步

运动员做好预备姿势后，眼看前下方，肩部稍右转，上体前俯，使躯干接近水平位置。左腿向后上方抬起，右腿微屈分布在整个右脚掌上。运动员完成预摆动作并维持好身体平衡后，紧接着低头、扣左肩、含胸收腹、前俯上体，右腿屈膝下蹲，左腿左膝回收至靠近右腿处。随着屈腿团身动作，准备向投掷方向平移臀部，完成准备滑步动作。

(四) 滑步动作

在完成准备滑步动作后，当臀部向投掷方向开始平移，身体重心移离支撑点时，左腿向抵趾板方向有力摆伸；与此同时，左膝和左脚稍向外转动，右腿积极有力地向投掷方向蹬伸。躯干仍保持很好的前倾姿势，左臂向投掷方向的后下方伸出，低头，眼看投掷方向的后下方。当右腿蹬直，右脚跟或右脚掌即将离地时，两大腿的分腿角为125°左右，躯干与大腿的夹角为80°左右。

紧接着向投掷方向收拉右腿和右脚，以右脚掌着地于投掷圈中心附近，右脚尖方向与投掷方向的夹角为120°左右；右腿弯曲，右膝方向同右脚方向，体重落在弯曲的右腿上；左腿稍弯曲，左脚很低但尚未着地；左髋稍外转，腹部微收，肩部稍右转；稍低的头部仍然尽力目视投掷的相反方向，完成滑步动作。

(五) 过渡阶段动作

完成滑步动作后，从右脚着地至左脚着地为过渡阶段。右脚以前脚掌着地，右小腿应顺势内扣；左脚低而快地以前脚掌内侧贴紧抵趾板内下沿处压插着地；左脚尖与右脚跟在一条直线上，左膝微屈适度用力支撑。投掷者仍微收腹，稍含胸，肩部开始右转；左臂前臂内旋，扣紧左肩并稍向前运动，但仍指向投掷方向的后下方，两眼则仍目视投掷方向的后下方。此时，身体左侧肌群适度拉紧，肩、髋扭紧，右腿压紧，整个身体为形成一个良好的后继"侧弓形"姿势打下了坚实的基础。

(六) 最后用力动作

完成过渡动作后，左脚一着地即开始了最后用力动作。投掷者首先右腿用力蹬转，右脚随着前滑；左腿支撑住，加速髋部向前转送动作；上体仍保持左脚着地时的姿势，左臂前臂内旋经体前向前稍向上方运动；头部与躯干保持一致，目视投掷反方向稍右侧方向；随即继续蹬转右腿，髋部前转并牵拉肩部上起并稍前转。由于身体重心前移，用力支撑的左腿开始被迫压弯，内旋的左臂继续向投掷方向的前上方向运动，带动原扣紧的左肩逐渐打开，并向前上方运动，左肩高于右肩，头与躯干在一条直线上，目视投掷方向的右侧稍后方。身体形成用力前蓄势待发的良好的"侧弓形"用力姿势。接着右腿继续蹬转，微屈的左腿用力支撑，髋部转推到正对投掷方向，并继续牵拉肩部向前上方运动，继而也转至正对投掷方向。此时，左肩仍稍高于向上运动的右肩，然后旋内向前运动且头稍后仰，目视投掷方向的前上方，这一瞬间身体形成一个"反弓形"姿势。紧接着两腿爆发式向上蹬伸、顶髋、拔腰、挺胸，左臂急剧下压，大臂贴紧躯干，固定左臂；同时迅速向前上方推伸右臂，头后仰，在球即将离手时，甩腕、拨指，使铅球沿着适宜的出手角度向投掷方向飞出。球出手瞬间，两腿要充分蹬直到脚尖，右手指拨球后指向右外侧，完成最后用力动作。

(七) 铅球出手后维持身体平衡动作

铅球离手后为了避免犯规，获得有效的运动成绩，投掷者左右腿应及时换步，并降低身体重心，维持身体平衡。在铅球落地和人体稳定后，运动员再从投掷圈的后半圈走出。

三、学习背向滑步推铅球

(一) 学习并掌握背向滑步推铅球的预备姿势

学习方法：

(1) 沿投掷方向划一条长 1.5～2 米的直线，让学生背对投掷方向，两脚前后分开靠近线两侧站立，徒手做高姿势和低姿势背向滑步推铅球预备姿势的练习。

(2) 右手握持球置于肩上锁骨窝处做同上练习。

注意事项：

(1) 在预备姿势教学中，要注意身体姿势正确、稳定，动作自然，为滑步做好准备。

(2) 预备姿势的教学，要和握持球方法与滑步技术教学结合起来，在不断变化的条件下反复练习，以达到熟练、自然的程度。

(二) 学习并掌握原地背向推铅球技术

学习方法：

(1) 徒手做高姿和低姿预备姿势的背后原地投铅球的模仿练习。

(2) 右手握持球置于肩上锁骨窝处做同上练习。

注意事项：

(1) 原地背向推铅球技术教学，可按先高姿预备姿势、后低姿预备姿势的顺序进行。在两者初步掌握后，可交替练习，提高学生积极性，增强学生对两种预备姿势投掷方法的用力感觉，有利于更好地掌握技术。

(2) 在原地背向高姿预备姿势推铅球技术教学中，应注意屈右腿下蹲和上体前倾屈背，前倾屈背团身动作要做得缓慢、适度，防止太快、过猛而造成铅球晃动、身体不稳，影响最后用力效果。

(3) 在采用低姿预备姿势(背向)推铅球方法时，要根据学生腿部、腰部力量情况，决定下蹲程度，防止因下蹲过深而影响蹬地速度。

(4) 原地背向推铅球，要特别重视掌握正确的用力顺序和全身协同用力的技术，并做好左侧支撑。

(5) 练习中，要引导学生克服"只比成绩"的好胜心理，把精力集中在掌握正确技术上。

(三) 学习并掌握背向滑步的技术

学习方法：

(1) 徒手做高姿预备姿势的背向滑步练习。

(2) 徒手做低姿预备姿势的背向滑步练习。

(3) 握持球置于肩上锁骨窝处，做练习(1)。

(4) 握持球置于肩上锁骨窝处，做练习(2)。

(5) 握持球置于肩上锁骨窝处，由预备姿势开始，做滑步和最后用力结合的练习。

注意事项：

(1) 在背向滑步技术教学中，应注意左腿摆动和右腿蹬地的协调配合，防止因动作脱节而影响滑步效果。

(2) 滑步时，要保持铅球移动和人体运动的稳定，防止铅球晃动和人体波动，使之保持直线加速状态。

(3) 滑步技术教学要和预备姿势与最后用力练习结合起来进行，以使动作连贯、自然、协调。

(4) 滑步后，要形成良好的超越器械动作，两脚所处位置及用力方向要正确。

(四) 学习并掌握背向滑步推铅球的完整技术

学习方法：

(1) 徒手做预备姿势、滑步、最后用力的模仿练习。

(2) 握持球置于肩上锁骨窝处，做同上练习。

(3) 在投掷圈外做背向滑步推铅球完整技术练习。

(4) 在投掷圈内做同上练习。

注意事项：

(1) 在背向滑步推铅球完整技术教学中，首先应注意各技术环节，特别是滑步与最后用力间的衔接要紧凑、连贯、自然，使人体铅球的移动呈加速状态。

(2) 在教学中，还应注意滑步和最后用力阶段的技术要准确、协调、自然、积极有力，做好左侧支撑。把力量集中在铅球重心上，以最大的速度和适宜的角度将铅球推拨出去。

(3) 为了调动学生积极性，增加练习次数，可采用徒手或持器械，持轻器械或持重器械结合的办法，做同上两个练习。

(4) 练习中，要发挥背向滑步推铅球技术的优点，尽量加大髋横轴和肩横轴交叉扭转的幅度，加长肌肉用力前的初长度，增加肌肉用力的速度和力量。

(5) 加强安全教育，严密组织教学，预防伤害事故的发生。

四、易犯错误和纠正方法

(1) 推球时手指、手腕挫伤。

产生原因：持球手指完全放松，手指、手腕力量较差，推球时用力过猛。

纠正方法：要求握球时手指有一定紧张程度；用较轻的铅球进行练习；注意发展手指、手腕的力量。

(2) 推球时肘关节下降，形成抛球。

产生原因：持球时肘关节过低，滑步过程中已转向投掷方向。

纠正方法：注意持球时手臂的动作，要多做正面推球，要求肘关节抬平；要求滑步时两眼仍看前下方。

(3) 推球时用不上腰背肌肉和下肢的力量，单纯用手臂的力量。

产生原因：投掷臂过早用力；用力顺序不明确，身体各部分的动作不协调；最后用力时预备姿势不正确，身体重心在两腿之间。

纠正方法：学生做好预备姿势后，教师在前面抵住学生的右手，或者是教师在后面拉住学生的右手，要学生反复做蹬腿、起体推球动作；原地推球，利用下肢和腰背力量将球送出，投掷臂不做推球动作；练习同上，投掷臂有推球动作，但不用力，以后逐渐结合投掷臂的力量。

(4) 推球时臀部后坐。

产生原因：右脚蹬地不充分，髋部未能转至正对投掷方向；最用力时两脚前后之间的距离过长；怕出圈犯规，髋部不能前送。

纠正方法：教师站在学生后面，两手扶其髋，推球时帮助送髋；徒手做最后用力练习，要求用右手触及右前上方一定高度和远度的标志物。

(5) 推球时身体向左侧倾倒。

产生原因：左臂过分向左后方摆动；左脚的位置过于偏左，造成左侧支撑不稳。

纠正方法：先将左臂肘固定于体侧，做原地和正面推球；推球时用右肩触及标志物；在地上画出两脚正确的落地位置，要求滑步后两脚落在标志上。

(6) 推球时出手角度过低。

产生原因：左脚支撑无力或膝关节弯屈；推球时低头或者说向左后下方转动。

纠正方法：在投掷前方一定远度和高度处悬一标志物，要求推出的球触及标志物(标志物的高度和远度根据学生的成绩而定)。

(7) 滑步后动作停顿。

产生原因：左脚落地不积极；右腿力量弱，滑步后重心下降。

纠正方法：背对投掷方向，两脚左右开立，两腿快速蹬地；成最后用力姿势，左腿稍向上抬(不宜过高)，然后积极下落，左脚着地后，右脚用力蹬地；持球连续滑步后结合最后用力的动作；加强腿部力量的训练。

(8) 滑步后不能保持正确的姿势，上体过早抬起，重心在两腿之间。

产生原因：右腿的拉收动作不完善，一是收腿速度慢，二是收的距离短；滑步过程中左臂向左摆动，带动了上体的移动；滑步前先抬起上体，重心过分向投掷方向移动。

纠正方法：徒手和持球连续做收腿练习；教师在学生的右侧(稍后)拉住左手，进行滑步练习。

(9) 滑步距离太短。

产生原因：蹬地和摆腿力量不够或结合不好；拉收小腿的距离短。

纠正方法：在地上画出两脚落地标志，要求学生滑步后落在标志上；徒手或持球练习蹬摆的动作。

(10) 滑步时重心上下起伏大。

产生原因：蹬地或摆腿的方向过于向上；右脚力量不足，膝关节弯屈过大。

纠正方法：要求学生在滑步前重心先稍向后移；左腿摆动时，要求触及后方(投掷方向)的标志物。

第四章 羽 毛 球

第一节 羽毛球运动概述

一、羽毛球运动的起源

根据《民族体育集锦》记载，"中国在远古时期就有类似羽毛球游戏活动的存在……这种活动主要分布在我国的西南等地区"。

相传，远古时代，我国苗族的祖先在正月期间总要把一些五颜六色的鸡毛做成花毽，然后成群结队到野外去玩"打花毽"游戏。游戏开始时，姑娘首先向小伙子抛出花毽，然后小伙子用手将花毽击回姑娘一方，互相一来一往，尽量不使花毽落地。双方对打时，有时相距较近可以边打边答话，或互相对歌，这种游戏叫"打手毽"。我国古代基诺族玩的这种游戏叫"打鸡毛球"，所用的球是用一束鸡脖子上的羽毛插入用油布包着的木炭球托上制成的，游戏时双方用手拍打，比赛场地以中线为界，一方打来的球，另一方必须打回去。若球打不过中线，则为输球。西汉时期，仫佬族所玩的一种游戏，其活动形式、方法同苗族人玩的"打花毽"相近。

可以认为，"打花毽""打鸡毛球"和"打手毽"等游戏是今日羽毛球运动的鼻祖。据英国《大不列颠百科全书》记载，"原始的羽毛球游戏、羽毛球活动至少在 2000 年前，在中国、日本、印度、泰国等就开始流行了"。由此，可以佐证，在距今 2000 年前或更早，羽毛球游戏活动已在我国的少数民族和民间流传了。

到 18 世纪前，亚洲、欧洲的一些国家就有了用木制球板来回拍击球的类似羽毛球运动的活动。19 世纪 60 年代，一批退役的英国军官把印度孟买的"普那"(Pooa，球用圆形硬纸板插上羽毛制成，板是木质的一种类似羽毛球运动的游戏)带回英国。早期羽毛球运动所用的球类似我国民间的毽子。其活动形式是用木拍击打"毽子"球，被人们称为"毽子板"运动，它是现代羽毛球运动的前身。

到了 19 世纪中叶，经过不断地演变改进，在英国出现了用羽毛和软木制成的球和用弦穿的球拍击球的活动。1873 年在英国格拉斯哥附近的鲍弗特公爵的伯明顿庄园里举办了一次游园活动，由于下起了大雨，便改在室内进行羽毛球游戏，场地呈"葫芦"形，中间狭窄处挂着网，由于这项游戏的趣味性强，参与者个个尽兴而归，于是这项游戏活动便逐渐风行起来，并以"伯明顿"命名。英语中的羽毛球运动名称"badminton"便由此而得。

二、我国羽毛球运动的发展概况

20 世纪 20 年代初，羽毛球运动传入我国。解放前，只在上海、广州、北京、天津等少数城市的一些教会学校开展羽毛球运动，从未举办过全国性的大规模比赛。中华人民共和国成立初期，只有东南沿海的少数城市、少数人打羽毛球。当时，羽毛球运动尚未得到普及，运动技术水平也很低。1953 年，在天津举行了以大行政区为单位的首次全国羽毛球表演赛，仅有 5 个队 19 名选手参赛。1954 年，组建成立了以王文教、陈福寿等几名具有较高水平的归侨青年为代表的国家羽毛球队。1956 年，在莫斯科世界青年联欢节羽毛球比赛中，国家羽毛球队获得了男子单打、双打冠军。同年，还组队访问了印度尼西亚，取得了较好成绩。1958 年，在武汉举行了全国 15 个城市参赛的羽毛球比赛。1959 年 9 月，在第 1 届全运会上，羽毛球被列为正式比赛项目，并有 21 个省、市、自治区的代表队参加了比赛。当时，福建省队以绝对的优势获得了团体总分第一名。从此，福建便成了我国培养羽毛球运动员、教练员的摇篮。然而，当时我国羽毛球运动的群众基础还很薄弱，技术水平还比较落后。

20 世纪 50 年代末 60 年代初，以侯加昌、汤仙虎、陈玉娘、梁小牧为代表的一批有一定技术水平的归侨青年学生，怀着赤诚的爱国心，坚定一定要改变我国羽毛球运动的落后状态和为祖国争光的信念，在党和人民的培养关怀下，以我国乒乓球队、登山队为榜样，学习亚洲、欧洲的先进技术和打法，经过刻苦训练和不断地摸索，创造并发展了"以快为主、积极主动、先发制人"的新型打法。1964 年，在广州召开了第一次全国羽毛球训练工作会议，在会上充分肯定了"以快为主、积极主动、先发制人"的打法是我国羽毛球技术的发展方向，并确定了"快、狠、准、活"的技术风格，为我国羽毛球运动攀登世界技术高峰奠定了基础，同时宣告了一个崭新的羽毛球技术发展时代的开始。

然而，在"文化大革命"期间，许多省、市羽毛球队相继被解散，我国羽毛球运动的发展势头一度遭到了打击和破坏。

1971 年 10 月，在杭州举行了羽毛球集训和调赛。1972 年 1 月正式重建国家羽毛球队。此后，全国近 20 个省、市、自治区也陆续恢复或重建羽毛球队。到了 20 世纪 70 年代后期，我国羽坛大批后起之秀脱颖而出。其代表人物有：阎玉江、韩健、栾劲、林诗全、庚跃东、孙志安、姚喜明、陈昌杰、陈天龙、刘霞、张爱玲、李芳、徐蓉、韩爱萍等。他们在各种类型的国际比赛中取得了好成绩。1974 年，在第 7 届亚运会上，我国羽毛球队获得了男、女团体冠军，在 1978 年第 8 届亚运会上，获得了男子团体第 2 名和女子团体冠军。同年 4 月，在北京举办了第 3 届亚洲羽毛球邀请赛。次年，在杭州举办了第 1 届世界杯羽毛球比赛和第 2 届世界羽毛球锦标赛，我国运动员取得了男、女团体，男、女单打和男子双打 5 项冠军。

20 世纪 80 年代初，我国羽坛老将韩健、栾劲、陈昌杰、孙志安、姚喜明、张爱玲、刘霞、徐蓉、吴健秋等立下新功，又一代羽坛新秀杨阳、赵剑华、熊国宝、李玲蔚、韩爱萍、林瑛、吴迪西等脱颖而出。1981 年 5 月新的国际羽联成立以后，中国羽坛健儿正式步入了世界比赛的最高舞台。同年，在美国第 1 届世界运动会(非奥运会项目)上，我国选手陈昌杰、张爱玲分别获得男、女单打冠军，孙志安、姚喜明和张爱玲、刘霞分别获得男、女双打冠军。1982 年，我国羽坛健儿首次参加汤姆斯杯比赛，在决赛中勇挫世界冠军——印尼队，获得第 12 届汤姆斯杯冠军。次年，中国女队以 5 比 0 的绝对优势打败印尼女队，获得第 10 届尤伯杯冠军。尤其在 1986 年的第 14 届汤姆斯杯赛和第 11 届尤伯杯赛中，中国羽坛健儿在号称世界羽毛球王国的印尼，双双荣获世界羽毛球男、女团体冠军。这是世界羽坛上的伟大创举，震撼了世界羽坛。为表彰中国男、女羽毛球队的功绩，感谢中国对发展世界羽毛球运动的贡献，经国际羽联批准，在中国设一个比赛站，每年举办五星级的世界系列羽毛球大奖赛，即中国羽毛球公开赛。首届中国羽毛球公开赛于 1986 年，即中国羽毛球协会成立 30 周年之际，在中国羽毛球运动的摇篮(福建省福州市)举办。

为适应世界羽毛球运动快速发展的需要，培养裁判骨干队伍，提高裁判员的英语水平和业务水平，国家体委先后于 1984 年、1988 年在上海举办了全国羽毛球裁判员英语学习班和骨干裁判员学习班，以便更好地完成国际比赛裁判工作。在国家体委羽网处的领导下，还相继举办了编排学习班，首次全国羽毛球裁判长学习班于 1990 年 4 月在桂林举办。

为加速我国青少年羽毛球运动员的培养，在国家体委群体刊业训处和羽网处的主持下，1987 年制订了我国《羽毛球教学训练大纲》试行稿。1989 年 3 月，中国羽协科研委员会充实、健全了机构，有计划、有步骤地开展了各种科研活动。为加强教练员队伍的培训，国家体委还建立和健全了教练员岗位责任制，具体制订出高级、中级、初级教练员岗位的培训计划。

1987 年 5 月，第 5 届世界羽毛球锦标赛在北京举行，我国羽毛球健儿囊括了全部 5 项冠军。1988 年 5 月，国家羽毛球队又获得第 15 届汤姆斯杯赛和第 12 届尤伯杯赛桂冠。同年 8 月，在曼谷举行的第 8 届世界杯羽毛球锦标赛上，中国选手又囊括了全部 5 项冠军。1989 年 5 月，在印尼雅加达举行了首届男、女混合团体赛——苏迪曼杯，由于主力队员受伤病困扰，我国选手只屈居第 3 名。然而，在紧接着举行的第 6 届世界羽毛球锦标赛上，我国选手勇夺男、女单打，男、女双打冠军。同年 11 月，在广州举行的第 9 届世界杯羽毛球锦标赛上，我选手又获得了男子单打、女子双打两项冠军和女子单打亚军。1990 年 10 月，在北京举行的第 11 届亚运会上，我国羽毛球队在团体、单项赛上又取得优异的成绩，充分显示了中国羽毛球队的实力。然而，随着杨阳、赵剑华、熊国宝、李玲蔚、韩爱萍等优秀运动员的相继退役，我国羽毛球队失去了在世界羽坛的绝对优势地位。当今世界各国羽毛球强队的实力旗鼓相当，世界级优秀运动员的水平相差无几，各有特点，难分伯仲。

三、羽毛球运动的锻炼价值

羽毛球运动是一项趣味性强、基本技术较易掌握、规则简单、场地较小、器材简便、易于开展的球类运动。两个人两只球拍一个球，在大厅、礼堂、过道、广场、校园、公园或一片小空地等处便可打球。因此，羽毛球运动深受人们的喜爱，极易普及推广。

羽毛球运动的特点是：不受性别、年龄、身体条件和技术水平的限制，运动量可大可小，可根据个人的身体条件和技术情况进行锻炼或比赛。

根据有关技术统计资料分析，一场三局二胜，激烈的羽毛球比赛需要耗时 50～90 分钟，运动员要在 35 平方米的场地上完成向前向后、向左向右、不断变向奔跑 3000 米左右，挥拍击球 500 次左右，有时为了一球的剧烈争夺需要来回数十拍，心跳剧增达到 180 次/分，心脏排出的血液和肺部的呼吸次数比平时大为增多，运动员的体力消耗很大，往往会出现生理上的"极点"现象。

众所周知，羽毛球拍虽轻，仅 120 克左右。然而，要用球拍把重量仅 5 克左右的羽毛球从场地一近端线击到另一边端线，并非轻而易举的事，尤其在被动情况下只能用低手击球时，要摆脱困境打一个高远球到对方底线，就更不容易了。羽毛球比赛中球的飞行方向变化莫测，要求运动员在本方场区内不断地随球跑动，向前、向后、向左、向右，有时还要重复奔跑，甚至边跑边跳边挥拍击球，这就要求运动员必须具备良好的速度和灵敏度。若双方实力相当，一分一球争夺激烈，往往需要征战几百个回合，历时八、九十分钟方能决出胜负，这就要求运动员具备良好的耐力。

经常打羽毛球，可以加快人体血液循环，增强心血管系统、呼吸系统等内脏器官的功能，发展人体的灵敏性和协调性，提高动作速度和上、下肢活动能力，提高身体素质，使身体得到全面发展，达到增强体质的目的。同时，经常打羽毛球还可以培养人们勇敢顽强、敢于胜利、机智灵活、沉着果断等优良的品质和作风。

第二节　羽毛球运动的基本技术

羽毛球技术是指运动员在羽毛球比赛中所采取的合理动作的总称。羽毛球技术是在比赛实践中逐步形成、发展和完善起来的。随着羽毛球运动的日益发展，羽毛球技术不仅在内容上更加丰富，而且动作难度也在不断提高。当今的羽毛球比赛要求运动员在快速激烈的对抗条件下，准确地完成发球、接发球、击球、起动和步法移动等技术动作。因此，运动员只有熟练地掌握羽毛球技术，才能在比赛中有目的地采取行动和正确合理地处理球，以达到战术上的要求。

技术是战术的前提，是完成战术打法的基础。运动员在比赛中作战能力的强弱与他所掌握的基本技术关系极大。一般地说，基本技术掌握得越正确、越熟练、越全面，运用战术时就越灵活、变化越多、效果越好，而战术的不断发展和丰富，对技术又会提出新的更高的要求。因此，练习打羽毛球的人要充分认识基本技术的重要性，从基本技术上狠下功夫，全面发展，不断提高。当然，对战术、身体素质的训练和战斗作风的培养也绝不可忽视。

羽毛球运动是一项技术动作复杂、技术性很强的运动项目。在比赛中运动员不仅需要有良好的击球方法，而且还要具备灵活的移动步法。因此，羽毛球运动的基本技术，大致可以分为手法和步法两大类。

羽毛球技术分类如下所示：

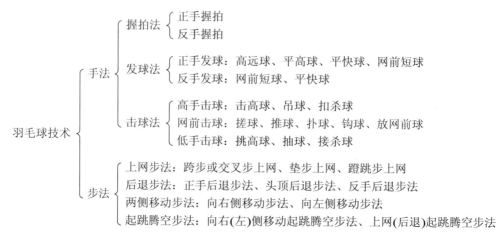

一、握拍法

握拍法是指运动员手握球拍柄的方法。握拍法是羽毛球运动最基本、最重要的技术，它对于掌握和提高羽毛球技术水平有着密切的关系。运动员握拍的正确与否，会直接影响击球的准确性，还会影响技术的全面发挥和提高。因此，初学打羽毛球者，首先应该认真学习正确的握拍方法。

羽毛球拍的握拍方法有两种：正手握拍法和反手握拍法。以下技术均以右手握拍为例。

(一) 正手握拍法

正手握拍法又称"握手"式握拍法。握拍时先用左手拿住球拍杆，使拍面与地面垂直，再张开右手，使虎口对着球拍拍框的内侧，手掌小鱼际肌靠在球拍柄端，小指、无名指、中指自然并拢，食指和中指稍分开，大拇指的内侧和食指贴在拍柄的两个宽面上将球拍柄握住。握拍时掌心不要贴紧拍柄，要使掌心与拍柄保持一定的空隙，如图 4-1 所示。

图 4-1　正手握拍

正手发球、身体右侧的放网前球、击肩下球和肩上球以及头顶击球等一般都采用正手握拍法。

(二) 反手握拍法

反手握拍法是在正手握拍的基础上，将大拇指伸直用其第一指节内侧顶贴在拍柄内侧的宽面上，食指收回，与拇指同(或略)高，用大拇指和食指将球拍稍向外转，中指、无名指、小指紧握拍柄，拍柄端近靠小指根部。握拍手与拍柄之间留有空隙，以便能充分利用手腕力量和大拇指的内侧压力击球，如图 4-2 所示。

随着羽毛球运动的日益发展，速度加快、打法先进、技术细腻，因此又产生了另一种反手握拍法：将大拇指第一指节内侧自然贴在拍柄的窄棱面上，如图 4-3 所示，握拍手心与拍柄保持一定间隙。这种握拍法能充分发挥各手指的力量和灵活性，击球时技术动作小，爆发力强，球速加快，同时能运用手指力量来控制球，使球的落点更佳。

图 4-2　反手握拍一

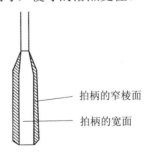

拍柄的窄棱面

拍柄的宽面

图 4-3　反手握拍二

反手发球、身体左侧的击肩下球和肩上球等一般都采用反手握拍法。

掌握正确的握拍方法，须注意以下几点：

1．握拍要活、松、变

活——握拍时，不宜使劲紧握球拍柄，以免影响手腕、手指动作的灵活性。握拍过紧，击球时难以发力，限制技术的正常发挥。

松——握拍时，几个手指要自然分开放松握住球拍柄，掌心不要紧贴拍柄，手心到虎口之间应留有空间，只有在用力击球瞬间，才紧握球拍柄，以免球拍脱手。

变——在不同的位置、角度或使用不同的技术时，握拍方法也要作相应的细微变化才能打好球。握拍时要善于运用手指的发力加以变化，以达到技术动作的一致性。

2. 发力

发力是指羽毛球运动员在击球时所用的力量或突发出的力量。过去常说，打羽毛球时手的发力主要是以小臂和手腕的力量为主。然而，随着羽毛球运动的日益发展，技术动作细腻，击球速度快，发力强，单靠小臂和手腕的力量已难以适应，因此必须运用和发挥手指的力量，使手腕、手指两者有机地结合起来，方能符合当今羽毛球技术发展的需要。

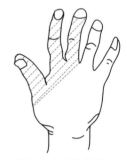

图 4-4　手指的发力

手指的发力，主要是运用大拇指、食指和中指的力量，以及手掌左侧大半部位的力量加以配合，如图 4-4 虚线部位所示。无名指和小指只起协调作用，用以发挥灵活性和击球力量，协作转动球拍，使击球力量更大些。例如，要将一枚硬币在桌面上旋转得快，持续时间长，只有综合运用大拇指、食指和中指的力量和技巧才能做到。

3. 反手握拍法的用力

反手握拍法若采用大拇指的内侧顶贴在拍柄的宽面上的方法，主要是运用小臂和手腕的力量来发力，用大拇指控制球的落点，它需要大的技术动作才能发挥小臂和手腕的力量完成反手击球。若采用大拇指的内侧自然贴在拍柄的窄棱面上的方法，则更能充分发挥各个手指的力量和灵活性，用指力来控制球，使击球技术动作小，隐蔽性强，爆发力强，落点更佳。

初学握拍易犯的错误：

(1) 握拍手小指、无名指、中指和食指并列，握拍太紧，或成"拳握"式的握拍。

(2) 握拍手食指贴在球拍柄的上端部分。

(3) 握拍太前，拍柄末端露出过长，影响手腕动作。

(4) 握拍手虎口贴在拍柄的宽面。

二、发球与接发球

(一) 发球

发球是羽毛球运动的一项非常重要的基本技术之一。发球质量的好与坏，直接关系到比赛的主动与被动，甚至直接关系到比赛的胜与负。因此，发球在羽毛球比赛中占有非常重要的地位，只有重视发球技术的掌握和合理运用，方能在比赛中获胜。

羽毛球运动的发球技术，按其动作分为正手发球和反手发球两种。按球在空中飞行的弧线可分为发高远球、平高球、平快球和网前球等 4 种，如图 4-5 所示。按比赛项目划分，则有单打发球和双打发球两种。

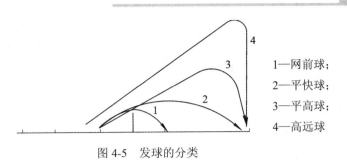

图 4-5 发球的分类

1—网前球；
2—平快球；
3—平高球；
4—高远球

1．发球站位与准备姿势

(1) 发球站位。发球站位指运动员在开始发球前，选择有利位置的选位方法。一般情况下，单打发球站位的运动员应选择在球场中心中线附近，站在规定场区内离前发球线1～1.5 米处，双打发球站位则可站在靠近前发球线的地方。

(2) 准备姿势。

① 正手发球：运动员两脚前后站立与肩同宽，侧身对网，左脚在前(脚尖向网)，右脚在后(脚尖侧对网)，身体重心在后脚。右手持拍向右后侧自然举起，屈肘，左手持球举于身前腹胸间处，眼睛注视对方，发球时，重心由后脚移至前脚，如图4-6所示。

② 反手发球：运动员两脚前后站立，左(右)脚在前，右(左)脚在后，上体稍前倾，重心在前脚，右手反手握拍将球拍摆在左腰侧前，肘部微屈稍抬高，拍框朝下，拍面稍后仰，握拍手自然放松，左手持球于腹前腰下处，如图4-7所示。

图 4-6　正手发球　　　　　图 4-7　反手发球

羽毛球规则规定：发球时，"发球员的两脚都必须有一部分与地面接触，不得移动，直至将球发出"。在击球瞬间，"发球员的球拍必须先击中球托，与此同时整个球要低于发球员的腰部""拍杆应指向下方，从而使整个拍框明显低于发球员的整个握拍手部"。初学者首先必须弄懂这些规定，以免发球违例。

2．正手发球

正手发球一般用于单打比赛中的发高远球、平高球、平快球，同时也可用于发网前短球。

(1) 正手发高远球。发高远球主要是把球发得又高又远，使球飞行到对方底线上空时，几乎垂直下落，球的落点在对方场内端线附近。

动作要领：站位与准备姿势见上所述。发球时，重心由后脚前移至前脚，持球手松开使球自然下落。紧接着右手持拍沿着从下而上的弧线自然地沿着身体向前上方挥拍，手部自然伸腕。球拍触球前刹那，小臂带动手腕向前上方"闪动"，手紧握拍柄，利用手腕、手指爆发力以及拍面的前半部击球。击球瞬间，拍面正对出球方向，击球点在发球员的右前下方。球拍击球后随惯性向左侧上方继续挥拍。出球飞行弧度与地面仰角一般大于 45°，如图 4-8 所示。

发高远球时要注意使身体重心转移的力量和手臂挥动力量以及手腕、手指的爆发力量有机地结合起来，以使发球动作自然协调，出球有力准确。

$\quad$ (1)　　　　(2)　　　　(3)　　　　(4)　　　　(5)　　　　(6)　　　　(7)

图 4-8　正手发高远球

易犯的错误：

① 大臂直臂挥拍，未能发挥小臂、手腕、手指的爆发力量，导致出球无力。

② 发球时，身体重心转移力量、手臂挥动力量和手腕、手指力量结合不当，使发球技术动作僵硬、不协调。

③ 持球手放球与持拍手向前挥拍时机配合不当导致过早击球，击球点不准，影响发球质量。

④ 击球瞬间，拍面角度掌握不当，以致出球落点不准。

⑤ 发球结束后，球拍未顺势向左上方挥拍缓冲，而是向右上方挥拍，动作失调，影响击球力量。

(2) 正手发平高球。平高球在空中的飞行弧度稍低于高远球，而飞行速度稍快于高远球，球较快地越过对方身体落在对方场内端线附近。发平高球是发球抢攻的手段之一。

动作要领：站位与准备姿势同发高远球。挥拍击球时不要紧握拍柄，利用小臂挥动力量带动手腕、手指向前上方击球。拍面稍向前推送，使出球仰角小于 45°，球运行到至高点后逐渐下落至对方场内端线附近。

(3) 正手发平快球。发平快球又称发平球，是把球发得又平又快，使球快速落在对方场内端线附近。平快球突袭性强，往往能使对手措手不及而造成被动或失误。发平快球堪称为发球抢攻的重要手段。

动作要领：准备姿势同发高远球，站位稍靠后些。击球瞬间紧握球拍柄，利用小臂挥动力量带动手腕、手指力量快速向前击球，拍面仰角小于 30°，使球越网而过直插后场，向对方反手部位或空当飞行。

易犯的错误：

① 发平高球、平快球时在击球瞬间拍面仰角掌握不好，使出球的飞行弧度不佳。

② 击球瞬间发力控制不当，影响球的飞行速度，导致球的落点不准。

(4) 正手发网前短球。发网前短球是把球发至对方发球区内前发球线附近。球的飞行速度较慢，飞行弧度较低，使球"贴网"而过。它是双打比赛最常用的发球方法，在单打比赛，用于对付接网前球较差的对手，有时也可以作为过渡性的发球，或发球抢攻战术的手段。

动作要领：准备姿势同发高球。只是在发球时，挥拍幅度较小，击球瞬间不需紧握拍柄，而是利用手腕和手指的力量从右向左横切推送，将球轻轻发出，使球贴网而过，如图4-9所示。

| (1) | (2) | (3) | (4) | (5) |

图4-9 正手发网前短球

易犯的错误：

① 不善于利用手腕、手指力量做横切推送的击球动作，使击球力量不当，球的落点不准。

② 在击球瞬间，拍面仰角掌握不好，影响球的飞行弧度或发球质量。

3. 反手发球

反手发球一般用于发平快球和发网前短球。这种发球主要是用大拇指发力，以大拇指及其他手指力量来控制球速和落点。所以，反手发球有动作小、速度快、一致性强等特点，易于迷惑对手。一般情况下，双打比赛多采用反手发球法。

(1) 反手发网前短球。站位与准备姿势如前面所述。准备击球时手腕内屈，击球瞬间利用小臂带动手腕、手指力量向前横切推送，将球击出。发球时，挥拍较慢，力量较轻，球的落点近网，当球"贴"网而过后即往下坠落在对方发球区内前发球线附近，如图4-10所示。

| (1) | (2) | (3) | (4) |

图4-10 反手发网前短球

(2) 反手发平快球。站位与准备姿势同反手发网前短球。击球时手紧握拍柄，掌握好拍面角度，加快挥拍速度，注意"甩"腕与手指动作的配合，产生爆发力将球向前或前上方(平高球)击出。

易犯的错误：

① 击球瞬间，球拍杆未朝下，使球拍拍框高于发球员整个握拍手部，造成发球"过手"违例。

② 击球时有提拉动作，使击球瞬间整个球高于发球员的腰部，造成发球"过腰"违例。

③ 击球瞬间，拍面角度掌握不当，使出球弧度过低或过高，过低导致下网，过高则易于被对方扑球反攻。

注意事项：

① 不论发高远球、平高球、平快球还是发网前短球，都应注意发球姿势和发球动作的一致性，使对手不易发现或看出自己的发球意图，以便取得比赛的主动权。

② 正手发球时，应注意使身体重心转移力量、手臂挥动力量和手腕手指力量的有机结合，使发球动作自然、协调、放松、优美。

③ 发球结束以后，应迅速站好位置或调整站位，积极做好回击对方来球的思想准备和准备姿势，以免措手不及或被动还击造成失误。

(二) 接发球

随着羽毛球运动的日益发展和技术水平的不断提高，当今羽毛球比赛中控制与反控制争夺非常激烈。因此，掌握比赛的主动权成为取得比赛胜利的重要保证。采用发球多变和发球抢攻来打乱接发球方的反击战术，是发球方夺取比赛主动权的重要手段。与此相适应，为了对付或克服发球方的发球，以求后发制人，接球员的接发球技术也就成为一项重要的基本功。

下面就接发球技术的站位和姿势以及如何接发球等作简单介绍。

1. 单打接发球站位和姿势

在右发球区接发球时，运动员应站在靠中线离前发球线约 1.5 米处接发球，主要是防备发球员利用发平快球直接进攻反手部位，避免被动接发球；在左发球区接发球时，运动员则应站在该发球区内的中间位置接发球。

准备姿势：两脚前后开立，一般应左脚在前，右脚在后，身体侧身对网，重心在前脚，后脚脚跟稍离地，双膝微屈，收腹含胸，左手自然抬起屈肘，右手持拍于右身前，思想集中，两眼注视对方，如图 4-11 所示。

图 4-11　单打接发球准备姿势

2. 双打接发球站位和姿势

由于双打比赛多半采用发网前短球(发高球容易长球或被对手扣杀)，所以，双打比赛接发球员接发球可在接发球区内离前发球线较近的位置，以利于对付对方的网前球，或利于快速上网击球。

准备姿势：与单打接发球准备姿势基本相同，身体重心可随意放在任何一脚上，球拍要举高以争取主动。在右发球区接发球时要注意防备发球员采用发平快球突袭反手部位。

3. 接发球方法

接发球员如何接发球，应根据对方的发球路线、弧度、速度或发球质量，以及对方的技术特点等采取不同的接发球或回击办法。接发球的球路和落点变化应结合战术的运用，做到以己之长，攻彼之短。

当对方采用发高远球或平高球时，则可以用平高球、吊球或扣杀球进行回击。一般来说，接高远球是一次进攻的机会，回击得好就能掌握主动权。因此，初学打羽毛球者必须努力提高后场进攻的能力，如图4-12所示。

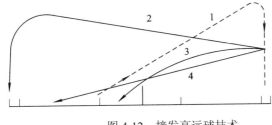

1—发高远球；
2—回击平高球；
3—回击吊球；
4—回击杀球

图4-12　接发高远球技术

当对方发网前球时，则可以用平高球、高远球、放网前球或平推球进行回击。如果对方发球的质量不高，或球离网顶较高过网，则可采用扑球进攻。若对方企图发球抢攻，而自己防守能力较差，则以放网前球或平推球为宜，落点要远离对方站位，控制住球，不让对方进攻；若对方连续采用发球抢攻时，接发球一定要冷静、沉着，不能疏忽麻痹，保证回球质量，不能让对方抢攻得手，如图4-13所示。

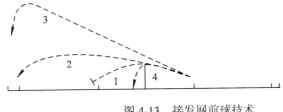

1—发网前短球；
2—回击平推球；
3—回击平高球或高远球；
4—回击放网前球

图4-13　接发网前球技术

当对方发平快球时，一般采用平推球或平高球还击，以快制快。由于接发球员回击的击球点比发球方高，因此，下压得狠一些则可以取得主动。其次也可采用高远球还击，以逸待劳，不能仓促地回击网前球，否则，击球质量不高，造成对方攻击，如图4-14所示。

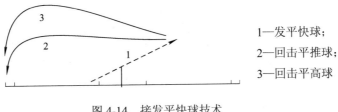

1—发平快球；
2—回击平推球；
3—回击平高球

图4-14　接发平快球技术

三、击球法

击球是羽毛球运动最重要的基本技术之一。要想打好羽毛球,必须掌握正确的击球方法。羽毛球重量很轻,仅 5 克左右,要想击出一个有高度、有远度、有速度的球,的确是一件不容易的事,要将对方击来的各种球有效地回击到预想的目标或落点,则更难了。然而只要掌握正确的手法就能很好地运用羽毛球的击球技术,同时还应注意击球动作的一致性,以使对方不易判断。

根据球与人体的不同位置,击球方法可分为正手击球和反手击球;根据击球点与人体的不同位置,击球方法可分为高手(上手)击球、低手(下手)击球和网前击球。高手击球有击高远球、平高球、吊球、扣杀球;低手击球有挑(拉)球、抽球、接杀球;网前击球有放网前球、搓球、平推球及扑球等。

(一) 高手击球

高手击球又称上手击球,一般将击球点高于头部的击球称为高手击球。它具有击球点高的特点,甚至可以跳起凌空击球,击出接近于平行地面或下行弧线的进攻性球。速度快、力量大、主动性强、进攻威力大是高手击球的最大优点,它是快攻打法的最基本技术。在双打比赛中,为了发挥力量和速度,高手击球更具有特殊的作用。半蹲式的击球方法,将拍子举得高些,其目的是要争取更多的高手击球的机会。

1. 高远球与平高球

击高球技术可分为击高远球和击平高球两类。

高远球是指球的飞行弧度高,落点在对方场区底线附近的高球。从进攻方面来讲,高远球可迫使对方退离中心位置,削弱对方进攻威力,消耗对方体力,使对方回球出现失误。从防守方面来说,当对方连续进攻,自己步法比较忙乱时,击高远球则易争取时间回中心位置,摆脱被动局面。

平高球是指球的飞行弧度不太高,落在对方场区底线附近的高球。平高球飞行弧度较低,球速快,故具有更大的进攻威力,是用于快速调动对方、创造进攻机会的重要手段。尤其当对方从网前击球后,利用平高球攻击对方后场的效果较好。

2. 正手击高球、反手击高球和头顶击高球

击高球技术有正手击高球、反手击高球和头顶击高球 3 种。

(1) 正手击高球。

动作要领:判断来球路线和高度,迅速移位使球下落于右肩稍前上空,侧身对网,左脚在前,右脚在后,重心在右脚;右手屈臂将球拍举在右肩上,拍面对网,左手屈肘自然举起准备击球;当球下落至接近击球点高度时,胸部舒展,握拍手小臂向后移动,肘部自然抬起使球拍挥至头后,自然伸腕;击球时,右腿蹬地,转体收腹协调用力,大臂带动小臂送肘上举,小臂向前"甩"出(带有内旋动作),击球瞬间,手臂几乎伸直,"闪"动手腕,用手臂、手腕和手指力量将球击出。若拍面向前上方则击高远球,若拍面稍向前上方则击平高球。击球后,手臂顺惯性向右前下方挥拍收拍于上体前,重心由右脚移至左脚,如图4-15 所示。

(1)　　(2)　　(3)　　(4)　　(5)　　(6)

图 4-15　正手击高球动作

正手击高球的技术难点：

① 以肩为轴，通过大臂带动小臂最后"闪"动手腕，用小臂、手腕和手指力量击球。

② 击球瞬间产生爆发力，以"抽鞭"式的动作把球"弹"出。

易犯的错误：

① 准备击球时，身体未侧对网，重心未移后脚，没有形成"满弓"姿势，影响全身的协调。

② 挥臂击球时，不是以肩关节为轴，而是以肘关节为轴，手臂未自然伸直，影响挥臂幅度和力量的发挥。

③ 击球时，只靠大臂挥拍，造成出球无力，而且肩部容易疲劳和酸痛。

④ 步法移动不积极或不到位，造成击球点选择不当，影响全身力量的发挥和击球质量。

⑤ 击球时，不是用"爆发"力把球"弹"出，而是把球"推"出，造成出球乏力。

⑥ 握拍过紧，影响腕部的灵活性。

(2) 反手击高球。

动作要领：判断来球路线和高度，迅速移位，最后一步右脚前交叉向左侧底线跨出，背部向网，重心在右脚，举拍于左胸前，双膝微屈准备击球；击球时，下肢由屈到伸用力，持拍手肘关节举高用大臂支撑，当球在右侧上空下落时，大臂带动小臂把肘关节上举与肩同高，以肘关节为轴，小臂伸直并外旋，以小臂带动手腕、手指力量"闪"动，在右侧上方向后击球，击球后迅速转体面向网，如图 4-16 所示。

(1)　　(2)　　(3)　　(4)　　(5)

图 4-16　反手击高球动作

反手击高球的技术难点：背对网自下而上"甩"臂击球时，配合全身的协调动作，用大拇指第一指节内侧顶住拍柄"闪"动手腕。手腕的羽毛球"闪"动一般由屈腕经小臂内旋至伸腕，其"闪"动路线经外侧向前"抖"动，如图 4-17 所示。

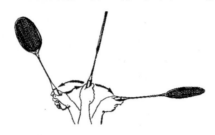

图 4-17　"闪"动手腕

易犯的错误：

① 步法移动不到位，身体重心未调整好，影响全身协调用力。

② 转身慢，击球点低。

③ 击球时，靠大臂挥拍，未能"闪"腕，不能运用大拇指的力量击球，出球无力。

④ 挥拍最高速度不是在击球瞬间，而是在击球之后，以致爆发力没有用到"点"上。

(3) 头顶击高球。

头顶击高球是指击球员在击球时，球拍由击球员右后侧绕过头顶，在左肩上方用正手击球。它是我国羽毛球运动员在左后场区常用的一种击球方法。这种击球技术具有积极主动、快速凶狠的风格特点。

动作要领：准备姿势与正手击高球相同，击球时，步法移动要快，击球点选择在左肩上方或偏后的位置，身体侧身偏左稍后仰；球拍从右后侧绕过头顶后，由左肩上方向前挥动小臂带动手腕、手指力量快速"闪"动击球。有一定水平的运动员在主动情况下，多数运用起跳击球法。击球后，左脚在身后落地并立即回蹬，重心移至右脚，迅速回中心位置，如图 4-18 所示。

(1)　　　(2)　　　(3)　　　(4)　　　(5)　　　(6)

图 4-18　头顶击高球动作

头顶击高球的技术难点：球拍绕过头顶击球，要结合身体协调性、腰部柔软性和身体重心的调整。

3. 吊球技术

吊球是指把对方击来的高球从后场区还击到对方的网前区。吊球在比赛中运用得较多，它与高远球、扣杀球结合运用，常能造成对方判断上的困难。吊球具有较大的威胁性，是调动对方、打乱对方阵脚、组织战术配合的一种击球技术。虽然吊球用力较小，但却需要很高的准确性。

根据来球的不同路线和高度，吊球可采用正手或反手、高手或低手来打。高手吊球按球的飞行弧线和击球动作的不同可分为劈吊、轻吊和拦截吊 3 种，如图 4-19 所示。

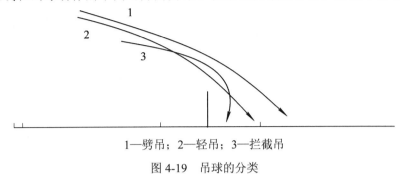

1—劈吊；2—轻吊；3—拦截吊

图 4-19　吊球的分类

(1) 劈吊：对方来球较高时采用的一种向前快劈的吊球动作。劈吊球速较快，离网较高，球的落点在对方前半场离边线 50 厘米左右。

(2) 轻吊：吊球时用力较轻，球速较慢，球的落点在对方前发球线以内 50 厘米左右。轻吊技术带有"切削"动作。

(3) 拦截吊：把对方击来的平高球拦截回去。其优点是球的落点，离球网较近，但球速比劈吊球速慢，球越过网后可垂直下落。

动作要领：准备姿势与击高球、扣杀球相似，只是击球时用力不同。在挥动球拍时，拍面成半弧形，击球瞬间前臂突然减速，快速"闪"动手腕击球托的偏右侧(头顶吊球及反手吊球击球托的偏左侧)。打对角吊球时，对方来球较高，手腕向下切削的角度要大些，力量稍大些；对方来球较平，手腕向前推的动作要大些，向下切削的力量要小一些，如图 4-20 所示。

(1)　　(2)　　(3)　　(4)　　(5)　　(6)

图 4-20　吊球技术动作

不论劈吊还是轻吊，都要注意手腕灵活"闪"动，即注意爆发力的运用，同时还要注意掌握好击球点和控制好击球力量，将球吊准。

拦截吊球和假动作配合运用更具有一定的威力。拦截对方击来的半场球或弧线较低的平高球能出其不意地达到进攻的效果。

吊球的技术难点：灵活"闪"动手腕，掌握好击球点和控制切削动作的击球力量。

易犯的错误：

① 吊球时，击球点掌握不好，影响吊球质量。

② 击球时，不用"切削"动作击球，而是往下拉球拍。

③ 击球姿势和动作与击高球、扣杀球有明显不一致，以致对方容易识破吊球意图。

4. 扣杀球技术

扣杀球是指把对方击来的高球，在尽量高的击球点上，用力快速地往对方场区斜压下去。球的飞行弧线直，下落速度快，力量大。它能给对方造成很大的威胁，是羽毛球比赛重要的得分手段。因此，掌握好扣杀球技术是非常重要的。

扣杀球技术从手法上划分可分为正手、头顶和反手扣杀球 3 种，其中正手扣杀球是最基本的技术，初学者必须首先掌握好；从扣杀力量上划分有重杀球、轻杀球和点杀球(杀球力量不大，球速较快，落点近前场)3 种；从杀球落点上划分有长杀(落点在对方后半场)和短杀(落点在对方中场)两种；从杀球方向划分有直线和对角线扣杀球(杀直线球和杀对角线球)两种。

上述几种扣杀球技术均可原地杀球，也可跳起杀球。任何一种杀球都容易造成对方慌张，具有很大的威胁性，在比赛中往往能起决定性作用，它不仅是得分的主要手段，而且也是组织战术配合的有效技术。

(1) 正手扣杀球。

动作要领：准备姿势、击球动作与正手击高球大致相同，不同的是在击球瞬间需用全力，充分利用右腿的蹬力、腰腹力、手臂腕力及重心的转移，迅速将球向前下方击出。球拍触球时拍面前倾向前下方用力，手握紧球拍，击球点在右肩稍前上方。击球后球拍随惯性向左下方摆动，身体重心由右脚移至左脚，如图 4-21 所示。

易犯的错误：

① 杀球时，精神、肌肉过于紧张，使不出劲来。

② 击球时，压腕不够，球不是向下疾落。

③ 击球点掌握不好。击球点低，致使杀球落网；击球点偏后，则不易发力，不易控制落点。

④ 击球瞬间拍面角度和用力方向不合适。

⑤ 杀球时大臂下拉，导致杀球落网等。

(1)　　　(2)　　　(3)　　　(4)　　　(5)　　　(6)　　　(7)　　　(8)

图 4-21　正手扣杀球动作

(2) 头顶扣杀球。

动作要领：准备姿势、击球动作与头顶击高球相似，当球恰好落在头顶上空或左肩上空适当高度时，持拍手臂向上举拍并绕头由左肩上，突然加快小臂、手腕的"闪"动并下压，同时右脚向左后方蹬地跳起，左脚后撤，身体成背弓形，利用腰腹力和手部力量协调地向前下方用力将球击出。左脚着地时，要快速蹬地起步回位，准备回击下一个来球。

（3）反手扣杀球。

动作要领：准确判断对方来球，迅速移动步法到合适的击球位置，最后一步右脚向左后侧跨出，背对球网，反手握拍，持拍手屈臂将球拍举至左肩上方准备击球。当球落到右肩上方适当高度时，肘关节向上举高，以肘关节为轴，用左脚蹬力、腰腹力、肩力及大臂带动小臂、手腕、手指快速用力向后击球。击球瞬间握紧球拍，手腕快速用力向前下方扣压。

（二）网前击球

网前击球技术是一项可以调动对方，使战术多变的击球方法。它是羽毛球基本技术中比较细腻的技术之一。在当今羽毛球运动防守力量加强、步法灵活的情况下，网前击球技术往往能成为取胜的有力武器。尤其在双打比赛中，网前击球技术的好坏，关系到前半场的主动权，关系到战局的成败问题。

网前技术也是我国羽毛球运动员的特长之一。在上世纪 50 年代以前，我国羽毛球技术发展不全面，主要战术是后场进攻，自 20 世纪 60 年代中期起，我国羽毛球运动员在快攻思想指导下，进一步发展了羽毛球技术，在掌握好后场技术的基础上改进网前技术，通过网前技术争夺网前主动权，通过网前技术创造有利的中后场进攻机会，使前、后场技术密切地衔接起来，互相依赖，互相促进，在战术运用上进入了一个新的境界。

网前击球技术包括搓球、推球、勾球、扑球和被动放网前球等。网前击球技术较复杂，但是，就其基本技术动作而言却有许多共同之处。因此，在学习该技术时，要注意领会以下要点：

（1）握拍要活，要充分利用手腕、手指的力量来控制球路和落点，以及更多地运用手指发力来提高手指控制球的能力。

（2）技术动作要比较细腻，击球手法一致性要强，以使对方不易事先判断。

（3）上网步法要快，以争得较高的击球点，使进攻威胁性大。

（4）无论击哪种球，出手要快，动作要小，击球点要高。

1. 网前搓球

网前搓球是羽毛球技术中动作较细腻的一种，是网前技术中的高难击球动作，是放网前球技术的发展。它具有击球点较高，动作细腻的特点，利用手指的灵活性和爆发力，进行"搓""切"和"挑"，以改变球在空中的正常运行轨迹，给对方回击造成较大的困难，或迫使对方挑高球。因此，网前搓球是羽毛球比赛中创造进攻机会的一种手段。

网前搓球技术有正手和反手搓球两种。

（1）正手搓球。

动作要领：上网步法要快，左脚蹬地右脚向网前跨成弓箭步，侧身对网，重心在右脚。持拍手臂向前伸出，出手要快，握拍手腕和手指自然放松。击球时，前臂稍外旋，拍面与球网成斜面向前。用手指控制好拍面并发力，使搓出的球尽可能贴网而过，如图 4-22 所示。

挥拍时，腕部由展腕至收腕"闪"动，带动手指向前"切削"，搓击球托侧底部，球呈下旋翻滚过网；或腕部由收腕至展腕"闪"动，带动手指离网"提拉"，搓击球托侧底部，球呈上旋翻滚过网。

图 4-22　正手搓球动作

(2) 反手搓球。

动作要领：上网步法要快，左脚蹬地右脚向网前跨成弓箭步，侧身背对网，重心在右脚，握拍手臂向前伸出，出手要快，手腕、手指自然放松，前臂稍上举，手腕前屈，握拍手部高于拍面，反拍迎球。击球时，主要靠前臂的前伸外旋和手腕由内收至展腕的弹力，带动手指离网"提拉"，搓击球托的侧底部，使球呈上旋翻滚过网。

在进行搓球时要注意用手指控制拍面，用手指发力，击球点要高且近网，搓出的球要尽可能贴近球网，旋转翻滚性能越强，对方回击就越困难。

2. 网前推球

网前推球是把对方击来的网前球快速推向对方后场底线，球的飞行弧线较低平，球速较快，给对方造成回击的困难。网前推球是羽毛球技术中的一种进攻技术。

网前推球技术有正手和反手推球两种，推球时的发力主要用小臂、手腕和手指的爆发力。正手推球时要注意用食指的向前推压力，反手推球时则要注意用大拇指的向前推压力。

(1) 正手推球。

动作要领：准备姿势与网前搓球相似。击球前，肘关节微屈回收小臂稍外旋，手腕后伸，球拍向后摆。此时，小指、无名指稍松开，使拍柄稍离鱼际肌。击球时，身体稍前移，小臂前伸并带内旋，手腕、手指控制拍面角度，手腕由后伸直闪动，食指前压，小指、无名指突然握紧拍柄。球拍疾速推击球，球沿边线飞向对方后场底角。击球瞬间，拍面几乎与球网平行，如图 4-23 所示。

图 4-23　正手推球动作

(2) 反手推球。

动作要领：准备姿势与反手网前搓球相似。准备击球时，小臂向左胸前收引，屈肘屈腕。击球时，小臂前伸略带外旋，手腕由屈到伸闪动，中指、无名指和小指突然握紧拍柄，大拇指顶压，向前挥拍，推击球托侧底部，将球推击到对方后场底线。

推球时，击球点要高，一般距网顶约 20 厘米为宜。正手推直线球时，击球点在身体的右侧前，推对角线球时，击球点要近肩侧前；反手推直线球时，击球点在身体左侧前，推对角线球时，击球点在近肩侧前方。球的飞行弧线的高低取决于击球瞬间击球点的高低和拍面角度的大小，而拍面角度则要靠手腕和手指来控制。

3．网前扑球

扑球是把对方击来或发来的网前球，在球刚越过网顶上空时，迅速向对方场区扑压下去的击球方法。扑球用力有轻有重，飞行弧线较短，球速较快，威胁性大，是网前技术中的一项进攻性技术，也是双打必练的技术之一。

网前扑球有正手、反手扑球两种，就扑球路线有直线、斜线和扑迫身球三种。

(1) 正手扑球。

动作要领：准确判断来球路线和高度，快速蹬步上网，身体右侧扑向网，球拍随手臂向右前伸斜上举，正拍朝前。准备击球时，小臂外旋，手腕关节后伸，小指、无名指稍松开，使拍柄离开鱼际肌。击球时，手腕由后伸到屈腕闪动，利用小臂、手腕和手指力量向前下方"闪"击球，球拍触球后立即收回。或靠手腕由右前向左前"滑动"式挥拍扑球，以免球拍触网违例。扑球后，球拍随手臂向右侧前下方回收，如图 4-24 所示。

(1)　　　　　　　　(2)

(3)　　　　　　　(4)　　　　　　　(5)

图 4-24　正手扑球动作

(2) 反手扑球。

动作要领：反手握拍于左侧前，当身体向左侧前方跃起时，持拍手小臂前伸上举，手腕外展，拍面正对来球。击球时，手臂伸直，手腕由外展到内收闪动，手握紧拍柄，拇指顶压，加速挥拍扑击球。击球后即刻屈肘，球拍回收，以免球拍触网违例。

扑球的关键在于能否抓住时机，准确判断来球路线和高度。一旦作出判断，上网要快，出手要快。击球时，主要靠小臂的屈伸和转动、手腕的闪动及手指的顶压力量，挥拍距离要短，动作小，发力强，要防止大臂后摆的动作。扑球后球应急速落地，使对方来不及挽救。

4．网前勾球

把在本方左(右)边网前球击到对方的左(右)边网前处去，称为勾球，或叫打对角线网前球。

勾球有正手、反手勾球两种。勾球时，球的飞行速度快，球斜飞越过网顶时贴网落到对方网前场区内。勾球和搓球、推球等结合运用，常能达到声东击西的目的，更好地调动对方，使对方防不胜防。

(1) 正手勾球。

动作要领：看准来球快速上网，侧身对网，重心在右脚。握拍小臂前伸稍有外旋，手腕稍后伸，手腕、手指自然放松。拍柄稍向外捻动，拇指贴在拍柄宽面，食指第 2 指节贴在拍柄背面宽面，拍柄不触掌心。击球时小臂稍内旋，手腕由稍后伸至内收闪腕，肘部略回收，拍面朝对方右网前拨击球托侧底部，球沿网的对角线飞越过网，如图 4-25 所示。

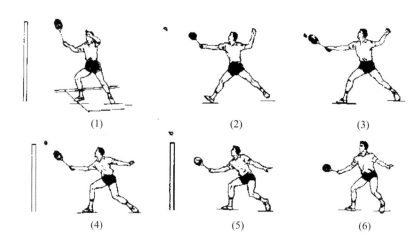

(1)　　　　　　　　(2)　　　　　　　　(3)

(4)　　　　　　　　(5)　　　　　　　　(6)

图 4-25　正手勾球动作

(2) 反手勾球。

动作要领：看准来球手臂前伸，球拍平举。准备击球时，肘部突然下沉，同时小臂略有外旋。击球瞬间，手腕由屈腕到伸腕闪动，拇指内侧和中指将拍柄向右侧一拉，其余手指突然握紧拍柄，球拍背面朝对方左网前拨击球托侧底部，球沿网对角线飞越过网。

无论正手或反手勾球，在击球瞬间，都应注意用手腕控制拍面的角度。

搓球、推球、扑球和勾球等构成了羽毛球网前技术。网前技术的难点在于握拍要活，动作要细腻，要充分利用手腕、手指的力量来控制球拍，以便击出各种球路和落点不同的球。

易犯的错误：

① 手腕、手指用力不当，或拍面控制不好，造成出球离网顶过高，或离球网过远，或落网。

② 出手慢，造成击球点过低。

③ 站位离球网过近，妨碍击球动作。

④ 持拍手肘关节高于肩部，动作僵硬。

5．放网前球

放网前球是指运动员在被动情况下，把对方击来的网前球回击到对方网前区域的击球方法。其特点是，击球点低，击球时只用手腕、手指力量把球拍轻轻一托，使球俯卧式越过球网就朝下坠落。质量较好的放网前球可以扭转被动局面。

放网前球技术有正手和反手放网前球两种。

(1) 正手放网前球。

动作要领：准确判断来球路线和落点，快速上网，最后一步右脚在前左脚在后成弓箭步，上体前倾重心在右脚，侧身对网。右手正手握拍向前下方伸臂，小臂外旋展腕，左臂自然后伸，起平衡作用，拍面几乎朝上迎击来球。击球瞬间，手腕稍内屈轻轻"闪"动，食指和大拇指控制拍面角度和用力大小，球拍向前上力轻轻一托，把球轻击送过球网，如图 4-26 所示。

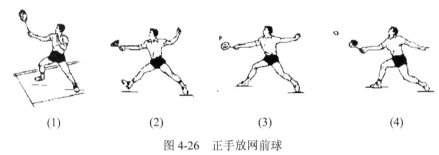

(1)   (2)   (3)   (4)

图 4-26　正手放网前球

(2) 反手放网前球。

动作要领：准确判断来球路线和落点，快速向前左侧上网，最后一步右脚在前左脚在后成弓箭步，侧背对网，上体前倾重心在右脚。右手反手握拍向前下方伸臂，小臂内旋展腕，左臂自然后伸，起平衡作用，拍面几乎朝上迎击来球。击球瞬间，腕部伸腕轻"闪"动，食指和拇指控制拍面角度和用力大小，球拍向前上方轻轻一托，把球轻击送过球网。放网前球时，如遇对方上网封堵网前，此时，则可改放对角线网前球，避开对方的扑杀。

(三) 低手击球

低手击球又称下手击球。其特点是击球点低，一般是在被动或防守时采用的击球技术。虽然低手击球不如高手击球那样具有攻击性和威胁性，但如果运用得当，常常也能起到守中有攻的效果。低手击球是羽毛球防守性击球技术，不论何种水平的运动员，都应予以高度重视，否则就会影响技术的全面掌握和提高。

低手击球包括挑高球(或挑球)、抽球和接杀球等击球技术。

1．挑高球

挑高球是指运动员把对方击来的吊球或网前球自下而上地挑高回击到对方后场底线上空的击球方法。它是在比较被动的情况下，或过渡局面中常常采用的一种防守性技术。挑高球的飞行弧度较高，下落时间较长，它可使挑球者摆脱不利情况，争取时间重新调整好身体重心和迅速回中心位置迎击来球。

挑高球技术如运用得当，有时还可以为进攻创造机会。挑高球有正手和反手挑高球两种。

(1) 正手挑高球。

动作要领：判断来球，快速上网，左脚积极蹬地，右脚跨步向前成弓箭步，侧身对网，重心在右脚。正手握拍，手臂自然向右前方伸出，小臂外旋伸腕，左臂自然后伸起平衡作用。击球时，以肘关节为轴，小臂带动手腕、手指快速由右下方向前上方成半圆形挥拍击球，如图 4-27 所示。

(1)　　　　(2)　　　　(3)　　　　(4)　　　　(5)

图 4-27　正手挑高球

(2) 反手挑高球。

动作要领：判断来球，快速上网，左脚积极蹬地，右脚跨步向前成弓箭步，重心在右脚，侧身背对网。反手握拍，手臂向左前方伸出，小臂内旋屈肘屈腕，左臂自然后伸起平衡作用。击球时，以肘关节为轴，小臂带动手腕、手指快速由左下方向前上方成半圆形挥拍击球。

挑高球时，如果对方来球比较贴近球网，击球时则要带点向上"提拉"动作，拍面接近朝上，避免出球落网。

2. 抽球

抽球是指运动员把对方击来的低于肩高的球回击到对方底线场区的击球方法。抽球击球点低，其用力特点是以躯干为竖轴做半圆式的拍击球动作。它属于防守性技术，是应付对方的长杀、半场球和平球对攻的反攻性技术。如此技术发挥得当，往往也能起到守中有攻的效果。

抽球有正手、反手抽底线球和正手、反手抽半场球以及半蹲式平抽球等。

(1) 正手抽底线球。

动作要领：准确判断来球，快速移动步法，左脚蹬地，右脚向正手底角跨出，侧身向网，上体向右后倒，重心在右脚。正手握拍，手臂向右举拍，大臂与小臂约成 120°。准备击球时，小臂外旋伸腕，球拍后引，拍面稍后仰。击球时，主要靠小臂带动手腕、手指"抽鞭"式向前挥拍，小臂由外旋到内旋，腕部由伸到屈"闪"动击球。向前上方用力击球成高远球，向前方用力击球则成平球，如图 4-28 所示。

(1)　　　　(2)　　　　(3)　　　　(4)

图 4-28　正手抽底线球

(2) 反手抽底线球。

动作要领：准确判断来球，快速移动步法，左脚蹬地，右脚向反手底角跨出，上体前倾背对网，重心在右脚。反手握拍将球拍举于左肩上方。击球时，大臂带动小臂、手腕和手指沿水平方向快速向后挥拍，手臂基本伸直时，小臂外旋，手腕后伸用力"闪"动击球。向后上方用力击球成高远球，向后方用力击球则成平球。

(3) 正手平抽球。

动作要领：右脚向右侧迈出一小步。上体稍向右侧倾，正手握拍，手臂向右侧上摆，屈肘，左脚跟提起。准备击球时，小臂稍后摆带有外旋，手腕由稍外展至后伸，使球拍引至后下方。击球时，小臂急速向右侧前挥动，并由外旋转为内旋，手腕由后伸至伸直闪腕，手指握紧拍柄高速挥拍击球，由后向右侧稍平地抽压过去。击球后，持拍手顺势向左侧挥摆，左脚向左前方迈一步，准备迎击来球，如图 4-29 所示。

(1)   (2)   (3)   (4)

图 4-29　正手平抽球

(4) 反手平抽球。

动作要领：右脚向左前跨一步，上体左转，右手反手握拍向左身前收，屈肘并稍上抬，小臂内旋手腕外展，球拍引向左侧。击球时小臂在向前挥拍的同时外旋，手腕由外展到伸直闪腕，手指握紧拍柄，拇指前顶，迎球挥拍，击球托的底部。击球后球拍顺势盖过去，并随身体的回动收回到右侧前。

(5) 半蹲式平抽球：运动员采用半蹲式姿势，把对方击来的位于肩部或面部附近的球还击回对方场区去。半蹲式平抽球是双打比赛常运用的一种进行对攻的击球技术，分为半蹲正面击球、半蹲右侧击球和半蹲头顶击球 3 种，如图 4-30 所示。

(1) 半蹲正面击球　　(2) 半蹲右侧击球　　(3) 半蹲头顶击球

图 4-30　半蹲式平抽球

动作要领：准确判断来球，迅速取半蹲姿势举拍于正面(或右侧或头顶)位置。击球时，主要靠小臂带动手腕、手指快速向前闪动挥拍击球。击球瞬间，拍面正面触球或反压触球。反压触球的优点是球越过球网后向前下方疾飞。

抽球的技术难点：右脚向后跨步要稳，击球时小臂带动手腕、手指"抽鞭"式向前"闪"动挥拍击球。

易犯的错误：

① 判断来球慢，出手不快，击球时间不准。

② 匆忙追球，步法未到位就急于击球。

③ 击球点选择不好，过于靠近身体，击球时难于发力。

④ 身体重心不稳，影响手臂的击球动作。

⑤ 击球时，没有完成小臂带动手腕、手指"抽鞭"式向前"闪"动，影响击球的爆发力。

3. 接杀球

接杀球是指运动员把对方杀过来的球还击到对方场区内的击球技术。由于扣杀球是羽毛球比赛中进攻的主要手段之一，因此，接杀球成了防守的主要技术之一。羽毛球比赛中攻守转换频繁，所以攻守技术必须全面掌握。

随着羽毛球攻守技术的不断发展和提高，接杀球时不仅要反应快，起动快，步子移动快，出手击球快，而且球路要活，落点要多变，根据战术的需要变化。接杀球时球的飞行弧度有高球和平球，其飞行路线有直线和斜线，而其落点有左、右前场和左、右后场等。只要运用得当，就可以转守为攻，或反击得利。若回球质量稍差，则有可能给对方连续进攻的机会而处于被动挨打的局面。

接杀球站位意识也十分重要。站位得当，可以弥补判断、反应和移动的不足。在一般情况下，当球在对方右后场时，站位可稍偏左场区；当球在对方左后场时，站位应稍偏右场区，主要侧重于防对方的直线杀球；若对方杀对角线球，由于来球角度较大，球的飞行距离较长，一般来得及接杀。其次要善于抓住对方习惯性杀球路线。如对手习惯绕头顶杀对角线，或正手杀直线，那么就必须根据自己的回球质量和对手杀球情况来调整自己的站位。总之，站位得当才能应付自如。

接杀球有正手、反手接杀球，根据不同的战术需要，可分为挡网前球、挑后场高球和平抽反击球 3 种。

(1) 挡网前球：运动员把对方杀来的球，借用来球力量及用手腕、手指力量，"反弹"式地把球回击到对方的网前场区内的击球方法。

挡网前球技术有左、右场区接杀近身球和接杀边线球、挡回直线网前球和挡回对角线网前球。

① 右场区接杀近身球。

动作要领：右脚向右侧跨一步，两脚略比肩宽，平行站立，上体向右后侧转动至左肩对网，右脚蹬直，球拍向右侧后引对准来球。接杀时，握拍要松，预摆动作要小，借用来球力量以及手腕外展闪腕的同时，食指、中指往拇指方向轻微提拉，其余手指突然紧握拍柄，击球托中下部位。击球瞬间，手腕、手指控制好拍面角度，使球刚飞越球网后下落。挡回直线网前球时拍面正对球网并稍后仰；挡回对角线网前球时，则需调整拍面方向朝对方网前的斜对角，如图 4-31 所示。

(1)   (2)   (3)   (4)

图 4-31 右场区接杀近身球

② 左场区接杀近身球。

动作要领：左脚向左侧迈一小步，右臂屈肘反手握拍于左侧身前小臂内旋，手腕外展，球拍后引对准来球，上体向左后侧转动至右肩对网，左脚蹬地。接杀时，握拍要松，预摆动作要小，借用来球力量以及小臂外旋、手腕伸直闪动，食指、中指轻微提拉，其余手指突然紧握拍柄，击球托的中下部位。接杀瞬间，用手腕、手指控制好拍面角度，使球刚飞越球网后便下坠。

接杀近身球挡回对角线网前球的动作要领与接杀近身球挡回直线网前球的动作要领基本相同，只是上体转体速度要快些，击球时及早轻挥球拍，击球点稍前一些。击球瞬间，正手击球手腕内收；反手击球手腕后伸，使拍面朝对方网前斜对角。

③ 右场区接杀边线球。

动作要领：右脚向右侧跨一大步，随步移动球拍引至右侧，上体侧向右侧，小臂侧伸稍屈肘并略外旋，手腕后伸，球拍向右后引。接杀瞬间，小臂稍有内旋，手腕由后伸至内收闪动，击球托的侧下部。击球后，球拍随身体移动回收胸前，准备封网。

④ 左场区接杀边线球。

动作要领：左脚向左侧跨一大步，随步法移动身体使身体稍向左侧转，右臂屈肘向左摆，手腕外展反手握拍，球拍引至左肩前。击球时小臂外旋、手腕伸直轻挥拍挡切。击球后，球拍随着身体回动收于胸前，准备封网。

接杀边线球、挡回对角线网前球的动作要领与挡回直线网前球的动作要领基本相同，不同之处只是上体转体速度要快些，以便掌握拍面角度，及早轻挥球拍，击球点稍前些。击球瞬间，正手击球手腕内收；反手击球手腕后伸，使拍面朝对方网前斜对角。

(2) 挑后场高球：运动员把对方杀来的球，利用小臂、手腕和手指力量，挑高回击到对方后场底线去的击球方法，挑后场高球有正手、反手上网被动挑高球和正手、反手接杀边线球挑后场高球。

① 正手上网被动挑高球。

动作要领：判断来球，快速垫步上网，持拍手前伸小臂外旋，手腕伸展将拍子引至右侧下方。击球时，小臂内旋并回收，手腕由伸展至伸直"闪"动，在右侧下方击球托的后底部，把球向前上方挑起。击球后，后撤回位，拍子收回胸前。

② 反手上网被动挑高球。

动作要领：判断来球，左脚向前移一小步后后蹬，上体稍左转，右脚向左前跨一大步，反手握拍由身前引向左下方，肘部前领。球将落地时，上体前屈，后脚跟进一小步成弓箭步。球拍快速前挥，手腕由屈到伸"闪"动，击球托后底部。击球后，上体直起，脚后撤回位，收拍于胸前。

③ 正手接杀边线球挑后场高球。

动作要领：右脚向右侧跨一大步，同时握拍手向右侧引拍，右臂稍向右后摆并略外旋，手腕后伸到最大限度，使球拍迅速后摆。击球时，以肘部为"支点"，右臂急速向前挥动，手腕由后伸至伸直闪动，拍面对准来球，击球托中底部。击球后，小臂内旋，球拍向体前上方挥动，收拍回位。

④ 反手接杀边线球挑后场高球。

动作要领：右脚向左脚并一步后，左脚向左后侧跨步，上体向左后转，左脚蹬地，右脚向左后侧跨大步。反手握拍，球拍由身前引至左后下方。击球时，球拍由左后下方经小臂的外旋和手腕的伸展，发力击球托的后底部，使球向前上方飞去。击球后，上体直起回转，脚移动回位，回收球拍于胸前。

(3) 平抽反击球：运动员把对方击来的离身体较远的平球反击到对方后场去。平抽反击球有正手、反手平抽反击球两种。

动作要领：站于球场中心附近，两脚左右开立，两膝微屈，面向球网，右手持拍于体前，判断来球，左(右)脚向左(右)侧跨步到位，引拍至左(右)侧后。反手平抽球，小臂由内旋转为外旋，手腕由外展至稍内收闪动，手指突然握紧拍柄，多用拇指的反压力，向前稍上挥拍击球；正手平抽球，小臂由外旋转为内旋，手腕由伸腕至伸直"闪"动，手指握紧拍柄，多用食指的力量向前发力挥拍击球。不论是正手还是反手平抽球，击球点都应争取在身体的侧前方，以利手臂发力。击球后，球拍随身体的回转收于胸前。

易犯的错误：

① 注意力不够集中，站位不当，造成措手不及。

② 反应慢，步子移动缓慢，击球不到位，影响接杀球的质量。

③ 击球点选择不当，影响手腕、手指力量的自如发挥。

④ 接杀球瞬间，拍面角度和用力大小控制不好，影响接杀球的效果。

第三节　羽毛球运动的基本战术

一、单打战术

(一) 发球战术

发球不受对方干扰，只要在规则允许的范围内，发球者可以随心所欲地以任何方式发到对方接球区的任何一点。采用变化多端的发球战术，常常能起到先发制人、取得主动的作用。因此，发球在比赛中占有重要地位。

在采用发球战术时，眼睛不要只看自己的球和球拍，应用余光注视对方的情况，找出薄弱环节。发各种球的准备姿势和动作要注意一致性，给对方的判断带来困难，使其处于消极等待的状态。发球后应立即把球拍举至胸前，根据情况调整自己的位置，两脚开立，身体重心居中，但一定注意重心不要站死。眼睛紧盯对方，观察对方的任何变化，积极准备还击。

1. 发后场高远球

这是单打中常用的发球，要求把球发到对方端线处，迫使对方后退还击，给对方进攻制造难度。发高远球虽然弧线高，飞行时间长，但由于离网距离远，球从高处垂直下落，后场进攻技术差的对手较难下压进攻。把球发到对方左、右发球区的底线外角处，能调动对方至底线边角，便于下一拍打对方对角网前，拉开对方的站位。特别是左场区的底线外角位是对方反手区，更是主要攻击的目标。但发右场区的底线外角时要提防对方以直线平高球攻击自己的后场反手区。如把球发到对方接发球区底线的左、右半区的内角位，能避免对方以快速的直线攻击自己的两边。

2. 发平高球

发平高球，球的飞行弧线较低，但对方仍然必须退到后场才能还击。由于球的飞行速度快，对方没有充裕的时间考虑对策，回球质量会受到一定的影响。对于球飞行弧线的控制，应看对方站位的前后和人的高矮及弹跳能力而定，以恰好不给对方半途拦截机会为宜。落点的选择基本与发高远球相同。

3. 发平快球

发平快球(或者平高球)和网前球配合，争取创造第三拍的主动进攻机会。发平快球属于进攻发球，球速很快，作为突袭手段如运用得当，往往能取得主动。但当接球方有所准备时，也能半途拦截，以快制快，发球方反会处于被动。发平快球时球的落点一般应在对方反手区，或直接对准接发球者的身体，使对手措手不及。

4. 发网前球

发网前球能减少对方把球往下压的机会，发球后立即进入互相抢攻的状态。把球发到前发球内角，球飞行的路线较短，容易封住对方攻击自己后场的角度。发球到前发球线外角位能起到调离对方中心位置的作用。特别是在右场区发前发球线外角位，能使对方反手区出现大片空当。但对方也能以直线推平球攻击发球者的后场反手。如果预先提防，可用头顶球还击。发网前球也可以发对方的追身球，造成对方被动。发网前球时最好配合发底线球才能有较好的效果。

(二) 接发球战术

接发球虽然处于被动、等待的状态，但由于发球时受到规则诸多的限制，使发球不能给接发球者带来太大的威胁。发球者发球只能发到对角线的接发球区内，而接发球者只需防守不到半个区域，却可还击到对方整个场区。所以，接发球者若能处理好这一拍，也可取得主动。

1. 接发高远球、平高球

一般可用平高球、吊球或杀球还击。但如对方发球后站位适中，进攻时要注意落点的准确性。若用杀球、吊球还击，自己的速度要跟上；如果对方发球质量很好就不要盲目重杀，可用高远球、平高球还击，伺机再攻，或者用点杀、劈杀、劈吊下压先抑制对方。

2．接发网前球

可用平推球、放网前球或挑高球还击。当对方发球过网较高时，要抢先上网扑杀。接发网前球的击球点应尽量抢高。

3．接发平快球

要观察对方的发球意图，随时要做好准备。借用对方的发球力量快杀空当或追身都能奏效，也可借助反弹力拦吊对角网前。

(三) 平高球压底线战术

用快速、准确的平高球打到对方后场两角，在对方不能拦截的前提下尽量降低球的飞行弧线，把对方紧压在底线，当对方回击半场高球时，就可以扣杀进攻。使用平高球压底线时，如配合劈吊和劈杀可增加平高球的战术效果。一般情况下，平高球的落点和杀、吊的落点拉得越开效果越好。

(四) 吊杀上网战术

先在后场以轻杀、点杀、劈杀配合吊球把球下压，落点要选择在场地两边，使对方被动回球。对方还击网前球时，迅速上网贴网的搓球，或勾对角，或快速平推创造半场扣杀机会；若对方在网前挑高球，可在其向后退的过程中把球直接杀向他的身上。

(五) 防守反攻战术

这一战术是对付那种盲目进攻而体力又差的对手。比赛开始，先以高球诱使对方进攻，在对方只顾进攻而疏于防守时，即可突击进攻。或者在对方体力下降、速度减慢时再发动进攻。这种开始固守、乘虚而入、以逸待劳、后发制人的战术有时效果也较好。

(六) 反手战术

就所有的运动员而言，后场的反手击球总是或多或少地弱于正手击球，相对进攻性不强，球路也较简单(由于生理解剖结构的限制)，有的运动员还不能在后场用反手把球打到对方端线，所以对于对方的反手要毫不放松地加以攻击。

(1) 调开对方位置。该战术使对方反手区露出空当，然后把球打到反手区，迫使对方使用反拍击球。

(2) 对反手较差的对手。后场反手较差的人，经常使用头顶击球、侧身击球、侧身弓击球来弥补反手的不足。由于头顶、侧身击反手区时，身体重心、身体位置要偏向左场区的边线，因而可以重复攻击对方的反手区，使其身体位置远离中心。这样本来是对方优点的正手区就出现大片的空当，成了被攻击的目标。当对方打来半场高球时，如对方移动慢，扣杀落点应在他刚离开的位置。因为在快速移动中要马上停住再回转身来接杀球是很困难的。迫使对方在后场用反拍击球时，要主动向前移动位置，封住网前，当对方在后场用反手吊直线或对角网前球时，就可以很快上前扑杀或搓、勾，为下一拍创造主动的机会。

(七) 过渡球战术

首先要明确过渡球是为了摆脱被动，为下一拍的反攻积极创造条件。怎样才能变被动为主动是比赛中的重要一环。被动时，首先争取时间调整好自己的位置和控制住身体的重心。从网前或后场底线击出高远球是被动时常用的手段。当处于不停地跑动追球的状态或身体重心失去控制时，都可以打出高远球，以赢得时间，恢复身体重心，调整自己的处境。其次，利用球路变化打乱对方的进攻步骤。在接杀球或接吊球时要把球还击到远离对方的地方，以破坏对方吊、杀上网的连续快速进攻。如果对方吊、杀球后盲目上网，而自己的位置较好，则可把球还击到对方底线。

(八) 拉、吊结合杀球战术

此战术是把球准确地打到对方场区的四个角上，使对方每次击球都要在场上来回奔跑。使用这种战术时，对不同特点的对手要采用不同的拉、吊方法。对后退步法慢的对手可以多打前、后场；对盲目跑动满场飞的对手可使用重复球和假动作；对灵活性差的对手应多打对角线，尽量使对方多转身；对后场反手差的对手仍通过拉开后攻反手；对体力不好的对手可用多拍拉、吊来消耗其体力，然后战胜之。如能熟练地使用平高球、劈吊和网前搓、推、勾技术，快速拉开对方，伺机突击扣杀，则这一战术能收到更好的效果。

二、双打战术

(一) 发球战术

由于双打的后发球线比单打短，在双打中若发高远球，接发球方可以大力扣杀，直接争取主动，同时又较少有后顾之忧。因此站位往往压在靠近前发球线处，对发球者造成很大的心理上和技术上的威胁。所以，发球质量、路线的配合、弧线的制造、落点的变化对整个双打比赛的胜负意义极其重大。可以毫不夸张地说，双打比赛的双方若水平差不多则胜负取决于发球质量。

1. 发球站位

发球的站位不同，对发球的飞行路线、弧线、落点和第 3 拍的击球都有影响。

(1) 发球者紧靠前发球线和中线。这种站位始于反手发网前内角，球过网后球托向下，不易被对方扑击。由于站位靠前，也便于第 3 拍封网。但站位靠前不利于发平快球，一般是发网前内角位球配合发双打后发球线的外角位平高球。

(2) 发球者站位离前发球线半米，靠中线。这种站位发球的选择面较广，正、反手都可发网前球、平快球、平高球，并且各种路线都可以发。缺点是球的飞行时间长，对方有较多时间判断处理，发球后如果抢网较慢也容易失去网前主动权。

(3) 发球者站在离中线较远处。这种站位主要用于在右场区以正手和左场区以反手发平快球攻对方双打后发球线的内角位，配合发网前外角。值得一提的是，这种发球只能作为一种变换手段。因为这种发球只对反应慢、攻击力差的对手有一定威胁，但对方有了准备时作用就不大了，而且还会使自己陷入被动。

2．发球路线

发球路线和落点的选择需注意如下几点：

(1) 调动对方站位，破坏对方打法。如对方甲、乙两名队员站成甲在后、乙在前的进攻队形，在发球给乙时可以后场为主结合网前，而发球给甲时却要以发网前为主结合后场，这样，从发球起就阻挠了对方调整站位。

(2) 避实就虚，抓住对方弱点发球抢攻。首先要看接发球者的站位，如果其紧压网前站在网前内角位，可用发网前与后场动作的一致性发球到对方后场外角位；如对方离中线较远，则可发平快球突袭后场内角位；对接发球路线呆板、变化少的对手，可针对这种情况发球后抢封角度突击。

(3) 发球要有变化。发球时，网前要和后场配合，网前的内角、外角，底线的内角、外交位的配合，使对方首尾难于兼顾，多点设防，疲于应付；在发球的弧线上也要有变化。这样，接球方就难以摸到发球方的规律了。

3．发球时间的变化

接发球方在准备接发球时，思想虽然高度集中，但因受到发球方的牵制，他要等球发出后才能判断、启动、还击。所以，发球动作的快、慢也应在规则允许的范围内有所变化，不要让接发球方掌握规律。

4．发球时心理的影响

在双打比赛中，有时会出现发球失常。其原因，一个是发球技术不过硬；另一个原因则是受接发球者的影响。由于接发球者站位逼前，扑、杀凶狠且命中率较高，加之比分正出于关键时，心情紧张，造成手软从而影响了发球质量。遇到这种情况，首先要沉住气，观察接发球者的动向、心理意图、接发球的路线和规律，提高发球质量，增强还击第 3 板的信心。另外，发球的路线要善变且无规律，真真假假、虚虚实实，这样就会减少不必要的顾虑，发球质量也会稳定下来。

(二) 接发球战术

接发球虽然受发球方的牵制，属于被动等待，但由于规则对发球作了击球点不能过腰，球拍上沿须明显低于手，动作必须连续向前挥动(不许做假动作)，不能迟迟不发等诸多限制，所以使发球者发出的球不能具有太大的威胁。接发球方如果判断准确，启动快、还击及时，就能在对方发球质量稍差时杀、扑得手或取得主动；反之，也会接发球失误或还击不利使自己陷入被动。

(1) 接发内角位网前球。以扑或轻压对方两边中场及发球者身体为主要攻击点，配合网前搓、勾等其他线路。

(2) 接发外角位网前球。除了以上打的点外，还可以平推对方底线两角以调动对方一名队员至边角，扩大对方另一队员的防守范围。

(3) 接发内角、外角位后场球。应以发球者为攻击点，力争扣杀追身球。如启动慢了，可用平高球打到对方底线两角。一般发球者在后场球发出后，后退准备接杀的情况居多，这时可用拦截吊球，落点可选择在发球者的对角。

(三) 后攻前封战术

后场队员积极大力扣杀创造机会，在对方接杀放网、挑高球或企图反击抽球时，前场队员以扑、搓、勾、推控制网前，或拦截吊、点封住前半场，使整个进攻连贯而又有节奏变化，从而令对方防不胜防。

(四) 攻中路战术

1. 守方左右站位时把球打在俩人的中间

这种战术可以造成守方两人抢接一球或同时让球，彼此难于协调；限制对手在接杀球时挑大角度高球调动攻方；有利于攻方的封网，由于打对方中路，对方回球的角度也小，因此网前队员封网的难度就降低了。

2. 守方前后站位时把球下压或轻推在边线半场处

这种战术多半是在接发网前球和守中反攻抢网时运用。这种球守方前场队员拦截不到，后场队员又只能以下手击球放网或挑高球，后场两角便会露出很大空当，因而有隙可乘，攻击他的空当或身体位。

(五) 攻人战术

这是双打中常用的一种战术，就是以人为攻击目标。对付两名技术水平高低不一的对手时，一般都采用这种战术。对付两名实力相当的对手时也可采用这一战术，集中攻势于对方一名对手，常能起到"集中优势兵力打歼灭战"的作用；在另一对手过来协助时，又会暴露出空当，可在其仓促接应、立足不稳时偷袭他。

(六) 攻后场战术

这种战术常用来对付后场扣杀能力较差的对手，把对方弱者调动到后场时也可以使用。此战术多采用平高球、平推球、挑底线把对方一人紧逼在底线，使其在底线两角移动击球，在其还击出半场高球或网前高球时即可大力扣杀，取得该球的胜利或主动。如在逼底线两角时对方同伴要后退支援，则可攻击网前空当或打后退者的追身球。

(七) 防守战术

1. 调整站位

为了摆脱被动，伺机转入反攻，首先要调整好防守时的站位。如果是网前挑高球，那么击球者应该直线后退，切忌对角后退。直线后退路线短、站位快，对角后退路线长，也容易被对方打追身球。另一名队员应根据同伴移动后的情况补到空当位。双打防守时的站位调整，都是一名队员在跑动击球时，另一名队员根据同伴的移动情况填补空当。

2. 防守球路

(1) 攻方杀球者和封网者在半边场前后一条直线上，接杀球应打到另半边前场或后场。

(2) 攻方杀球者和封网者在前后对角位上，接杀球可还击到杀球者的网前或封网者的后场。

(3) 攻方杀球者杀对角后，另一名队员想要退到后场去助攻时，接杀球时可以还击到网前中路或直线网前。

(4) 把攻方杀来的直线球挑对角，杀来的对角球挑直线以调动杀球者。

关于防守的方法还有许多，但目的都是为了破坏攻方的进攻节奏和进攻的势头，在攻方进攻势头稍减时即可平抽或蹲挡；当攻方站位混乱出现空当时，守方即可抓住战机转守为攻，取得主动。

第五章 篮 球

第一节 篮球运动概述

美国马萨诸塞州斯普林菲尔德市基督教青年会训练学校体育教师詹姆士·奈史密斯博士于 1891 年创造了篮球运动。开始时，他从工人和儿童用球向"桃子筐"做投准的游戏中得到启发，设计了将两只桃篮分别钉在健身房内看台的栏杆上，桃篮上沿距离地面 10 英尺 (3.048 米)，用足球作比赛工具，向篮内投掷，投球入篮得一分，按得分多少决定胜负的规则。1893 年竹篮改为活底铁质球篮，并在铁篮下沿挂了网袋。由于在每次投中篮后，须将球重新取出来显得很麻烦，于是，在 1913 年将网底剪开，形成了近似现代的篮板、篮圈和篮网。因这项游戏起初使用的是桃篮和球，遂取名为"篮球"。

篮球运动产生后，由于它本身所具有的趣味性、竞争性和对抗性的特点，很快就在各地传播开来。1904 年，美国青年会篮球队在第三届奥林匹克运动会上进行了篮球表演赛。1908 年，美国制定了全国统一的竞赛规则，并用多种文字在全世界出版发行。此后，篮球运动逐步在中美洲、亚洲、欧洲、非洲和大洋洲开展起来。1932 年国际业余篮球联合会成立。1936 年第十一届奥运会上将男子篮球列入正式比赛项目，1976 年第二十一届奥运会上又增加了女子篮球比赛项目。现国际重大篮球赛事主要有：奥运会篮球比赛、世界篮球锦标赛。世界高水平的篮球职业联赛主要有：美国职业篮球联赛(NBA)、欧洲职业篮球联赛。

自 20 世纪 30 年代篮球运动登上世界体育舞台之后，由于规则的不断完善，对篮球的技战术提出了更高的要求，因此，比赛日趋激烈。随着技战术的进一步提高和高大队员的相继出现，世界各强队经过近 20 年的努力，开始力争在速度与高度方面取得优势，同时更加注意进攻与防守的平衡。直到 20 世纪 70 年代，篮球运动形成身高与技术同步发展的基本格局，使身体、技术、智力、心理等各对抗因素融为一体，为现代篮球运动奠定了基础。

进入 20 世纪 80 年代后的篮球运动开始向职业化方向发展。1986 年，国际业余篮球联合会取消"业余"，改为国际篮联，翌年又通过了职业球员可以参加大赛的决定。这一重大改革促使 20 世纪 90 年代世界篮球运动迅速向高速度、高空优势、激烈对抗的方向发展。

进入 21 世纪的今天，篮球将继续向高、快、全、准、变和女篮男子化发展，明星队员更加突出，技战术运用向"精练化""技艺化""智谋化"发展。今后，篮球运动的发展，将会使我们感到球场越来越小，比赛时间越来越短，篮球架越来越低，篮圈越来越大，场上变化越来越快，攻守队员身体接触越来越激烈，明星队员的特殊功能越来越突出，女子与男子的对抗形式越来越接近。

篮球运动于 1896 年传入中国。一百多年来，篮球运动在中国已成为人们喜闻乐见的社会文化形态，在教育科学领域已成为一门教育学科，是一项重点发展的竞技运动。我国的篮球运动近几年来有较大的变革，篮球运动已进入职业化改革发展阶段，全国职业篮球联赛(CBA)和全国大学生篮球联赛(CUBA)呈现出良好的发展势头。我国的一些优秀运动员如王治郅、姚明、易建联等，进入世界最高水平的篮球联赛(NBA)发展。在 2008 年北京奥运会上，中国男子篮球队进入了前八名，女子篮球队获得了第四名的好成绩。

经常参加篮球运动，能改善中枢神经系统的机能，有利于促进学生完成动作的协调性，提高观察、判断和反应能力，增强循环、呼吸等器官系统的功能。紧张激烈的篮球比赛，还可以培养运动员积极、果断、勇敢、顽强的战斗意志和集体主义精神。

第二节　篮球运动的基本技术

篮球技术是队员在比赛中为了攻守目的所运用的各种专门动作的总称，分为进攻技术和防守技术两大部分，它们是篮球比赛的基础，是篮球比赛得以顺利进行的必要条件。

一、移动技术

移动技术是运动员在比赛中，为了控制身体重心，改变位置、方向、速度和争取高度所采用的各种脚步动作的总称。它是篮球技术的基础，与掌握和运用篮球技术，有着密切的联系。

(一)　移动的分类

(1) 基本站立姿势和起动。
(2) 跑：侧身跑、变速跑、变向跑、后退跑。
(3) 跳：双脚跳、单脚跳。
(4) 急停：跨步急停、跳步急停。
(5) 转身：前转身、后转身。
(6) 跨步：同侧步、异侧步。
(7) 滑步：侧滑步、前滑步、后滑步、后撤步。
(8) 攻击步。

(二)　移动技术分析

1. 基本站立姿势和起动

运动员在球场上需要保持一个既稳定又便于移动的站立姿势，即基本站立姿势。基本站立姿势有利于迅速、协调地去完成各种攻守技术。

基本站立姿势：两脚自然开立，稍屈膝，重心落在两脚间，上体稍前倾而放松，两眼注视全场，如图 5-1 所示。

起动：运动员在场上由静止状态变为运动状态并获得位移初速度的一种起始动作。在攻防中突然起动是摆脱对手和抢占有利位置的重要方法。向前起动时，上体迅速前移，后脚用力蹬地并前移身体重心。起动后，前两三步

图 5-1

应短促迅速，并配合手臂的快速摆动。向侧起动时，异侧脚前掌用力蹬地，上体侧转(脚尖指向迈进方向)，并向跑动方向移动重心，手臂协调摆动。

2．跑

(1) 侧身跑：比赛中队员为了抢位和接球，以及更好地观察场上的情况而经常采用的一种方法。向前跑动时，脚尖指向跑动方向，头和上体自然地转向有球方向。

(2) 变速跑：队员在跑动中利用速度的变换来完成攻守任务的一种争取主动的方法。加速时，利用两脚突然短促而有力地连续蹬地，上体前倾，加快跑的频率，手臂相应地摆动配合；减速时，脚前掌用力抵地减缓向前的冲力，同时上体直起，步幅放大，降低跑速。

(3) 变向跑：队员在跑动中突然改变方向、速度来摆脱防守或堵截进攻的一种方法。其方法是由右向左变向时，右脚前脚掌内侧用力蹬地，脚尖内扣，上体向左倾斜，移动重心，左脚向左前方跨出迅速超越，如图 5-2 所示。

(1)　　(2)　　(3)　　(4)　　(5)　　(6)　　(7)

图 5-2

3．跳

跳是队员在场上争取高度和远度的一种动作方法。队员掌握跳跃的动作要领，有利于提高跳跃的高度和远度，可以加强对球的控制，以便获得更有利的进攻和防守时机。

(1) 双脚跳：起跳时，两脚开立，屈膝下蹲，上体稍前倾，两臂弯曲后摆。起跳时两脚快速用力蹬地，伸膝提腰和向前上方摆臂，使身体向上腾起。身体在空中自然伸展，维持平衡。落地时用前脚掌先着地，并屈膝缓冲下落的重力，迅速恢复身体平衡，以便做下一个动作。双脚跳多在原地进行。

(2) 单脚跳：起跳时，踏跳腿微屈前送，用脚跟先着地制动并迅速屈膝过渡到前脚掌用力蹬地，同时提腰摆臂，另一腿快速上抬。当身体达到最高点时，摆动腿自然下放，与起跳腿并拢。落地时双脚要屈膝缓冲身体重力，保持平衡。单脚跳多用于跑动中。

4．急停

急停是队员在跑动中突然制动速度的一种动作方法，它也是随时转换和衔接各种脚步动作的过渡动作。掌握好急停动作直接影响到其他脚步动作的质量。

急停动作分跨步急停和跳步急停两种。

(1) 跨步急停：当队员在快速跑动中需要急停时，先向前跨出一大步，用脚跟着地并过渡到前脚掌抵住地面，迅速屈膝，腰胯用力，在两脚之间，两臂自然张开，保持身体平衡，如图 5-3 所示。

(2) 跳步急停：在跑动中，用单脚或双脚起跳(离地不要太高)，上体稍后仰，两脚同时落地，屈膝降重心，保持身体平衡，重心放在两脚上，以便任何一脚做轴迅速起动，如图 5-4 所示。

图 5-3　　　　　　　　　　　　　　　　　　图 5-4

5. 转身

转身是队员以一只脚做中枢脚，另一脚用力蹬地，使身体旋转，借以改变身体方向的一种脚步动作。它分前转身和后转身两种。

(1) 前转身：移动脚向中枢脚前方跨步旋转，从而改变身体方向。其动作方法是：两膝微屈，上体稍前倾，重心落在两脚之间偏前脚掌上，向左转身时，左脚为中枢脚，重心移到左脚并用前脚掌为轴用力碾地，同时右脚用力蹬地，以肩带腰向左转动，如图 5-5 所示。

图 5-5

(2) 后转身：移动脚向中枢脚后方撤步转动，从而改变身体方向。其方法类同前转身，只是方向相反。转身时，身体重心要保持水平转动，不要上下起伏。转身后，保持身体平衡，以便衔接下一个动作，如图 5-6 所示。

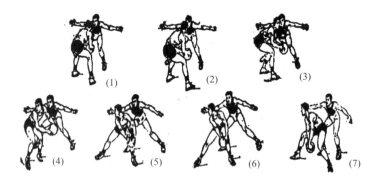

图 5-6

6. 滑步

滑步是防守时的一种主要移动方法。常用来堵截对方的移动路线，调整自己的防守位置。下面介绍侧滑步、前滑步和后撤步三种。

(1) 侧滑步：两脚平行站立，两膝较深弯曲，上体微前倾，两臂(根据进攻者的情况)张开。向左侧滑步时，左脚向左跨出一步落地的同时，右脚前脚掌内侧迅速用力蹬地，紧贴地面跟随左脚滑动，两脚保持一定距离。向右侧滑步时，动作相反。滑步时身体不要上下起伏，重心保持在两脚之间。

(2) 前滑步：动作的结构和用力过程与侧滑步相同，只不过滑行方向和用力不同，如图 5-7 所示。

(1) (2) (3) (4)

图 5-7

(3) 后撤步：队员在防守时变前脚为后脚的一种起步方法。撤步时，用前脚掌内侧蹬地，腰部用力向后转体，前脚后撤，同侧臂后摆，同时后脚的前脚掌碾地，当前脚后撤着地后，紧接滑步，保持合理的防守姿势和位置，如图 5-8 所示。

(1) (2) (3)

图 5-8

7. 攻击步

攻击步是防守队员突然前窜，进行抢球、打球或破坏对方接球、传球、投篮等攻守行动的一种动作。做攻击步时，后脚要猛力蹬地，前脚突然向前跨出逼近对手，重心放在前脚上，用前脚同侧的手臂干扰对方，如图 5-9 所示。

(1) (2) (3)

图 5-9

二、传、接球技术

传、接球技术是篮球比赛中进攻队员之间有目的地转移球的方法，是进攻队员在场上相互联系和组织进攻的纽带，是实现战术配合的具体手段，是比赛中运用最多的一项技术。

传、接球是传球动作和接球动作相结合，由两个队员共同完成的配合技术。

接球是持球进攻的基础，只有接好球才能完成其他进攻动作。

(一) 传、接球的分类

(1) 双手胸前传球、接球。

(2) 双手低手传球。

(3) 双手头上传球。

(4) 单手肩上传球、接球。

(5) 单手胸前传球。

(6) 单手体侧传球。

(7) 单手背后传球。

(8) 单、双手反弹传球。

(二) 传、接球技术分析

1. 传、接球技术要点

(1) 持球手法：有双手和单手两种形式，每一种形式又有高手和低手之分。

① 双手高手持球手法：两手五指自然分开，拇指相对成八字形，用指根以上部位握住球的两侧后下方，手心空出，如图 5-10 所示。

② 双手低手持球手法：持球的两侧，两小拇指相对成八字形，手心空出，如图 5-11 所示。

图 5-10　　　　　　　　　　　　　图 5-11

③ 单手高手持球手法：单手五指自然分开，球置于手上，以指根以上部位接触球，手心向前并空出，如图 5-12 所示。

④ 单手低手持球手法：单手低手持球手法与高手相同，只是掌心向上，如图 5-13 所示。

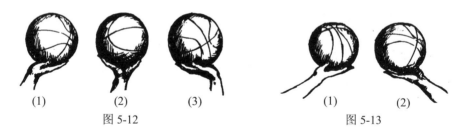

图 5-12　　　　　　　　　　　　图 5-13

(2) 接球手法：主要包括双手接球和单手接球两种形式。

① 双手接球手法：接球时，两眼注视来球，两臂伸出迎球，手指自然分开，两拇指成八字形，两手成半圆形；当手接触球的瞬间，双臂随球后引缓冲来球的力量，成双手持球姿势，如图 5-14 所示。

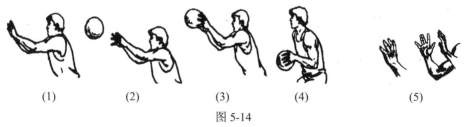

图 5-14

② 单手接球的手法：伸手迎向来球，当手接触球的同时迅速借来球惯性将球后引至胸

前，成双手持球姿势，如图 5-15 所示。

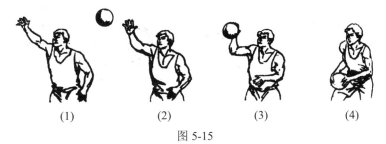

(1)　　　　　　(2)　　　　　　(3)　　　　　　(4)

图 5-15

(3) 传球手法：最常见的有双手传球和单手传球。

① 双手传球的手法：在双手持球手法的基础上，借助蹬地使身体重心前移的力量，迅速伸臂，同时拇指用力下压，手腕前屈，食指用力拨球将球向目标传出，如图 5-16 所示。

② 单手传球的手法：在单手持球手法的基础上，借助蹬地使身体重心前移的力量，手臂向前方挥动，同时传球臂的手腕迅速前屈，手指快速拨球作用于球体，使球向目标飞出，如图 5-17 所示。

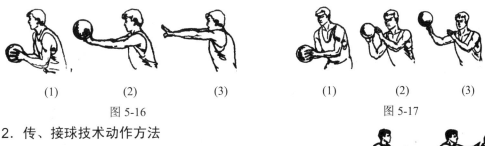

(1)　　　(2)　　　(3)　　　　　(1)　　　(2)　　　(3)

图 5-16　　　　　　　　　　　图 5-17

2. 传、接球技术动作方法

(1) 双手胸前传球：传球由持球和传球动作组成。

在双手持球的基础上，两臂弯曲，肘关节下垂，持球于胸腹之间，肩、臂、腕肌肉放松。传球时，后脚蹬地，身体重心前移，同时两臂前伸，手腕由下向上翻转，拇指下压通过食指、中指用力弹拨将球传出。出手后，手心向下，手指指向传球方向，如图 5-18 所示。

(1)　　　　(2)

图 5-18

(2) 单手肩上传球：一种常用于中、远距离的传球方法。特别在抢到后场篮板球或掷后场界外球发动长传快攻时运用最多。在单手高手持球的基础上，右手传球时，左脚向传球方向跨出半步，使左肩对着传球方向，同时将球引到右肩上方，右手持球的后下方。出球时，右脚蹬地的同时转体带动上臂，肘领先，迅速地向前挥臂，手腕前屈，由食指、中指拨球将球传出，如图 5-19 所示。

(1)　　　(2)　　　(3)　　　(4)　　　(5)　　　(6)

图 5-19

(3) 单、双手反弹传球：一种最常用的近距离隐蔽式传球方式。反弹传球的方法很多。如单手体侧，单、双手胸前，单手背后等，都可以通过地面反弹将球传给同伴。动作方法与其他传球相同，只是改变了传球时的用力方向和击球点。传球时出手的用力是向前下方，击地点应在传球人距离接球人 2/3 的地方，球弹起的高度一般在接球人的腹部为宜，如图 5-20 所示。

(1)　　　　　　　　　　　　　　(2)

图 5-20

(4) 双手接球：一种适应面很广的接球方法，可用来接胸部高度、高于胸部或低于胸部高度离身体较近的各种来球。接球时，两眼注视来球方向，两臂自然伸出迎球，两手成半圆形，掌心向前；当球触及手指时，两臂随球后引缓冲来球力量，两手握球置于胸腹前，准备衔接下一个动作，如图 5-21 所示。

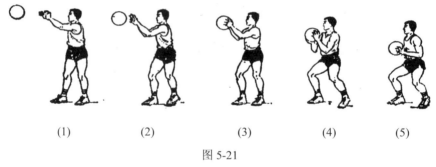

(1)　　　　　(2)　　　　　(3)　　　　　(4)　　　　　(5)

图 5-21

(5) 单手接球：一种能接离身体较远来自不同方向球的方法。右手接球时，注视来球方向，手臂向来球方向伸出迎球，臂微屈，手指自然分开，成勺形；当球触及手指时，手臂顺势后引，另一手迅速扶球，将球置于胸腹之间，准备衔接下一个动作，如图 5-22 所示。

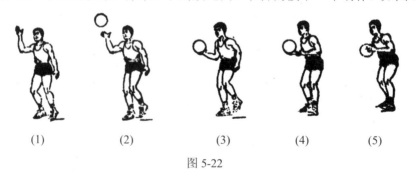

(1)　　　　　(2)　　　　　(3)　　　　　(4)　　　　　(5)

图 5-22

(6) 双手接反弹球：接球时迎球跨步，上体前倾，眼睛注视来球反弹的高度，两臂迎球向前下方伸出，五指自然分开，在球刚落地弹起时手指触球，两手握球顺势将球引至胸腹间，如图 5-23 所示。

图 5-23

三、投篮技术

投篮技术是进攻队员为了将球从篮圈上面投入篮筐而采用的各种专门动作方法的总称。它是篮球运动的主要进攻技术，是唯一的得分手段。因此，投篮技术掌握的好坏，对比赛胜负有着决定性的作用。

(一) 投篮技术分类

(1) 原地投篮：双手胸前投篮、双手头上投篮、单手肩上投篮、单手头上投篮。
(2) 行进间投篮：单手肩上投篮、单手低手投篮、双手低手投篮、反手投篮、勾手投篮。
(3) 跳起投篮：原地跳起投篮、急停跳起投篮、转身跳起投篮。
(4) 补篮：双手补篮、单手补篮。
(5) 扣篮。

(二) 投篮技术分析

1. 投篮动作要点

投篮动作：包括持球方法、准备姿势、出手动作、瞄准点、球的旋转和抛物线。
(1) 持球方法。持球是完成投篮动作的前提，其方法分单手和双手两种。
① 单手持球法。以原地单手肩上投篮为例。由双手持球开始，右手投篮时，五指自然分开，用手掌外沿和指根以上部位托住球的后下方，手心空出，手腕后仰，球的重心落在食指和中指之间，肘关节自然下垂，置球于同侧肩的前上方，左手扶住球的侧下方，如图 5-24 所示。
② 双手持球法。以原地双手胸前投篮为例。两手五指自然分开，握球的两侧稍后部位，两拇指成八字形，掌心空出，手腕放松，两肘自然下垂，肩关节放松，置球于胸前，如图 5-25 所示。

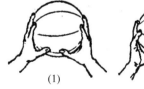

图 5-24　　　　　　　　　　　　　　　图 5-25

(2) 投篮准备姿势。第一，要使身体各部分处于开始工作的适度紧张状态；第二，要维持身体重心使其处于便于投篮动作开始的高度和位置；第三，便于由投篮转换为其他技术动作。因此，进攻队员接球后，必须面向篮圈并抢占有利投篮位置和保持能投篮、能传球、能运球的进攻姿势。

（3）瞄准点。瞄准点是投篮时的目标注视点，是提高投篮命中率的重要环节。投空心篮时，通常是瞄篮圈离自己最近的一点，其优点是有实体目标；投碰板篮时，一般是投篮角度越小，距离越远，弧度越高，碰板点越高；反之，越近则弧度越低。

（4）出手动作。出手动作指投篮时球最后出手的动作，是完成投篮的最后一个环节。这一环节对于球是否中篮具有决定性的作用。因为手腕用力、手指前屈、指端拨球，直接影响着球飞行的方向、出手角度、入篮角度和球的旋转。

（5）球的旋转。球离手后能正确地旋转，使球沿着正确的方向飞行，有助于提高命中率。球旋转的方向和速度取决于手指、手腕的动作。一般情况下，球在空中飞行大都沿着球的横轴向后旋转，向后旋转的球不但有助于保持球飞行的稳定性，而且由于球的上、下面所受的空气压力不同(球的上面气流速度慢、压力大，将球向上托)，所以，带有后旋的球，有助于提高球飞行的弧度。另外，向后旋转的球碰到篮圈时，球的反弹方向是向下的，所以较易中篮。在篮下侧面碰板投篮时，应使球向侧旋转；行进间单手低手和双手低手投篮时，应使球向前旋转。

（6）抛物线。投篮球出手后在空中飞行的路线为抛物线。抛物线分低、中、高三种。其中，中抛物线是投篮命中最适宜的抛物线。因为中抛物线是球飞行弧线最高点，大致与篮板上沿在一条水平线上，球篮的大部分暴露在球的下面，易命中。但是由于投篮的距离、人的高度、投空心篮和碰板篮、防守的干扰和跳起的高度不同，投篮的弧线就有所不同。最好的弧线是既能控制球飞行的路线，又适合球进篮的角度。

总之，上述投篮各要素是相互影响、相互促进和相互制约的，只有合理地组合起来，才能体现一个完整的投篮技术。

2．投篮技术动作方法

（1）原地投篮。

① 双手胸前投篮。双手持球于胸前，肘关节自然下垂，两脚前后自然或左右开立，两膝微屈，重心落在两脚之间，目视瞄准点；投篮时两腿蹬地，腰腹伸展，两臂向前上方伸出，前臂内旋，两手腕同时外翻，拇指下压，使球通过拇指、食指、中指端投出。球出手后，脚跟提起，腿、腰、臂随出球方向自然伸展，如图 5-26 所示。

② 单手肩上投篮。右手投篮时，右脚在前，左脚稍后，两膝微屈，重心落在两脚之间。右手五指自然分开，手腕后屈持球于右肩上，左手扶球的侧下面；投篮时下肢蹬地发力，身体随着向前上方伸展，同时抬肘伸臂，用手腕前屈和手指拨球动作，使球柔和地从食指、中指端投出。球离手时，手臂要随球自然跟送，脚跟微提起，如图 5-27 所示。

图 5-26　　　　　　　　　　　　　　　　图 5-27

(2) 行进间投篮。

① 单手高手投篮。以右手投篮为例，右脚跨出一大步的同时接球，接着左脚跨出一小步并用力蹬地起跳，右腿屈膝上抬，同时举球至头右侧，腾空后上体稍后仰，当身体接近最高点时，右臂向前上方伸直，手腕前屈，食指、中指用力拨球，通过指端将球投出，如图 5-28 所示。

图 5-28

② 单手低手投篮。这是在快攻中和突破防守切入篮下时最常用的一种方法。以右手投篮为例，跑动步法与单手高手投篮基本相同，只是在接球后的第二步要继续加快速度，向前上方起跳，右腿提膝，双手向前上方举球，当身体接近最高点时，左手离球，右手掌心向上，五指自然分开托球的下部并充分向球篮的方向伸展，接着屈腕，食指、中指用力拨球，使球向前旋转从指端拨出，如图 5-29 所示。

图 5-29

(3) 跳起投篮。

① 原地跳起单手投篮。原地跳起单手投篮起跳前的姿势与原地单手投篮相同，不同的是起跳在空中完成投篮动作。起跳时，两腿迅速屈膝用力蹬地向上起跳，同时双手举球至额前上方，右手托球，左手扶球的侧下方。当身体接近最高点时，保持身体平衡，左手离球，右臂向前上方伸直，手腕前屈，食指、中指用力拨球，通过指端将球投出。落地时，屈膝缓冲，准备下一个动作，如图 5-30 所示。

图 5-30

② 运球急停跳投。在快速运球中，突然运用跨步或跳步急停，向上起跳，同时双手持球上举，当身体接近最高点时，伸前臂，屈手腕，食指、中指用力拨球将球投出，如图 5-31 所示。

图 5-31

③ 接球急停跳起投篮。在快速移动中用跨步或跳步急停接球，用腿、腰、背的力量控制身体重心，突然向上起跳，两手持球迅速上举，当身体接近最高点时，伸臂屈腕，食指、中指拨球将球投出，如图 5-32 所示。

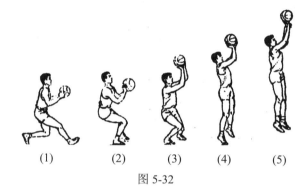

图 5-32

四、运球技术

持球队员用单手连续按压和迎引从地面反弹起来的球，称运球。运球技术是篮球运动中主要的基本技术之一，它是队员控制、支配球和组织战术配合及突破防守的重要手段，是个人攻击的有效方法，也是组织全队进攻战术配合的重要桥梁。

(一) 运球技术的分类

(1) 高运球。

(2) 低运球。

(3) 运球急停急起。

(4) 体前变向换手运球。

(5) 体前变向运球。

(6) 背后运球。

(7) 运球转身。

(8) 胯下运球。

(二) 运球技术分析

1. 运球技术的要点

运球技术的要点由队员的身体姿势、手型、手按压球的动作和球的运行及落点等环节组成。

(1) 身体姿势：两脚前后开立，两膝微屈，上体稍前倾，屈肘抬头，非运球手臂屈肘保护。

(2) 手型：五指自然分开，用手指根以上部位触球，掌心空出，手腕放松。

(3) 手按压球的动作：以肘关节或肩关节为轴，带动臂、腕、指主动按压和迎引从地面反弹起来的球。

(4) 球的运行：球的运行方向和速度取决于按压球的部位与力量。按压球的部位不同，球向地面的入射角和从地面反弹起来的反射角也不同；按压的力量不同，球从地面反弹起来的高度和速度也不同。

(5) 球的落点：运球时要控制球的落点，使球完全保持在自己所能控制的范围内，以便利用自己的身体、臂、腿来保护球；如运球向前推进时，球的落点应控制在身体的侧前方，并保持适当的距离，以免脚踢球。在对手紧逼防守时，应使球远离对手，采用侧对防守的运球方法，将球的落点控制在身体的侧后方。

2. 运球技术的动作方法

(1) 高运球：两腿微屈，上体稍前倾，抬头平视，以肘关节为轴，带动臂、腕，手指柔和而有力地按压球的后侧上方；球的落点在运球手臂的同侧脚的外侧前方，球的反弹高度在胸腹之间，手脚配合要协调。高运球一般在队员由后场向前推进并无防守阻挠时运用，如图 5-33 所示。

图 5-33

(2) 低运球：运球中对方紧逼时，两腿迅速弯曲，降低重心，上体前倾，用手腕和手指短促按拍球的后上方，使球落点在体侧，球的反弹高度在膝关节处，并注意用肩、臂、腿保护球。低运球一般在遇到防守堵截时运用，如图 5-34 所示。

图 5-34

(3) 运球急停急起：运球急停时，要采用跨步急停，屈膝降重心，同时按拍球的前上方，转入低运球，用臂、身体和腿保护好球；急起时，后脚用力蹬地，上体快速前倾起动，按拍球的后侧上方，人、球同步快速前进，超越对手。运球急停急起一般运用于对手紧逼时，利用节奏的变化来摆脱防守，如图5-35所示。

(1)　　　(2)　　　(3)　　　(4)　　　(5)　　　(6)

图 5-35

(4) 体前变向换手运球：以右手运球为例，从右向左变向突破时，按压球的右后上方，使球经体前右侧反弹至左侧前方，右脚向左脚前方跨出，上体左转侧看，以臂、腿、上体保护球，同时换左手按压球的后上方，左脚跨出并用力蹬地突然加速。体前变向换手运球一般运用于对方紧逼时，利用突然改变运球方向加速来摆脱防守，如图5-36所示。

(1)　　　　(2)　　　　(3)　　　　(4)

图 5-36

(5) 运球转身：以右手为例，运球做转身时，左脚向前跨出一步为中枢脚，置于对手两脚之间，然后右脚用力蹬地后撤，顺势做后转身动作，同时将球拉引至身体的后侧方，换左手运球，从对手右侧突破。运球转身一般运用于对方贴身防守时，利用运球转身来摆脱防守，如图5-37所示。

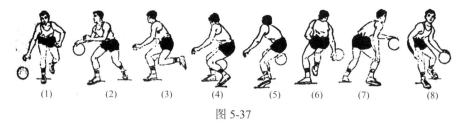

(1)　　(2)　　(3)　　(4)　　(5)　　(6)　　(7)　　(8)

图 5-37

五、持球突破技术

持球突破技术是持球队员将脚步动作和运球技术相结合来快速超越对手的一项攻击性很强的进攻技术。若突破技术能与传球、投篮、假动作等结合起来运用，其攻击性和灵活性就更加显著。

(一) 持球突破技术的分类

(1) 交叉步持球突破。

(2) 顺步(同侧步)持球突破。

(3) 跳步急停持球突破。

(二) 持球突破技术分析

1. 持球突破技术要点

持球突破技术由蹬跨、转体探肩、推放球和加速等四个环节组成，这几个动作几乎是在同一时间完成的。

(1) 蹬跨：持球队员要从原地突然发挥出速度来，就必须依靠两脚积极有力地蹬地，同时上体要前倾，重心要前移，以此带动摆动脚迅速跨出。跨出的第一步要大一些，这样不仅可以缩小后蹬腿与地面所成的角度，增加后蹬的力量，而且可能在第一步就超越对手。跨步时脚尖稍转向突破的方向，紧贴对手的身体，抢占有利的突破路线。第一步落地后中枢脚的膝关节要保持弯屈，以便第二步的蹬地加速。

(2) 转体探肩：在中枢脚开始后蹬和上体前倾的同时，要求转体探肩，其作用主要是加快突破的速度，用上体占据有利的空间位置，超越对手和保护球。

(3) 推放球：在蹬跨、转体探肩的同时，就迅速将球引向远离对手一侧的膝部高度，以便及时地放球。用上体占据有利的空间位置，超越对手和保护球。

(4) 加速：加速是突破技术的重要环节，在上述三个动作完成后，中枢脚用力蹬地对突破加速超越对手起着决定性的作用。

2. 持球突破技术动作方法

(1) 交叉步持球突破：以右脚做中枢脚为例，两脚左右开立，屈膝降低重心，持球于胸腹前；突破时，左脚前掌内侧迅速蹬地，上体稍向右转，左肩向前下压，左脚向右侧前方跨出，用右手将球放于右脚侧前方，然后左脚迅速蹬地加速超越对手，如图 5-38 所示。

(1)　　　　(2)　　　　(3)　　　　(4)　　　　(5)

图 5-38

(2) 顺步(同侧步)持球突破：以左脚做中枢脚为例，突破时，左脚前掌内侧用力蹬地，右脚迅速向右侧前方跨出一步，同时上体稍向右转侧身探肩，用右手推放球于右脚外侧偏前方，左脚前掌迅速蹬地跨步抢位，超越对手，如图 5-39 所示。

(1)　　　　(2)　　　　(3)　　　　(4)　　　　(5)

图 5-39

(3) 跳步急停持球突破：跳步急停前，应根据同伴的传球以及自己与防守者所处位置的情况，随时做好向两侧或向前做跳步急停的准备，看到同伴传来球，应该迅速向来球方向伸臂迎球，同时由一脚(侧向时用异侧脚)蹬地，两脚稍腾空，向侧方或前方跃出接球，然后两脚先后或同时着地。落地后，两腿屈膝，重心降低，保持身体平衡，保护好球，根据防守队员的位置和情况，迅速用交叉步或同侧步持球突破。

六、防守技术

防守技术是防守队员合理地运用各种防守动作，积极抢占有利位置，阻挠和破坏对手进攻，以争取控球权为目的的一种动作方法。积极防守可以阻止对手在有效的攻击区内接球，即使对手勉强接到球，也要使他处于不利的位置。严密的防守不仅能堵截对手运球突破，封锁其助攻传球，而且还能干扰和破坏其投篮，给对手投篮得分造成极大的威胁力。

(一) 防守技术的分类

(1) 防守无球队员。
(2) 防守有球队员。

(二) 防守技术分析

1. 防守无球队员的技术要点

(1) 位置与距离的选择：就一般情况来说，防守队员应站在对手与球篮之间内侧的位置上。根据球所在的位置，如对手离球近就近，离球远就远，采取错位防守，与对手保持适当的距离，控制对手摆脱接球和突破，如图5-40所示。

(2) 选择正确的防守姿势，如图5-41所示。

① 面向人侧向球的站位：一般当球在近处紧逼对手时采用。防守对手⑧时，身体面向对手⑧，用眼睛的余光注意球，与前脚同侧的手前伸，切断对手的接球路线；离球远的左臂弯曲，靠近对手，屈膝降重心。既要看到人，又要兼顾球，利用上步、滑步、撤步、交叉步、碎步跑等脚步动作，抢占有利的防守位置，堵截其移动路线，不让对手到有利的位置上接球。

② 侧向人面向球的站位：一般当球在远处时为了人球兼顾而采用。防守对手⑥时，身体正面向球，用眼睛的余光注意对手⑥的活动情况。

图 5-40

图 5-41

2. 防守无球队员的技术动作方法

(1) 防纵切：如图5-42所示，⑥传球给⑦，❻及时偏向球侧错位防守，当⑥向篮下纵切要球时，应抢前移动，合理运用身体堵截纵切路线，同时伸出左臂封锁接球，迫使对手向远离球方向移动。

(2) 防横切：如图5-43所示，⑧持球，⑥横切要球时，❻上左脚，合理运用身体堵截，同时伸出左臂封锁接球，不让其从自己身前横切要球。

(3) 防溜底线：如图 5-44 所示，当⑥从底线横切时，❻开始面向球滑步移动卡堵对手，以身体某部位触及对手，跟随其移动，同时伸左臂封锁接球。待对手移过纵轴线进入有球侧时，❻应迅速上右脚前转身贴近对手，伸右臂封锁接球，将对手逼向场角。

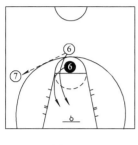

图 5-42

图 5-43

图 5-44

3. 防守有球队员的技术要点

(1) 防守位置：应站在对手与球篮之间的位置上，对手离篮近则应靠对手近些，离篮远则离远些。特别要根据对手的特点以及防守战术的需要调整防守位置。

(2) 防守姿势：分平步防守和斜步防守两种。

① 平步防守：两脚平行站立，两手臂侧伸不停地挥摆。这种防守姿势防守面积大、攻击性强，便于向左右移动，适合防守运球突破的对手。

② 斜步防守：两脚前后开立，前脚同侧手臂向前上方伸出，另一手臂侧伸。这种防守姿势便于前后移动，对防投篮比较有利。

4. 防守有球队员的技术动作方法

(1) 防投篮：当对手在有效投篮区时，应保持一臂的距离，两脚前后开立，一手向前上方直臂举起防止投篮，一臂侧张，防其切入或传球。根据对手投篮技术运用的特点，采取针对性防守。如果对手习惯向右脚侧起跳投篮，防守队员可以上左脚，伸左臂进行阻挠和破坏，迫使其改变习惯的投篮动作。

(2) 防突破：防守突破队员应稍离远些，采用平步防守较为有利。两腿弯屈，重心下降，两臂侧伸阻挠对手。当对手突破时，可利用撤步或滑步阻挠对手。防守中要注意迫使对手向边、角运球；堵对手的强手迫使其用弱手运球。对突破能力较强的对手，要注意了解对手的动作习惯(中枢脚、突破方向、假动作等)，采取相应对策防守。

(3) 防运球：应采用平步防守姿势，离对手稍些，积极移动，阻挠对手向纵深方向推进，迫使对手停球或改变方向，破坏其进攻配合。

(4) 防传球：防守队员要根据对手的位置和距离，积极移动，时进时退，挥动手臂迫使其向无攻击威胁的位置传球或造成传球失误。

总之，在防守中，无论采用哪种方法，都应积极移动，给对方造成压力，迫使对手失误，伺机抢球、打球、断球以便取得控球权。

七、抢篮板球技术

抢篮板球技术是指比赛中双方球员在空间争夺投篮未中、从篮板或篮圈上反弹出来的球，称抢篮板球。篮球比赛中，抢得篮板球是获得控球权的重要手段，是增加进攻次数发动快攻的重要保证，是攻守矛盾转化的关键。

（一）抢篮板球技术的分类

（1）抢进攻篮板球。

（2）抢防守篮板球。

（二）抢篮板球技术分析

1. 抢篮板球的技术要点

（1）观察判断：正确地判断对手投篮的位置、时间和距离以及球的反弹方向和落点是能否获得篮板球的关键。篮板球的反弹方向、距离和落点，与投篮方向、距离、弧度、力量有很大关系。一般篮板球反弹的规律是：投篮距离与反弹距离成正比，投篮距离远，反弹距离远；投篮距离近，反弹距离近。在球篮一侧 45°角地区投篮时，球反弹到另一侧底线地区或反弹回来，如图 5-45 所示；在底线一侧的零度角投篮时，球反弹到另一侧底线地区或反弹回来，如图 5-46 所示；在中间的地区投篮时，球多是反弹在限制区附近，如图 5-47 所示。以上是球反弹的一般规律，在比赛中还要根据当时的情况做出判断以及时抢占有利位置。

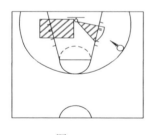 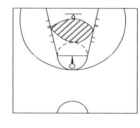 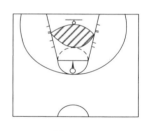

图 5-45　　　　　　　　图 5-46　　　　　　　　图 5-47

（2）抢占位置：无论是抢进攻篮板球还是抢防守篮板球，都应抢占对手与篮之间的有利位置，要用转身挡人和跨步摆脱对手抢位。做到转、挡、靠、贴一气呵成。

抢防守篮板球多用转身挡人抢位，把对方挡在身后；抢进攻篮板球用跨步摆脱对手抢位。抢位时，先向右侧跨一步，错开对手之后快速向左横插步把对手挡在身后。

（3）起跳动作：力争手与球在最高点相遇，这是抢到篮板球的关键。起跳前，两膝深屈，上体稍后仰，两臂屈肘，举手体侧以占据空间，两脚用力蹬地，两臂上摆，腰腹协调用力，身体充分伸展，准备抢球。

（4）获球后的动作：进攻队员抢到篮板球后，首先补篮或继续投篮，如无机会，应将球传给同伴组织再进攻。防守队员抢到篮板球落地后，应迅速传出或运球突破。

无论防守或进攻队员，抢到篮板球落地时，都应两膝弯屈，两肘外展，护球于胸腹间，并迅速衔接其他进攻动作。

2. 抢篮板球的动作方法

（1）双手抢篮板球：身体在空中应充分伸展尽量扩大制空范围，两臂伸向球落点的方向，当指端触到球的刹那，双手用力握球，腰腹用力，迅速屈臂将球拉至胸前部位，双肘外展保护球。

(2) 单手抢篮板球：在空中身体要充分伸展，近球一侧的手臂要尽量向球伸出，当手指端触及球时，应迅速屈指、屈腕、屈肘及臂，将球拉至胸前，另一只手迅速扶球，双手将球握住。

(3) 点拨球：点拨球的技术与单手抢篮板球方法相似，只是运用指端将球点拨给同伴或是挑拨到便于自己获球的位置。其优点是触球点高，可以直接补篮和缩短传球时间，但稳定性和可靠性差，易失误。

第三节 篮球运动的基本战术

篮球运动的战术是比赛中队员之间有目的地协同配合的组织形式，有基本的落位布阵、移动路线、攻守点面和特定的变化规律等。

一、进攻战术与防守战术的基本配合

(一) 进攻战术的基本配合

简单的两三个人间的传切、掩护、策应、突分的配合是组成全队进攻战术的基础，这些配合在半场和全场都可以使用。

只有熟练地掌握和运用进攻战术基础配合，才能使全队战术有效地发挥作用。

(1) 传切：进攻队员利用传球和切入技术组成的配合，指进攻队员把球传给同伴后，利用快速起动、改变方向及身体虚晃等假动作摆脱防守队员，切入篮下接球投篮的一种简单的进攻方法。

示例：如图 5-48 所示，进攻队员④和⑤落位散开，⑤利用假动作摆脱❺后接④传球，⑤做持球突破和传球假动作吸引❺，④传球后向异侧做假动作，快速起动摆脱❹，切入篮下接⑤传球上篮。

图 5-48

(2) 掩护：以合理的移动用身体挡住同伴防守人的移动路线，使同伴摆脱防守的配合。

掩护的技术动作：掩护时，面向被掩护同伴的防守队员，两脚自然分开，两腿微屈，上体稍前倾，这样可以扩大掩护面积；掩护的面积愈大，防守队员绕过防守就愈困难，掩护就愈容易成功；但面积大，必须有利于掩护后做进攻的跟腿动作。掩护队员位置应在被掩护同伴的防守者的防守移动路线上，掩护的瞬间身体是静止不动的，距离不宜过近或过远；过近容易冲撞对方造成掩护犯规，过远易让防守队员穿过防守，造成掩护不成功。当掩护动作完成后，应根据场上当时情况，如对方作交换防守时，立即做后转身向篮下切入接球上篮。掩护的配合，包括选择时机、掩护位置、摆脱切入路线、传球及时、转身跟进及切分配合等。如某一环节配合不好，掩护的配合就完成不好。

掩护的分类：掩护的方法很多，分前掩护、后掩护、侧掩护、定位掩护、反掩护、双人掩护等。

掩护的运用：多用于突破人盯人防守。防守愈紧，掩护愈容易成功。

示例：侧掩护——给持球队员做掩护。如图 5-49 所示，⑧传球给❻并立即跑到❻的侧后方做掩护，❻接球后做瞄篮，或向右方做突破和传球假动作吸引❻的注意力；当⑧掩护站好位置后，❻立即向掩护方向突破至篮下投篮。⑧则迅速做后转身跟进准备接❻分来的球上篮或跟进抢篮板球。

图 5-49

(3) 策应：内线队员背对篮或侧对篮接球后，与同伴的空切或绕切相结合，以摆脱防守，制造各种进攻机会的一种配合形式。

策应的应用范围较广，在阵地进攻中采用较多。如果对方采用全场紧逼盯人防守，可在中场或圈顶一带进行策应。有时甚至在后场就利用策应配合来突破防守。总之，策应的范围应根据本队战术和防守情况而定。

策应的配合方法如图 5-50 所示。❻将球传给策应队员⑧后向反方向移动，后迅速向⑧跑去，将防守队员带到⑧的位置上，用⑧的身体挡住防守队员，同时⑧将球传给摆脱防守的❻，然后⑧向❻跑动方向转身，再一次用后背挡住防守队员的路线，并跑到篮下，接❻回传球或抢篮板球。

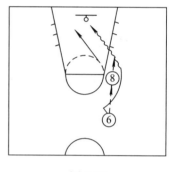

图 5-50

策应配合的关键与要求：策应前要注意及时抢站有利位置；视野要广，能知道队友及防守队员的跑动情况，以便及时传球；保护球，注意防守队员抢球或打球，用身体和持球晃动动作保护球；根据不同情况运用不同的传球方式。

(4) 突分：进攻队员持球或运球突破，遇到对方协防时，及时将球传给插入防守空隙地带接应的同伴，这种突破中根据情况及时传球的配合叫突分配合。突分配合主要用于对方采用缩小盯人和松动盯人防守技术，而己方外围投篮又不准的情况下使用。

突分的方法有两种：

① 如图 5-51 所示，④运球突破❹的防守，❺上移补防，④将球传给插入篮下的⑤，⑤立即投篮，如遇❺的回防，由于已抢占篮下有利位置，应该强攻。

② 如图 5-52 所示，④传球给⑤，⑤突破❺进入篮下，❻进行补防，⑤可将球传给从不同方向插入的⑥，⑥接到⑤的分球后立即投篮，如遇到❻的回防，争取强攻。

图 5-51

图 5-52

突分配合的关键与要求：突破队员在突破过程中，要随时注意观察攻守队员的位置变化，做好投篮或分球的两种准备，上篮动作必须逼真，才能真正吸引防守，便于分类。其他进攻队员则要在持球同伴突破的一刹那，及时摆脱防守，占据有利位置，以便接球投篮；如遇到一般性的防守，要争取篮下强攻，造成杀伤力。

(二) 防守战术的基本配合

防守战术是指两三个防守队员之间采用协同防守的方法，包括挤过、绕过、交换防守、关门、夹击、协防等防守配合。

(1) 挤过配合：防守队员在掩护队员临近自己时，积极向前迈出一步，贴近自己的防守对手，从掩护队员前挤过去，继续防守自己的对手。

(2) 绕过配合：在松动盯人或对手无投篮威胁时采用。

示例一：如图 5-53 所示，⑤将球传给⑥后去给④做掩护，❺发现后及时提醒❹，并在到达掩护位置时迅速贴近⑤，❹及时撤后一步从❺后面绕过追上④继续防守。

示例二：如图 5-54 所示，⑦传球给⑥，去给⑧做掩护，⑦即将掩护到位时❼迅速贴近⑦，❽后撤一大步，从❼身后绕过，走内线堵住⑧的切入或继续防守⑧。

图 5-53

图 5-54

(3) 交换防守配合：防守队员之间在进攻队员掩护的一刹那，进行换人防守，以破坏进攻的掩护配合。

示例一：如图 5-55 所示，⑧将球传给⑥，去给⑥做掩护，❽应立即提醒注意，当⑧掩护到位时，并行站立，❽见⑥向掩护方向移动时，应主动喊出换人，或用手推表示决定换人，立即迎堵⑥运球，❻及时后撤从内线将⑧防住。

示例二：如图 5-56 所示，⑧将球传给⑨，立即跑向⑦，以⑦为定位掩护将⑧带到⑦面前，⑧向内线切，❼迅速换人防住⑧或堵住其切入路线，❽立即撤步绕到⑦的内线进行防守。

图 5-55

图 5-56

（4）关门配合：临近的两个防守队员协同防守对方突破的配合。

示例：如图5-57所示，⑥运球突破，❽向左侧后方滑步，❻向右侧前方滑步，迅速靠近，共同防止⑥的突破。

（5）夹击配合：运球队员向边角运球或在边角停球时，临近的防守队员突然上前封堵传球角度，限制持球队员的正常传球路线和活动范围，并组织断球，造成对方失误或违例的防守配合。

示例：如图5-58所示，当进攻队员⑥向底线附近运球时，❻应跟进控制对手，❺可大胆放弃⑤，待⑥停球时，立即与❻夹击⑥，此时❹应迅速补❺的位置，伺机断球。

注意：选择合适的夹击区域，如边线、边角、边线和中线的夹角区域；要尽量挥动双臂封堵对方的传球路线，不要因为急于抢球而造成不必要的犯规；其他队员要迅速补位，将强侧进攻队员防住，果断放掉弱侧对手。

（6）协防配合：防守队员失去防守位置，进攻队员运球突破或空切在篮下，有可能直接得分时，临近的防守队员立即放弃自己的对手，进行协防。补防时，要注意动作要迅速、果断，其他防守队员也要观察突破队员的分球意图，以便及时抢占有利位置争取断球。

示例：如图5-59所示，进攻队员④突破❹的防线运球向篮下进攻，防守队员❻迅速上移防守④，同时❺下撤，抢占防守的有利位置。

　　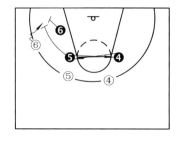　　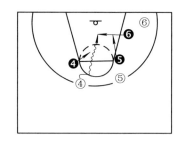

图 5-57　　　　　　　　　　图 5-58　　　　　　　　　　图 5-59

二、全队进攻战术与防守战术

（一）全队进攻战术

1. 快攻

快攻是以最快的速度、最短的时间超越对手，创造以多打少优势的一种战术。快攻的路线有交叉、直线等，组织形式有长传快攻、短传快攻和结合运球突破快攻几种。快攻战术结构一般分发动、推进、结束三个阶段。

发动快攻的机会有抢篮板球、断球、掷界外球和跳球几种。

（1）发动。能否打成快攻，往往取决于能否及时发动。从防守获球后，全队应全速快下，持球队员应首先观察前场快下的队员，抓住战机及时长传，组织长传快攻；不能长传时，接应队员应迅速选位接第一传，转入推进。接应方法有固定地区固定队员接应、机动接应两种。

（2）推进。当接应队员接球后，其他队员应根据自己的跑动路线，全速跑向前场。接应队员运用短传或快速运球加快中场推进速度，超越中场的防守队员。

(3) 结束。结束部分是快攻的最后部分，也是最重要的部分。结束部分有三种情况：一是无队员防守；二是防守队员少于进攻队员；三是攻守队员数相等。进攻队员要根据对方防守队员人数情况，利用有利时机，采用合理的进攻配合方法。

对于任何进攻方式，都要做到传球方式多、传球及时，投篮方式也要根据不同防守位置多种多样，在保证传球质量的基础上，力求提高投篮命中率。

快攻配合的方法：

(1) 长传快攻。本方得球后，立即有队员先下，在无人防守情况下做长传快攻。如图5-60 所示，⑦拿到篮板球后立即将球传给接应队员⑧，⑧长传给④投篮。

(2) 短传快攻。这种方法是发动快攻运用最多的，具有灵活机动的特点，利用快速的传球、运球、突破等动作迅速向前推进，使防守队员顾此失彼。短传快攻是一种成功率较高的配合方法。如图 5-61 所示，⑦拿篮板球将球传给接应队员⑧，⑧传球给中间插上的⑥，⑥再向④或⑤分球。也可如图 5-62 所示，⑦拿篮板球后将球传给前锋⑤，⑤接球后运过中场传④或⑧；如④有人防守，可运球与⑧、⑥短传配合攻至篮下。

(3) 运球快攻。由接应队员⑧中场快速运球超越对手并伺机进行突破分球。⑦可自己投篮，也可分给④或⑤，④或⑤投篮。其他队员都可从边路或中路运球突破，进行突分配合，如图 5-63 所示。

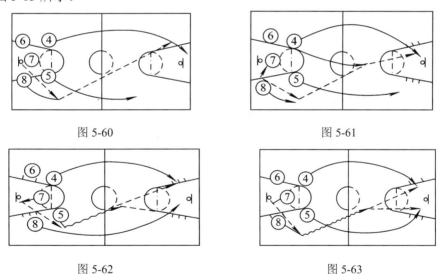

图 5-60　　　　　　　　　　　　　　　　图 5-61

图 5-62　　　　　　　　　　　　　　　　图 5-63

2. 阵地进攻

(1) 进攻的落位阵型。当防守队已布好防守阵型后，进攻队则进入阵地进攻。进攻队员的落位阵型要根据攻守双方的特点来决定，常用的有：

① 2—3 阵形，如图 5-64 所示，单中锋策应站位。

② 1—3—1 阵形，如图 5-65 所示，双中锋上下站位。

③ 2—1—2 阵形，如图 5-66 所示，单中锋站位。

④ 1—2—2 阵形，如图 5-67 所示，双中锋并站篮下。

　图 5-64

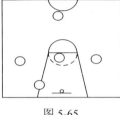
　图 5-65

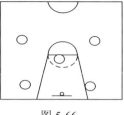
　图 5-66

　图 5-67

(2) 进攻队员盯人防守。进攻队员盯人防守主要是以进攻战术基础配合为主的全队协同配合。

以反掩护为主的全队配合，如图 5-68 所示，⑦传球给⑥后，向反方向给⑧做掩护，⑧切入，接⑥传球准备投篮。❹补防堵⑧，⑧及时将球传给移动到篮下的中锋④。

图 5-68

以后掩护为主的全队配合，如图 5-69 所示，⑦将球传给⑧，同时⑥上提给⑦做后掩护，⑦空切篮下。⑧及时将球传给切入的⑦，⑦接球准备投篮。当❹上来补防时，中锋④移至篮下准备接⑦传球，但❺又补防④，这时⑤及时向限制区插入，接⑦传来的球投篮。

(3) 进攻区域联防。要进行进攻区域联防，首先要了解区域联防的特点及其移动规律，针对其薄弱环节，明确进攻重点，组织针对性较强的战术配合。

图 5-69

准确的中、远距离投篮，是进攻区域联防的重要手段，快攻也是进攻联防的有利武器。

进攻区域联防战术应用：当对方采用 2—1—2 联防时，进攻队应根据 2—1—2 联防的弱点，采用 1—3—1 的对阵方法进攻，这样队员可以分布在两个防区之间，使防守队员负担加重，以便取得较好的外围投篮位置，有利于内外联系，可以造成一个守区内以多打少的局面；当对方采用 2—3 联防时，进攻队可采用 1—2—2 的阵型进攻。

图 5-70

示例：如图 5-70 所示，外围⑥、⑦、⑤拉大距离，只有防守队员❹、❺两人在这个区域内，这就给对方增加了困难。⑧在底线，在对方背后流动，牵制对方篮下两个后卫❼、❽。这种采用 1—3—1 的打法，通过落位就给防守增加了困难。

进攻区域联防的基本要求：加快外围倒手传球，迫使对方反复移动出现漏洞；攻击防守薄弱区，如人力少的区域或防守差的区域；加强中远距离投篮，拉大攻击距离，扩大防守区域；加强中区及底线的背向(指防守队员身后)穿插；在对方还没有组织好防守阵型之前采用快攻，一举而攻破；合理地运用掩护投篮。

(二) 全队防守战术

1. 防守快攻

防守快攻是篮球防守战术的重要组成部分。它能制约对方的进攻速度，为本队组织防守争取时间，使对方没有和少有抢断球和掷界外球发动快攻的机会。其主要作用有：

(1) 提高进攻成功率。

(2) 封堵快攻第一传，有组织地堵截第一传是防止快攻的重要手段。

(3) 紧逼接应队员，干扰、破坏其枢纽作用，造成其传球失误，或延误传球时间，以便使防守队员迅速退回。

(4) 退守时应注意先卡两边，对先下队员及时防住，防止长传偷袭。

(5) 提高以少防多的能力，如一防二、二防三的防守能力。

2．半场人盯人防守

半场人盯人防守是篮球运动中各种防守战术的基础。它的特点是：在预先分工盯人的基础上，以球为主，人球兼顾，分工明确，针对性强，能加强队员的责任感，发挥队员的积极性，并根据对方进攻情况，及时调整位置，有效地控制对方进攻重点。

原则：根据对手、球篮、球来选位置。近球紧，远球松，随时抢占有利位置，破坏对方进攻配合，加强防守的集体协作。

半场人盯人防守可分为缩小盯人防守和扩大盯人防守两种形式。这两种战术形式都是在个人防守的基础上，运用各种防守基础配合而组成的。运用时，可视对手情况来确定采用哪一种防守形式。

半场缩小人盯人防守是控制 5～6 米防区的集体防守方法，一般用于对方外围中远投不准而内线攻击较强的队，它有利于保护篮下和争夺篮板球。

半场扩大人盯人防守是一种扩大控制 7～8 米防区的集体防守方法，一般用于对方中远投较准、个人突破能力及内线攻击较弱的队，它能起到打乱对方进攻部署的作用。

图 5-71

缩小、扩大人盯人防守示例：如图 5-71 所示，❻紧逼持球队员⑥，❼错位防守，切断传球路线或准备断球。❽回缩罚球线附近准备补防，并控制⑥传给⑧的传球。❹要防止④向球方向移动，同时注意协防和抢篮板球。❺则缩回篮下准备补防或抢篮板球。

如图 5-72 所示，❼紧逼持球队员⑦，❽、❻错位防守，切断传球路线，或准备断球。❹站中锋④侧面稍靠前，阻止其接球，并准备用脚步动作防止其插上。❺防守⑤要保持一定距离，防止其接球，准备协防中锋或抢篮板球。

图 5-72

3．区域联防

区域联防是防守队员退回后场，每个队员负责一定区域，并把每个区域有机地联系在一起的集体防守战术。要求队员协同一致，积极随球移动，加强有球一侧的防守，相互补位，封堵断抢。对付个人突破能力强、内线威胁大的队可采用此战术。

(1) 区域联防的形式。区域联防的站位队形是固定的，常用的有 2—1—2、2—3、3—2 和 1—3—1 联防形式。形式虽多，但常用的、最基本的是 2—1—2 联防，因为这种形式下，队员分布均匀，便于协防。

(2) 区域联防配合方法。如图 5-73 所示，以 2—1—2 联防防守为例，⑥持球时，防守队员❹根据中锋位置决定两人防守配合，❺上去防⑥，❻可稍向右移协助防守④，并随时准备快速移动去防守⑦，❹前移防守④，❽向上移防❺，篮下❼防守⑧。

图 5-73

篮球运动中的防守和进攻是相互制约又相互促进和共同提高的。现在国内外一些强队运用的区域联防已扩大了控制区域，具有针对性和综合性的特点，发展成为轮转式的、带紧逼和夹击的、攻击性较强的综合性防守战术。

4. 全场区域紧逼

综合区域联防和人盯人防守两种战术的优点，在于全场每个防守队员既有区域分工，又体现紧逼盯人、协同进行堵截、夹击、抢断等攻击性的整体防守效果。

采用全场区域紧逼防守，一般用于对方速度、灵活性和体力较差而进攻速度较慢、突破能力较弱、篮下攻击力较强的情况。在比赛开局时先发制人，在比赛结局时扩大战果，或者在挽回败局时运用全场区域紧逼防守也会取得较好的效果。

全场区域紧逼防守的几种形式包括 1—2—1—1、1—2—2、2—1—2、2—2—1 等。在运用时，队员只要前后左右移动位置，就可变成其他类型的防守阵形。

1—2—1—1 形全场区域紧逼多用于本队投中或罚中后，对方在端线外发球时，全队迅速进入各自分工区域紧逼对手。如图 5-74 所示，前场⑥、⑦、❾不让对手接应发球，中场❺、后场❹防止长传，准备抢断球，迫使对方发球违例；球发进场后要围追、堵截、夹击、抢断，迫使对方 5 秒违例，利用中线、边线迫使对方球回后场或出界，造成对方心理上的恐慌。

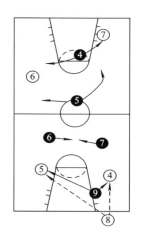

图 5-74

第四节　篮球竞赛规则简介

一、篮球比赛

篮球比赛由两个队每队 5 人进行，每队的目的是把球投进对手球篮得分并阻止另一队得分。比赛由裁判、记录台裁判和技术代表管理。比赛时间结束，得分多的队将获得胜利。

二、比赛场地与设备

1. 球场
篮球场长 28 米，宽 15 米。

2. 篮球
男子比赛用球标准(7 号球)：重量 567～650 克，圆周长 749～780 毫米。

女子比赛用球标准(6 号球)：重量 510～567 克，圆周长 724～737 毫米。

篮球从高度约 1800 毫米(篮球底部)落到地面上反弹高度为 1200～1400 毫米(篮球顶部)。

三、比赛规则

1. 比赛时间、平分和加时赛

比赛分四节，每节 10 分钟，第一节和第二节(上半场)之间、第三节和第四节(下半场)之间和每一加时赛之前间隔 2 分钟。上、下半场之间间隔 15 分钟。

如果四节比赛结束时两队平分，将延长 5 分钟进行加时赛，直到决出胜负。

2. 跳球和交替拥有

跳球发生在第一节比赛开始。

交替拥有是在第一节跳球一方控制球权后开始，以后出现下列情况之一，双方交替拥有掷界外球权：

(1) 每一节的开球。

(2) 争球。

(3) 双方犯规无控球方。

(4) 双方同时使球出界。

3. 得分分值

(1) 罚球得分计 1 分。

(2) 在两分区投篮得分计 2 分。

(3) 在三分区投篮得分计 3 分。

4. 暂停

每队上半场(第一节和第二节)2 次暂停，下半场(第三节和第四节)3 次暂停，每一加时赛 1 次暂停，每次暂停 1 分钟。未用的暂停作废。请求暂停的时机：

(1) 双方球队：球成死球并停止比赛计时钟，且裁判员已结束向记录台报告。

(2) 双方球队：最后一次或仅有的 1 次罚球得分后球成死球。

(3) 对方投篮得分，非得分队可以请求暂停。

5. 换人

替换队员进场前应向记录台报告，并做好比赛的准备。请求替换的时机：

(1) 双方球队：球成死球并停止比赛计时钟，且裁判员已结束向记录台报告。

(2) 双方球队：最后一次或仅有的 1 次罚球得分后球成死球。

(3) 第四节最后 2 分钟或每 1 加时赛最后两分钟投篮得分，非得分队可以换人。

四、违例

违例是违反规则的行为。

1. 罚则

判对方在违例就近位置(除了篮板正后位置)掷界外球。

2．违例类型

篮球违例主要有 11 种类型：

(1) 带球走。

(2) 非法运球：两次运球。

(3) 非法运球：携带球。

(4) 3 秒违例。

(5) 5 秒违例。

(6) 8 秒违例。

(7) 24 秒违例。

(8) 球回后场。

(9) 故意脚球。

(10) 界外球。

(11) 争球(执行交替拥有)。

五、犯规

犯规是个人违反了涉及非法与对手接触的规则，并且(或者)这种接触是违反体育道德的行为。

1．个人犯规

个人犯规是队员无论是死球还是活球时与对手的非法接触。

队员不得通过伸手、臂、肘、肩、臀部、膝或脚，也不得通过弯曲身体成反常位置(超出圆柱体)，也不得纵容自己采用粗暴比赛，去抓、阻、推、冲、绊或妨碍对手前进。

(1) 罚则。

登记个人犯规(个人 5 次犯规退出比赛)，并累计全队犯规(每节 4 次，加时赛为第四节延续)。

① 如果是对没有投篮动作的队员犯规：比赛将由非犯规队在犯规就近位置掷界外球重新开始。如果犯规队全队犯规已达 4 次，由被犯规队员罚球两次。

② 如果是对有投篮动作的队员犯规：投中追加罚球 1 次；未中则罚球 2 次(两分区犯规)或罚球 3 次(三分区犯规)。由被犯规队员罚球。

(2) 违例类型。

个人犯规违例主要有下列类型：

① 非法用手。

② 阻挡。

③ 过度挥肘。

④ 拉人。

⑤ 推人。

⑥ 带球撞人。

2．双方犯规

双方犯规是两对手近乎同时相互个人犯规。

罚则：登记每个犯规队员个人犯规，不罚球，如果在双方犯规的同时，比赛按下列情况继续：

① 一个有效的得分，或者最后一次或仅有一次的罚球得分，判非得分队掷端线球。

② 有控球队，控球队在犯规就近位置掷界外球。

③ 没有控球队，判跳球(执行交替拥有)。

3．违反体育道德犯规

违反体育道德犯规是以规则的目标精神去判断一个队员不是以一个合法尝试去直接打比赛的接触性犯规。裁判员在整个比赛中必须解释违反体育道德犯规只是一种行为判断。

(1) 是否违反体育道德犯规，裁判员必须遵循下列原则：

① 一个队员没有努力去打球所发生的接触是违反体育道德犯规。

② 一个队员有努力去打球导致了过度接触(严重犯规)是违反体育道德犯规。

③ 防守队员尝试从后面或横向去停止一个快攻，且在进攻队员与防守方球篮之间没有防守队员，所导致的与对手接触是违反体育道德犯规。

④ 一个队员是合法努力比赛(正常比赛)所发生的犯规不是违反体育道德犯规。

(2) 罚则。

登记犯规队员一个违反体育道德犯规。由被犯规队员罚球，紧接着，在记录台对面中线延长线位置掷界外球。如果是第一节开始，则在中圈跳球。

罚球次数依据下列情况：

① 被犯规的队员没有投篮动作，罚球 2 次。

② 被犯规队员有投篮动作，若罚球投中得分，则追加罚球 1 次。

③ 被犯规队员有投篮动作但没有得分，罚球 2 次(两分区犯规)或罚球 3 次(三分区犯规)。

(3) 一个队员有 2 次违反体育道德犯规时将被取消比赛资格。

(4) 一个队员因 2 次违反体育道德犯规而被取消比赛资格时，只有犯规处罚，没有附加罚则。

4．取消比赛资格犯规

取消比赛资格犯规是一个队员、替补队员、已退出比赛队员、教练员、助理教练员或球队随从人员的任何公然违反体育道德行为的犯规。

被判罚取消比赛资格犯规的教练员，将被助理教练员取代，如果没有助理教练员，将由队长(CAP)取代，并登记在记录表上。

罚则：登记犯规队员取消比赛资格犯规。无论何时按照规则条款判犯规队员取消比赛资格犯规，犯规者都将离开比赛现场。

罚球规定：

① 在非接触性犯规情况下，由对方教练指定一个对手执行罚球。

② 在接触性犯规情况下，由被犯队员执行罚球。

紧接着，在记录台对面中线延长线位置掷界外球。如果是第一节开始，则在中圈跳球。

罚球次数依据下列情况：

① 如果被犯规的队员没有投篮动作，罚球 2 次。

② 如果被犯规队员有投篮动作，若罚球投中得分，追加罚球 1 次。

③ 如果被犯规队员有投篮动作但没有得分，罚球 2 次(两分区犯规)或罚球 3 次(三分区犯规)。

5. 技术犯规

技术犯规是一个队员的非接触性犯规行为，类型包括(但不限制)：

(1) 无视裁判员给出的警告。

(2) 无礼地接触裁判、技术代表、记录台裁判或球队席人员。

(3) 无礼地与裁判、技术代表、记录台裁判或对手沟通。

(4) 使用的语言或手势可能冒犯或煽动观众。

(5) 在对手眼前通过挥手挑逗对手或妨碍对手视线。

(6) 过分挥肘。

(7) 在中篮之后通过故意触球或者阻碍对手迅速掷界外球拖延比赛。

(8) 假摔伪造犯规。

(9) 除非裁判员认为队员抓篮筐是因为扣篮或者是试图防止自己或另一个队员受伤，否则队员抓篮筐悬挂被视为技术犯规。

(10) 在最后或仅有的一次罚球期间，防守队员干扰罚球得分(不管中与不中)，1 分将判给进攻队，同时判这名防守队员技术犯规并执行技术犯规罚则。

罚则：如果是一个队员技术犯规，登记这名队员个人犯规，并累计全队犯规。如果是教练员(C)、助理教练员(B)、替补队员(B)、已退出比赛队员(B)或球队随从人员(B)技术犯规，登记教练员技术犯规一次，不累计全队犯规。判对方罚球两次，紧接着，在记录台对面中线延长线位置掷界外球。如果是第一节开始，则在中圈跳球。

6. 打架

打架是在两名或多名对手之间的身体相互作用。本条款仅适用于在打架(或任何可以导致打架的情况)期间，教练、助理教练、替补队员、已退出比赛队员和球队随从人员离开球队坐席区。

罚则：不考虑参与打架的人数，登记教练员 1 次技术犯规。

如果犯规之前是：

(1) 一个有效的得分，判非得分队掷端线球。

(2) 有控球队，控球队在记录台对面中线延长线位置掷界外球。

(3) 没有控球队，判跳球(执行交替拥有)。

第六章　排　球

第一节　排球运动概述

排球运动于 1895 年起源于美国，由美国麻省好利诺青年会干事威廉·基·摩根首创。1896 年开始，美国有了排球比赛，春田市的哈尔斯戴特博士将此项运动命名为"Volleyball"，即"空中飞球"之意，并一直延用至今。随后排球运动通过教会的传播和美国军队的军事活动，逐渐把排球运动传播到世界各地。

1905 年排球运动传入我国。当时的排球比赛场地长 28 米、宽 14 米，男子网高 2.3 米，每队场上 16 人，分 4 排站立，每排 4 人。因为场上比赛队员是按"排"站位，故称为"排球"。1919 年排球比赛人数减为 12 人，1927 年改为 9 人，场地也相应缩小。9 人制排球曾在我国和亚洲地区流行了相当长的时间。1947 年国际排球联合会成立，决定世界性的排球比赛采用美式 6 人制排球。为了适应国际比赛的需要，我国从 1950 年开始正式推广现行的 6 人制排球。

目前世界性的排球比赛有世界锦标赛、奥运会、世界杯赛及世界排球联赛。1949 年举办了第 1 届世界男子排球锦标赛。1952 年举行了第 1 届世界女子排球锦标赛。1964 年在第 18 届奥运会上排球被列为正式竞赛项目。1965 年和 1973 年国际排联先后举办了第 1 届男子和女子世界杯排球赛。在一般情况下，它们都是每 4 年举行 1 次，比赛的顺序为：奥运会的第 2 年为世界杯赛，第 3 年为世界锦标赛。规模最大的赛事为世界锦标赛。

我国于 1954 年正式加入国际排球联合会，并于 1956 年首次派队参加了在巴黎举行女子第 2 届、男子第 3 届世界排球锦标赛，女子获得第 3 名，男子获得第 9 名。1977 年我国首次参加世界杯排球赛，并取得了女子第 4 名、男子第 5 名的好成绩。20 世纪 80 年代中国女排进入辉煌时期，她们相继在 1981 年的世界杯赛、1982 年的世界锦标赛、1984 年的奥运会、1985 年的世界杯赛和 1986 年的世界锦标赛上获得冠军，荣获了世界上第 1 个"五连冠"殊荣。在 2003 年世界杯赛和 2004 年奥运会上中国女排再次获得冠军。

当今排球运动的发展趋势是：进攻战术高度加速度、强攻加快攻、力量加技巧、前沿加纵深的方向发展。各种技术风格的打法相互揉合，结合运用。全队必须技术全面、特点突出且攻击力强，才有可能取得优异的成绩。

排球运动像其他球类项目一样，既可以作为一项竞争激烈的竞技项目，也可以作为一种余暇型的体育活动内容。通过训练能够发展力量、弹跳、速度、灵敏、耐久力等身体素质，增进身体健康；同时通过比赛能够促进人的心理素质的培养，并培养勇猛顽强、机智灵敏、吃苦耐劳、遵守纪律、团结友爱等集体主义精神。

1994 年 9 月国际排联对排球规则进行修改。新规则规定运动员可以在底线后任何位置发球；防守队员身体的任何部位接触来球都不算犯规；取消接发球持球的规定等。

1998 年，国际排联决定增设自由人的位置，并改用蓝、黄、白三色排球进行比赛。

排球比赛场地长 18 米、宽 9 米，由一条中线分为两个均等的场区。中线架有一定高度的球网。比赛双方站在两边，每队上场队员 6 人，分前、后排站立。在发球队员击球时，双方队员(发球队员除外)必须在本场区内站成两排，前排三名队员的位置为 4 号位(左边)、3 号位(中间)和 2 号位(右边)；后排队三名队员位置必须比其相应的前排队员离网更远，其位置为 5 号位(左边)、6 号位(中间)和 1 号位(右边)。排球的阵容配备的组织形式一般有"四二"配备、"五一"配备和"三三"配备三种。

排球比赛采取五局三胜制，在每局中一个队赢得 15 分并至少领先对方 2 个球时，该队胜一局；第五局的比赛，则两队每次胜 1 球均可直接得分。队员根据规则规定将球击过球网，使球落在对方场区内的地面上或使对方犯规从而得分。发球方胜 1 球时方可得分。如果发球方犯规、失误或接发球方胜 1 球则双方交换发球权。比赛中队员按顺时针方向轮转位置，在后排 1 号位的队员负责发球。

沙滩排球在 20 世纪 20 年代初在加利福尼亚州圣莫尼卡海滩兴起。在 1930 年，圣莫尼卡举行了第一场双人配合的沙滩排球赛，这种阵形成为现在最普及的打法。1996 年沙滩排球首次成为奥运会的比赛项目。

第二节　排球运动的基本技术

排球运动的基本技术是比赛中运用的符合规则规定的击球动作的总称。它包括准备姿势和移动、传球、垫球、发球、扣球、拦网，是组成战术和实现战术设想的基础。

一、准备姿势和移动

它是排球运动中运用最广泛的徒手技术，是完成其他技术和组成战术配合的前提和基础，对各项击球技术动作的运用起串连作用。

1. 准备姿势

按身体重心的高低分为稍蹲、半蹲和低蹲三种。半蹲准备姿势的运用较多。

动作要领：两脚左右开立略宽于肩，脚尖稍内扣，二脚平行或一脚稍前。脚后跟稍提起，膝关节保持一定的弯曲度收腹含胸，重心前移，膝部的垂直面超出脚尖，上体自然前倾，身体重心靠前，两臂屈肘弯曲于胸腹前，双眼注视来球，两脚微动待发。

2. 移动

移动的目的是为了接近球，调整好人与球的合理距离。移动由起动、制动和改变方向构成。常用的移动步法有并步和滑步、交叉步、跨步、跑步等。

(1) 并步和滑步。当来球距身体一步左右时可采用。并步移动，可向两侧移动。往左侧移动时，左脚微抬起向左迈出一步，右脚迅速并上一步成准备姿势。当来球在体侧稍远，并步不能接近球时，可快速连续并步，连续并步称为滑步。

(2) 交叉步。当来球在体侧约 2 米左右时，可采用交叉步移动。采用向右侧交叉步时，上体稍向右转，左脚从右脚前面向右交叉迈出一步，然后右脚再向右侧跨出一大步，同时身体对准来球方向，保持击球前的姿势。

(3) 跨步。移动时，一脚支撑并蹬地，另一脚向来球方向跨出一大步。跨出脚的同侧膝部要深蹲，重心移至跨出的腿上，上体前倾，臀部下降，后腿自然伸直或随重心前移而跟着上步成接球的准备姿势。如果其他步法来得及就不必用跨步，只有在来不及移动接低球时才用跨步。跨步必然是最后一步，跨步之后就不能再移动了。因此它也是一个制动动作。跨步不仅要步幅大，有益于制动和降低重心，还要求身体重心稳，有利于做击球动作，可以向各方面跨出。

(4) 跑步。跑步是各种移动步法中最快的。两腿用力蹬地，迅速起动，两臂用力摆动，加快步子，争取跑到球的落点位置，并逐步降低重心，保持好击球的准备姿势。长短距离都可以运用。但后退跑则是移动中最慢的，当来球距离短，来得及时，可以运用后退跑，因为不需转体，这样便于观察前方的情况和看球；当来球距离远或来不及时就要用转身跑步的方法。应边转身边跑，不能转身后再跑。

3．练习方法

(1) 原地做准备姿势的模仿练习，教师纠正。

(2) 原地慢跑，看到教师发出的信号，立即做好准备姿势。

(3) 学生在准备姿势的基础上，看教师手势做向前、后或左、右一步和进二步的移动。

(4) 两人一组，一人持球做前、后、左、右抛球，另一人不停地快速移动用低手或上手接球。

(5) 站在中线与进攻线之间，用低姿势做左、右交叉步或滑步移动，并用手摸中线和进攻线。

(6) 提示。

① 移动时注意身体重心不能起伏，以免影响移动的速度。

② 结合准备姿势，多采用一些对抗性、游戏性练习增加学生练习的积极性。

4．易犯错误

(1) 准备动作僵硬，起动慢。

(2) 臀部后坐，身体重心偏后。

(3) 弯腰直膝。

(4) 快速移动后制动不好或重心不稳。

二、传球

传球是排球运动中最基本、最重要的一项技术，由准备姿势、迎球、击球、手型、用力五个动作组成。传球主要用于二传，在比赛中起着组织进攻的作用。传球一般可分为正面上手传球、背向传球、侧传球、跳传球等。

(一) 传球的分类和动作要领

1．正面上手传球

(1) 传球前的准备姿势：正面对准来球，两脚左右开立，约同肩宽，上体稍前倾，两膝半屈，重心在两脚之间，两肩放松，两臂弯屈置于胸前，两肘自然下垂，双手成传球手型，放松置于脸前，注视来球方向，准备传球。

(2) 击球点：击球点一般在脸前上方，当来球距前额约一个球的距离时，便要做击球动作。一般来球较平时，击球点可低一些；来球弧度高或向上、向后传球时，击球点可稍高一些。

(3) 传球手型：当手触球时，其手型应该是手腕稍后仰，两手拇指相对，其余四指分开微屈成半球状，指腕适度紧张，如图6-1所示。

(4) 击球用力：传球时，要利用蹬地伸膝向上展体和伸臂的动作，协调用力迎击球。并以拇指、食指、中指负担球的压力，无名指和小指帮助控制球。球触手的瞬间，手指和手腕应保持一定的紧张程度，用手指的弹力和手腕、手臂与身体的协调的力量将球传出去，如图6-2所示。

(5) 手感：手感是控制球的核心，主要是靠传球时手指、手腕主动而细微的动作来进行这种调整，从而达到传球的精准度。

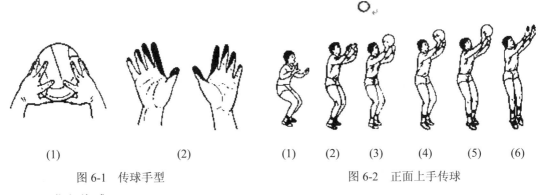

| (1) | (2) | (1) | (2) | (3) | (4) | (5) | (6) |

图6-1　传球手型　　　　　图6-2　正面上手传球

2. 背向传球

向后上方传球，称为背向传球。其准备姿势同正面传球，上体稍直。迎球时，两臂上抬，触球时手腕稍后仰，掌心向上，击球点保持在额上方，两手击球的下部，并迅速蹬地、展腹、抬臂、伸肘，通过手指手腕的弹力将球向后上方传出，如图6-3所示。

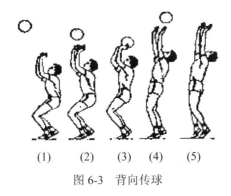

| (1) | (2) | (3) | (4) | (5) |

图6-3　背向传球

3. 侧传球

身体侧对传球方向，并向侧面传出球，称为侧传球。其基本技术动作与正面上手传球相同，击球点稍偏向传出球一侧。

4．跳传球

起跳后在空中传球，称跳传球。起跳后两臂上举到脸前，传球时注意迎球动作。手型同正面传球。

上手传球技术的运用时机很多，除组织进攻外，传球在比赛中也常用来接对方的处理球、吊球和被对方拦回的高球。还可进行吊球和处理球，起着直接进攻的作用。其中较难掌握的是触球时的手型。因为触球时手型正确与否直接影响手控制球的能力和传球的准确性，对初学者来说掌握了正确手型才能保证正确击球点和较好的运用手指、手腕的弹力。

(二) 练习方法

(1) 原地反复做徒手、有球的模仿练习，掌握好传球的手型、击球点和用力顺序。

(2) 二人一组，一人举球，一人钻到球下传固定球练习。

(3) 自抛传接球练习，过渡到对抛传接球练习。

(4) 两人一组，先自传一次再传给对方。

(5) 两人对传：顺网或隔网的对传球练习。

(6) 三人一组，三角传球。

(7) 两纵队相对跑动传球。

(8) 四人三点的移动传球(开始点上站二人)。

(三) 易犯错误

(1) 手型不正确。

① 两拇指朝前或向下。

② 两手掌成一平面或相对。

③ 全手掌拍击球。

(2) 击球点不正确。

① 击球点过高用不上力。

② 击球点过低容易持球。

(3) 传球时，身体后坐或后仰，发不上力。

(4) 传出的球忽左忽右、忽前忽后方向不稳。

三、垫球

垫球是排球的基本技术之一，是组织进攻和反攻战术的基础，常用于接发球、接扣球和接拦回球。按动作方法分为正面双手垫球、体侧垫球、背向垫球、单手垫球、挡球等。正面垫球是最基本的一种垫球技术。

(一) 垫球的分类和动作要领

1．正面双手垫球

正面双手垫球是利用双手小臂形成的垫击面，在腹前垫击来球。

(1) 准备姿势：移动到位，正对来球，成半蹲姿势。

(2) 垫球手型：两手重叠或抱拳互握，两拇指平行朝前，两臂自然伸直，小臂稍外展靠拢，手腕下压，手腕关节以上的前臂形成一个垫击平面，如图6-4所示。

(3) 击球点：当球来到体前时，夹臂前伸，插到球下，两脚稍蹬地，抬臂，用腕关节以上10厘米左右桡骨内侧面垫击球后下部。

(4) 垫击角度：手臂形成的垫击面与地面的夹角叫垫击角。垫球时，应根据来球的角度和垫击方向，调整垫击角和垫击面的方向。如来球抛物线较平，垫击角应大；反之垫击角就小。

(5) 击球用力：靠来球的力量与手臂碰撞后所产生的反弹力将球主动垫起。一般来说，垫球用力的大小与来球的力量成反比，与垫出球的距离、抛物线高低成正比。其动作要领包括插、夹、抬，如图6-5所示。

① 插：移动到位，两臂前伸，插到球下。

② 夹：含胸收肩，两臂夹紧成平面，前臂击球，同时压腕。

③ 抬：蹬腿，提肩，抬臂，身体重心随球向上向前移动。

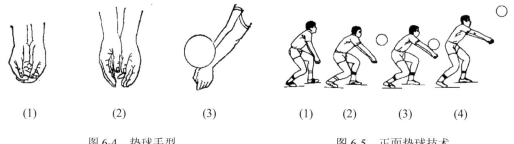

| (1) | (2) | (3) | (1) | (2) | (3) | (4) |

图6-4　垫球手型　　　　　　　图6-5　正面垫球技术

2. 体侧垫球

体侧垫球是当来球在身体一侧，来不及侧移正对来球或遇追胸球时采用。如左侧来球时，右脚前掌内侧蹬地，左脚向左侧跨出一步，重心移至左脚，两臂夹紧向左侧伸出，右肩稍向下倾斜，向右转体、收腹，两臂自左后方向前截住球飞行的路线，用前臂垫击球的后下部，如图6-6所示。

3. 背向垫球

背对垫出方向，从体前向背后垫球称背向垫球。背向垫球时，先判断并迅速移动到球的落点，背对出球方向，当来球略高于肩时，两臂夹紧伸直，抬头、挺胸、展腹，将球向身体的后上方垫出，如图6-7所示。

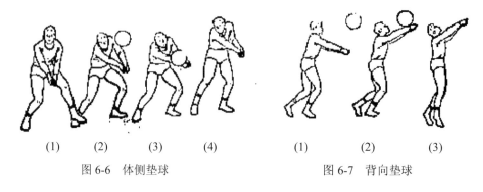

| (1) | (2) | (3) | (4) | (1) | (2) | (3) |

图6-6　体侧垫球　　　　　　　图6-7　背向垫球

4. 单手垫球

单手垫球即一只手垫击来球。当球飞向右(左)侧较远时，迅速跑步接近球，最后右(左)脚跨出一步，上体向右(左)倾斜，右(左)臂伸直，自右(左)后向前摆动，用前臂内侧、手掌或虎口处击球的后下部。

5. 挡球

当来球高而重，不便于传和垫时，用双手或单手在肩部以上挡击来球称挡球。双手挡球有抱拳式和并掌式。抱拳式：一手半握拳，另一手外包，屈肘，两手小指外侧朝前。并掌式：两肘弯曲，两虎口交叉、紧贴，两掌合并成勺形。挡球时小臂放松，手腕后仰，以掌跟或两掌外侧组成的平面在额前或肩上方击球的后下部。控制击球的力量将球接向前上方，如图6-8所示。

单手挡球时，手半握拳，腕紧张后仰，击球的后下部。

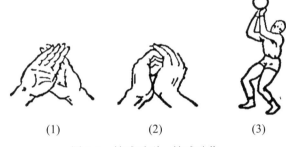

(1)   (2)   (3)

图6-8 挡球手型、挡球动作

(二) 练习方法

(1) 原地的徒手模仿练习和垫固定球练习。
(2) 两人一组，抛垫球练习。
(3) 两人一组，对垫球或传垫球练习。
(4) 三人一组，三角连续垫球。
(5) 二人一组，一发一垫(距离可由近至远)。
(6) 二人一组，隔网一发一垫练习。
(7) 二人一组，打垫(一扣一防)球练习。

(三) 易犯错误

(1) 移动不及时，对不准来球。
(2) 垫球部位不准确：用手或手腕去垫球。
(3) 垫球时翘腕屈臂，不能形成垫击平面。
(4) 垫球时双臂有撩球动作。

四、发球

发球是比赛的开始，也是进攻的开始，准确而有攻击性的发球，不仅可以破坏对方的战术组合，而且还可以直接得分。因此，发球既要有准确性又要有攻击性。发球可分为正面下手发球、侧面下手发球、正面上手大力发球、正面上手发飘球、勾手发飘球、勾手大力发球、跳发球等。下面以右手发球为例对发球技术进行介绍。

(一) 发球的分类和动作要领

1. 正面下手发球

(1) 准备姿势：面对球网，左脚在前，两膝微屈，左手持球于腹前，右手自然下垂。眼视前方。

(2) 抛球：左手将球在体右侧抛起，高约 20 厘米，抛球时，身体重心后移，同时右手后摆。

(3) 击球：右脚蹬地，身体重心前移，右臂伸直，以肩为轴向前摆至腹前，用手掌或虎口击球的后下部，击球部位紧张。击球后，随着击球动作身体重心前移，迅速入场，如图 6-9 所示。

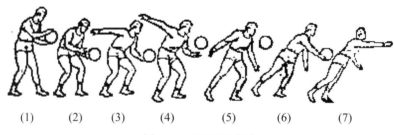

　(1)　　　(2)　　　(3)　　　(4)　　　　(5)　　　(6)　　　(7)

图 6-9　正面下手发球

2. 侧面下手发球

(1) 准备姿势：左肩对网，两脚开立，左脚在端线后，左手托球于体前。

(2) 抛球：左手抛球于胸前一臂之远，离手高约 30 厘米，抛球同时，右臂摆至右侧后下方。

(3) 击球：在抛球的同时，右臂摆至右侧后下方，接着右脚蹬地向左转体，带动右臂向前上方摆动，在腹前以全手掌或虎口击球的后下方。随着击球动作，迅速进入场地，如图 6-10 所示。

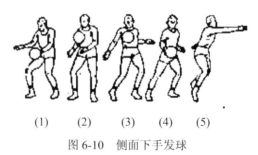

　(1)　　　(2)　　　(3)　　　(4)　　　(5)

图 6-10　侧面下手发球

3. 正面上手大力发球

正面上手大力发球是面对球网，便于观察对方，发出的球力量大、速度快，过网后下沉，攻击性较强且易于控制球的落点，是学习其他性能上手发球的基础。

(1) 准备姿势：面对球网，左脚在前、右脚稍后自然开立，左手托球于体前。

(2) 抛球：左手用掌平稳而准确地将球抛在体前右肩前上方，高度约 50 厘米。同时，右臂抬起，屈肘后引，肘略高于肩，上体稍向后仰。五指并拢，指尖朝上，手腕稍后仰并保持一定的紧张，眼睛注视球体。

(3) 击球：右脚蹬地重心前移，以收腹、屈体迅速带动手臂的挥动。直臂挥臂成弧线，在右肩前上方，用全手掌包击中球的后下部，并迅速做出鞭打推压动作，使击出的球呈上旋飞行。击球后随重心前移，迅速入场，如图 6-11 所示。

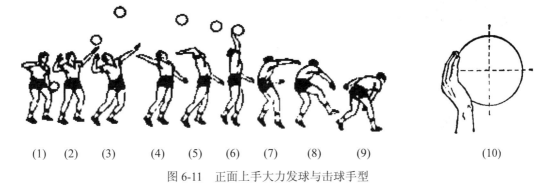

(1) (2) (3) (4) (5) (6) (7) (8) (9) (10)

图 6-11 正面上手大力发球与击球手型

4. 正面上手发飘球

正面上手发飘球是一种发出的球不旋转而产生不规则飘晃运行的发球方法，其攻击性较强。

(1) 准备姿势：同正面上手大力发球。

(2) 抛球：与正面上手发球不同之处是抛球略低，稍靠前些。

(3) 击球：击球前手臂挥动轨迹呈平行运动，用掌跟击球体中下部，让力量通过球的重心。击球瞬间手指、手腕紧张，手型固定，击球后有突停动作，如图 6-12 所示。

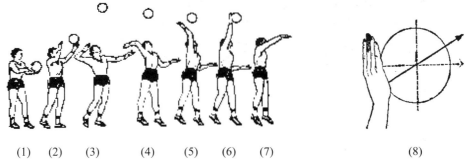

(1) (2) (3) (4) (5) (6) (7) (8)

图 6-12 正面上手发飘球与击球手型(力通过球心)

5. 勾手发飘球

勾手发飘球同正面上手发飘球。由于侧对网发球，可充分利用转体带动挥臂，因而较适宜发远距离飘球。

(1) 准备姿势：左肩对网，两脚自然开立，左手托球于胸前。

(2) 抛球：左手将球托送至左肩前上方约一臂高处，同时右臂摆至右后下方，重心移于右脚。

(3) 击球：右脚蹬地向左转体发力带动右手直臂向上挥臂，在右肩左上方用掌根击球的后中下部。击球时五指并拢，手腕后仰，保持紧张，让力量通过球的重心，击球后手臂突停，如图 6-13 所示。

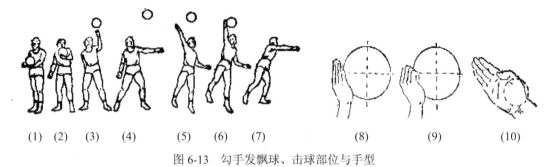

(1) (2) (3) (4)　　(5) (6) (7)　　　　(8)　　　　(9)　　　　(10)

图 6-13　勾手发飘球、击球部位与手型

6. 勾手大力发球

勾手大力发球能充分发挥全身的爆发力，发出的球力量大、速度快、弧度平、攻击性较强。

(1) 准备姿势：同勾手飘球。

(2) 抛球：左手将球托送抛至右肩上方约一米高处，右腿弯屈，上体顺势向右倾斜，右臂摆至右后下方，身体重心移至右脚。

(3) 击球：右脚猛烈蹬地身体左转发力，右臂由右后下方直臂向左前上方弧形挥动，同时重心移至左脚。手臂在右肩的前上方击球，指、腕用力勾住球，用全手掌包击球的后中下部，屈腕推压球，使球上旋飞出，如图 6-14 所示。

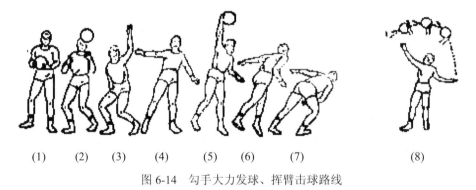

(1)　　(2)　　(3)　　(4)　　(5)　　(6)　　(7)　　　　　(8)

图 6-14　勾手大力发球、挥臂击球路线

7. 跳发球

跳发球是在端线后较远处将球向端线的上方抛出，快速助跑至端线后起跳，在最高点将球击出，如同远网的正面扣球动作。它是发球技术和远网扣球技术的结合。跳发是当前比赛中最有攻击性的发球。它的击球点高、力量大、速度快、弧度平、过网时间短、攻击力强。但跳发球技术难度大，需要运动员具有相当好的弹跳素质、爆发力，以及正确的手法和良好的控制能力才行。

(1) 准备姿势：自然站立，单手或双手持球于腹前，注意观察场上情况。

(2) 抛球：助跑迈出第 1 步的同时将球高抛在右肩前上方，落点在助跑线上，高度和距离要符合个人特点，以跳起最高点击球为准。抛球离手瞬间可加手指、手腕动作，使球在空中产生旋转。紧接着迈出第 2 步，两臂自然摆动，眼睛注视球，最后右脚跨出一大步，两臂在体侧划弧摆动，并使左脚迅速跟上，屈膝蹬地跳起，使身体腾空。

(3) 击球：腾空后，加大挺身展腹，使身体成反弓状。右臂屈肘上举，手掌自然张开。当身体在最高点时，以猛烈收腹和提肩带动手臂向前方挥动，在手臂伸直的最高点，用全掌击中球的后中下部，击球点不宜靠前。触球瞬间手掌包满球，并主动屈腕推卷，使球快速向前旋转。击球后，身体可随球飞行落入场内，落地时要注意平衡，防止受伤。

跳发也可不加助跑，而用原地起跳发球过网，这样也能提高击球点。

(二) 练习方法

(1) 原地的徒手模仿练习。

(2) 抛球练习，要求平稳上抛，球不旋转。

(3) 两人一组，短距离隔网对发或一发一垫。

(4) 两人一组，端线后隔网对发或一发一接练习。

(5) 提高发球的准确性，将球发到指定区域的练习。

(三) 易犯错误

(1) 抛球不稳：过高、过低或过远。

(2) 击球手型不正确。

(3) 击球挥臂动作不完整。

(4) 击球是屈臂。

五、扣球

扣球是排球基本技术中攻击性最强的一项技术，它在比赛中占有重要地位，是进攻中积极有效的方法及得分的主要手段，是决定胜负的关键技术。扣球是战术配合中的最终目的，强有力的、富有战术目的的扣球，可使对方难以防守和组织反击，从而掌握比赛的主动权。

扣球是由运动员通过合理的助跑起跳在空中快速挥臂击球而完成的。完整的扣球技术是由准备姿势、助跑、起跳、空中击球和落地几个相互衔接的动作组成。在扣球的几个动作环节中，选择好起跳点及起跳时机，保持好人与球的关系是扣球的基础，挥臂击球是完成扣球动作的关键环节。扣球的种类很多，这里介绍常用的几种(以右手为例)。

(一) 扣球的分类和动作要领

1. 正面扣球

正面扣球是最基本的扣球技术。面对球网，便于观察，准确性高。挥臂动作灵活，能根据对方防守情况，随时改变扣球路线和力量，便于控制击球落点，因此进攻效果好。

(1) 准备姿势：一般站在距离球网 3 米左右，两膝略屈上体稍前倾，两肩自然下垂，脚微动，面向二传队员，观察来球情况，做好及时上步的准备。

(2) 助跑：助跑的方向、速度和步数根据二传来球的方向、速度和弧度决定。助跑时可采用一步、二步或三步助跑。下面以两步助跑为例，先左脚向前迈出一步。右脚跨出一大步。支撑点在身体重心之前，并以脚跟先着地，两臂由体前经体侧摆体后下方，上体前倾，重心前移，着地的右脚跟过渡到脚掌，同时左脚随即在右脚的前方着地，身体重心下降，两膝弯曲，上体稍向左转准备起跳。助跑总的要求是连贯、轻松、自然，由慢到快，由小到大，只要脚一动就要有相应的手臂协同动作。

(3) 起跳：助跑最后一步脚的落地就是起跳的开始。

常用的起跳方法有以下两种：

① 并步法：一脚跨出后，另一脚迅速向前并步，落于该脚之前，随即蹬地起跳。

② 跨跳法：一脚跨出的同时，另一脚也跨跳出去，使两脚有一腾空阶段，两脚几乎同时着地和蹬地。

并步法便于稳定重心，适应性强；而跨步法蹬踏力量大，可增加反作力，有利于增加弹跳高度。不论哪种方法起跳，当踏跳脚着地的瞬间，手臂摆至身体侧后方并开始向前摆动，当两腿弯曲至最深时，手臂摆至体侧，而后随蹬直两腿向上划弧上摆，两脚迅速蹬地、伸膝，向上跳起，如图 6-15 所示。

(4) 空中击球：跳起后，挺胸展腹，上体稍向右转，右肩向上方抬起，身体成反弓形。挥臂时，以迅速转体、收腹动作发力，依次带动肩、肘、腕各关节成鞭打动作向前上方弧形挥动，在右肩前上方最高点击球。击球时，提肩、伸臂，五指微张呈勺形，以全掌包满球，击中球的后中部，力量通过球中心，手腕有推压动作，使球向前下方旋转飞行，如图 6-16 所示。

(5) 落地：空中完成击球后，身体自然下落，尽量用双脚的前脚掌先着地，顺势屈膝缓冲，保持身体平衡。

(1)　　(2)　　(3)　　　　(4)　　　(5) (6)

图 6-15　正面扣球起跳动作　　　　　　图 6-16　空中击球动作

在正面扣球技术中，有近网扣球、远网扣球、小轮臂扣球、转体转腕扣球、打手出界、轻扣球、高压吊球、轻吊球和助跑单脚起跳扣球等。

2. 调整扣球

调整扣球是各种扣球技术的综合运用，是在一传或防守不到位的情况下，通过二传调整传球至网前所进行的扣球。这种扣调整球在比赛中，尤其在"防反"时用的较多，适用性很强。

方法：调整扣球的动作和正面扣球相同，但难度较大。扣球时要根据后场来球的不同方向、角度、弧度、速度和落点，以相应的步法和空中动作，及时调整好人与球的关系，并视球与网的距离，运用适宜的手法，控制击球的力量、路线和落点等。

3. 近体快球

在二传队员体前或体侧约 0.5 米处扣的快球统称为近体快球。它是快球技术中的一种，也是我国的传统打法。

方法：扣球队员随一传球助跑到二传队员体前，助跑角度与网约 45°。二传队员传球时，扣球队员就在二传队员前近网处迅速起跳、快速挥臂，将刚刚传出网口的球扣过网去。击球时，利用含胸、收腹带动前臂和手腕快速挥甩，用全手掌包击球的后上部。

4. 短平快球

扣球队员在距二传队员体前约 2 米处的网前起跳，截扣传来的平快球，称为短平快球。

方法：扣短平快球一般用正面对网的直线助跑，与二传传球的同时起跳截击来球。利用快速含胸动作，带动前臂和手腕快速挥甩，用全手掌包击球的后上方。

5. 半快球

扣球队员在二传队员附近起跳，扣超出网口约两个半球高度的球称为半快球或半高球。击球动作与一般正面扣球相同，扣球队员要在二传球出手后起跳。

(二) 练习方法

(1) 集体做一步助跑、二步助跑的起跳练习。

(2) 网前助跑起跳练习。

(3) 原地徒手的挥臂甩腕练习，体会鞭打动作。

(4) 二人一组，一人举高球，一人原地扣固定球练习，体会击球点和手形。

(5) 二人一组，面对面自抛对地扣球练习，体会挥臂动作和击球手法。

(6) 自抛对墙的连续扣球练习。

(7) 助跑起跳扣网前固定吊球的练习，体会网上扣球击球点和手形。

(8) 教师抛球或传球，学生 4 号位助跑起跳扣球练习。

(9) 4 号位完整的扣球技术练习。

(10) 3 号位扣快球练习。

(三) 易犯错误

(1) 上步起跳时机过早或过晚。

(2) 空中击球点不合理。

(3) 挥臂动作不正确。

(4) 扣球触网或过中线。

六、拦　网

拦网是在网前直接阻拦对方来球的一种技术，是防守的第一道防线。它既是防守技术，也是进攻手段。成功的拦网，可以拦死或拦回对方的扣球，使本方由被动转为主动；也可以将有力的扣球拦起，为本队的防守减轻压力。有效的拦网可以对扣球队员造成心理上的威胁，从而削弱对手进攻的锐气和信心。

拦网分单人拦网和集体拦网。单人拦网是集体拦网的基础，集体拦网是单人拦网的有机协作。

(一) 单人拦网

(1) 准备姿势：面对球网，两脚平行开立并约与肩同宽，两膝稍弯曲，两手自然置于胸前。

(2) 移动：可采用并步、跨步、滑步、交叉步、跑步等，将身体重心移动到拦网位置，准备起跳。

(3) 起跳：原地起跳时要用力蹬地，利用摆臂帮助垂直起跳。移动后起跳，注意使移动降低身体重心与起跳时机紧密衔接好。起跳时，膝关节弯曲，两脚用力蹬地，两臂经体侧向前上摆动，两手由脸前向上伸出，带动身体向上垂直起跳。一般拦高球比扣球者稍晚起跳，拦快球应与扣球者同时起跳，如图6-17所示。

图6-17　单人拦网及拦网手型

(4) 空中击球：起跳后稍收腹，控制平衡。两手从额前贴近并与网平行向网上沿前上方伸出，两臂伸直，肩上提。手指自然分开，两手的距离以不漏球为宜。当手触球时，两手要突然紧张压腕，用力捂盖球的前上方。拦网后手臂上抬收回。如在2、4号位拦网，外侧手腕稍内转，防止打手出界。

(5) 落地：完成拦网后自然落回地面，落地时屈膝缓冲。

拦网动作要领：拦网判断是关键，起跳及时莫提前，提肩压腕手捂球，观察动作拦路线。

(二) 集体拦网

集体拦网有双人拦网和三人拦网两种。集体拦网的目的是扩大拦网的截击面。集体拦网除具备单人拦网的技术外，还要求拦网者之间相互协同配合。

(三) 练习方法

(1) 原地做伸臂压腕的拦网动作练习。

(2) 面对球网，做无球顺网的移动起跳拦网练习。

(3) 两人一组隔网站立，一人持球，向上抛过网(高出网约 20～50 厘米)，另一人跳起将球拦回。

(4) 两人一组隔网站立，一人持球，自抛自扣过网，另一人跳起将球拦回。

(5) 拦2、4号位固定线路的扣球。

(6) 结合实践进行拦网练习。

（四）易犯错误

(1) 起跳时触网。

(2) 起跳点或起跳时机不准。

(3) 拦击手型不正确。

(4) 拦网后触网或过中线。

第三节　排球运动的基本战术

战术是指运动员在比赛中，根据排球的规则和排球的运动规律，以及比赛双方具体情况，结合临场变化，合理运用所掌握的技术，采取的有意识、有目的、有组织的个人和集体的配合行动。全面、准确、熟练和实用的技术是组织战术的基础，而合理运用战术又能更加充分地发挥技术的威力。排球运动的基本战术分为个人战术和集体战术。

一、阵容配备

阵容配备是指比赛场上队员的搭配布置，其目的是合理地把全队的力量搭配好，更有效地发挥每一个队员的特长和作用。目前主要采用的阵容配备有两种形式："四二"配备和"五一"配备。

（一）"四二"配备

"四二"配备即场上由两名二传、两名主攻和两名副攻队员组成。队员分别按对角站位，便于采用"中一二"和"边一二"进攻战术。前排始终保持二名攻手和一名二传队员，能够组织多种战术配合，充分发挥本队的进攻力量，如图6-18所示。

（二）"五一"配备

"五一"配备即场上由一名二传和五名进攻队员组成。这种配备形式能有效的加强拦网和进攻力量，充分发挥主力二传的作用，组织多种战术体系。为了弥补有时主力二传来不及传球所出现的被动局面，通常在二传队员的对角位置上配备一名具有进攻能力的接应二传队员。"五一"配备中，全队进攻队员只需适应一名二传队员的传球习惯、特点，容易建立配合间的默契。但防守时，二传队员如果在后排，要插上传球，难度较大，如图6-19所示。

图6-18　"四二"配备站位

图6-19　"五一"配备站位

(三) 阵容配备应注意的问题

(1) 要考虑主攻、副攻、二传队员的搭配，使本方的攻防力量安排的比较均衡。

(2) 把平时合作默契的攻、传队员安排在相邻或适当的位置上。

(3) 根据队员的身高和技术特点，进行前后排和左右位置的搭配。

二、交换位置

为了解决有的轮次进攻和防守力量的搭配及阵容配备上的部分缺陷，以便有效地组织攻防战术，规则允许在发球击球后，双方队员可以在本场区内任意交换位置。交换位置的目的是为了充分发挥每个队员的专长，以取得扬长避短的效果。前排队员之间的换位，主要是为了便于进攻战术的实施和拦网实力的调整；前后排队员之间的换位，主要是为了保持前排三点进攻；后排队员之间的换位，是为了加强后排重点部位的防守。

换位时应注意：换位前应按规则要求站位，防止位置错误犯规；当发球队员击球后，立即迅速换到预定位置；对方发球时，应首先准备接球然后再换位，以免影响接发球；本方发球时换位队员应面向对方场区，观察对方动态；成死球后，应立即返回原位，及早做好下一个球的准备。

三、个人战术

个人战术是指不依靠与同伴的配合，单靠自己带有战术目的的的行动。发球、一传、二传、扣球、拦网、防守都可以体现个人战术。

(一) 发球个人战术

利用发球落点，发向对方空当或一传差的队员。

(1) 攻击性发球：尽量准确地发出弧度平、速度快、力量大、旋转性强或飘度大的攻击性球，落在对方一传并争取直接得分。

(2) 找空当发球：将球准确地发到对方二人之间的连接区、前后区死角、三角地带或对方交换位置的活动区，以破坏对方一传。

(3) 找人发球：发给对方一传差、信心不足、连续失误、情绪不稳、精力分散的队员；发给对方刚刚替换上场的队员。

(二) 一传的个人战术

(1) 利用低平的一传加快进攻的节奏。

(2) 利用垫高球制造两次球的机会。

(3) 利用对方的空当直接将球垫到对方的空当区域。

(三) 二传的个人战术

二传队员是全队战术组织的核心，其个人战术主要是利用时间差、位置差、空间差和动作变化为进攻创造有利的形势。

(1) 根据本队的特长利用集中与拉开，近网、中网与远网，弧度高与弧度低等传球技术组织进攻战术。

(2) 可根据对方的拦网布署，选择对方拦网的薄弱环节组织强攻。

(3) 掌握对方的心理特点，利用多种战术变化，打乱对方的防守步骤。

(4) 根据临场情况处理球或调整球。

（四）扣球的个人战术

(1) 利用扣球的线路变化，扣直线球、斜线球和小斜线球，避开对方拦网队员的拦网。

(2) 运用转体、转腕的扣球技术，达到突然改变扣球线路的目的。

(3) 利用重扣的假动作，进行轻打或吊球。

(4) 找人找点扣球，找对方防守技术薄弱点或空当进行扣球。

(5) 运用二次球进行扣球，或佯传突转扣球使对方来不及拦网。

(6) 利用对方的拦网手，制造打手出界等。

（五）拦网的个人战术

(1) 拦网队员可站直拦斜、站斜拦直并可运用取位和空中变化的假动作迷惑对方。

(2) 发现对方扣球队员要打手出界或平扣时，可在空中及时将拦网的撤回，造成对方扣球出界。

(3) 比赛中也可以通过语言来达到拦网的效果，如说准备拦第一点，其实拦第二点，真真假假迷惑对方。

(4) 在估计到对手扣球威力不大时要防止对方轻扣或吊球。

（六）防守个人战术

判断进攻点，合理取位，针对性进行防守。

四、集体战术

集体战术是比赛场上运动员视临场情况，合理运用技术，并按照一定的形势组织起来的有目的、有针对性的集体配合行动。集体战术分进攻战术和防守战术，进攻战术主要包括"中一二""边一二""后排插上"和"二次球及其转移"战术，防守战术主要包括"边跟进""心跟进"战术。

（一）"中一二"进攻战术

"中一二"进攻战术是最基本、最简单的战术形式，即由3号位队员作二传，将球传给2、4号位队员进攻的组织形式。其特点是比较容易组织，初学者易掌握，但只能两点进攻，变化少，进攻意图易被对方识破，如图6-20所示。

（二）"边一二"进攻战术

"边一二"进攻战术是由2号位队员担任二传，将球传给3、4号位队员进攻的组织形式。若由 4 号位队员担任二传，由 3、2 号位队员进攻，则称为"反边一二"进攻战术。它比"中一二"战术变化多、难度大，战术配合也较复杂。由于两名进攻队员位置相邻，便于进行互相掩护配合，可以组织更多的战术配合，它的突然性和攻击性程度均比"中一二"进攻战术高，如图 6-21 所示。

(三) "后排插上"进攻战术

"后排插上"进攻战术是二传队员由后排插上前排作二传，把球传给 4、3、2 号位队员进攻的组织形式。此战术的前排三名队员均可参与进攻，可充分利用全网长度组织进攻，而使进攻点增多，战术配合更加复杂多变。但对插上的二传队员要求较高，如图 6-22 所示。

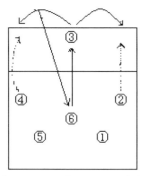 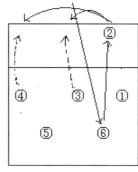 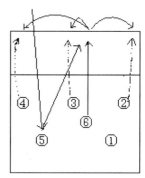

图 6-20 "中一二"进攻战术　　图 6-21 "边一二"进攻战术　　图 6-22 "后排插上"进攻战术

(四) "二次球及其转移"进攻战术

"二次球及其转移"进攻战术是指当场上队员将一传球垫到网前，二传队员可以直接将球扣入或吊入对方场区；或佯扣而将球幌传转移，组织其他队员进攻的战术。除与"后排插上"战术同样能保持前排三人进攻外，更主要的是增多了一次进攻机会，其突发性和掩护作用更大。"二次球"加快了进攻的速度，改变了比赛的节奏，使对方难以防守。但"二次球"进攻对一传要求很高。

(五) "边跟进"防守战术

拦网与后排防守的配合是防守成功的关键。比赛中常采用单人、双人和三人拦网，其中双人拦网是常用的。在双人拦网的情况下，此种防守方法是：后排三名队员要形成面对进攻点的弧形防守区域，并明确各自的防守区域和范围。前排二名队员组成拦网，后排 1 号或 5 号位队员跟进到进攻线附近保护。在对方攻势较强、吊球较少的情况下采用该阵形，如图 6-23 所示。

(六) "心跟进"防守战术

"心跟进"防守是比赛中常采用的一种防守形式，是由 6 号位队员跟进保护、防吊球的防守形式，适用于对方进攻力量不是太强，善于打、吊结合时采用。防守时前排不参加拦网的队员要及时后撤到限制线以后参与防守，后排 1、5 号位队员应随着对方进攻点的不同正确取位，6 号位跟进保护。其特点是：网前有专人负责保护拦网，便于防吊球和接应拦网后的反弹球，中心场区比较充实，有利于接应和组织反击。其不足是后排防守力量相对有所减弱，后场两侧空隙较大，如图 6-24 所示。

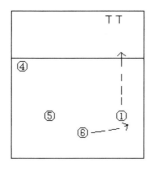 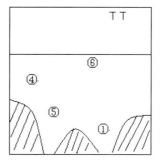

图 6-23 "边跟进"防守战术　　　　图 6-24 "心跟进"防守战术

第四节　排球竞赛规则简介

一、场地与器材

1. 场地

场地分比赛场区和无障碍区。场地的地面必须平坦、水平、划一。比赛场区为长 18 米、宽 9 米的长方形，其四周至少有 3 米宽呈长方形对称的无障碍区，从地面量起至少有 7 米的无障碍空间。国际比赛的场区边线外的场区至少 5 米，端线后至少 9 米，上空的无障碍空间至少 12.5 米。

场地的中间为中线，将球场分为两个半场，两半场离中线 3 米处均有一条限制线。场上所有线宽 5 厘米，线的宽度均包括在场区内。发球区短线长 15 厘米，与端线垂直并在距端线 20 厘米的边线延长线上，如图 6-25 所示。

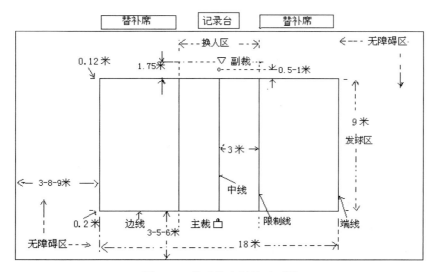

图 6-25　排球比赛场地平面图

2．器材

器材主要包括网柱、球网、标志带、标志杆和比赛球。

球网为黑色，长 9.5 米，宽 1 米，网眼为 10 厘米的正方形，球网的上方为 5 厘米宽的白色网带。标志杆长 1.8 米，分别设置在标志带的外沿，并高出球网 80 厘米。标志带宽 5 厘米，分别设置在球网两端并垂直于边线。球网的高度：男子为 2.43 米，女子为 2.24 米。球网两端的高度必须相等，并不得超过规定网高 2 厘米。

比赛球的圆周为 65～67 厘米，重量为 260～280 克，气压为 0.40～0.45 千克/厘米^2。所有比赛用球的气压必须一致。

二、球队的组成和服装

一个队最多可由 14 名队员(其中 2 名为自由人)、教练员、助理教练员、医生各 1 人组成。正式比赛每方由 6 名队员上场比赛。队员的服装包括上衣、短裤和运动鞋。上衣、短裤和袜子必须统一、整洁和颜色一致。国际比赛中，全队队员鞋子的颜色必须一致，但商标可以不同。上衣的号码必须是 1～18 号，号码的颜色必须与上衣明显不同。身前号码至少为 10 厘米宽，身后号码至少为 15 厘米高，号码笔画宽度至少为 2 厘米。队长上衣胸前号码下应有一条与上衣颜色不同的长 8 厘米、宽 2 厘米的带状标志。

教练员可在不干扰和延误比赛的前提下，在场外规定的区域内对比赛进行指导。比赛中只有场上队长可向裁判员提出询问或要求解释规则。每局比赛前，教练员必须将上场阵容位置表交给记录员或第二裁判员，不得更改。

三、胜负判定

比赛采用每球得分制，胜一球即得一分。如是发球队获胜，则得一分并继续发球；如是接发球队获胜，则得一分同时获得发球权。如果双方队员同时犯规，则判"双方犯规"，不得分，由原发球队重新发球。

比赛采用 5 局 3 胜制，先胜 3 局的队获胜。前 4 局以先得 25 分并同时超出对方 2 分为胜 1 局。当比分为 24∶24 时，比赛继续进行，至一方领先 2 分时为胜一局(如 26∶24，27∶25)。决胜局为先得 15 分并同时超出对方 2 分者为胜。在决胜局当中，有一方先到 8 分时要交换场地，场上队员的位置不变，由原发球队员继续发球比赛。

四、界内、外球

球触及比赛场区地面包括界线为界内球。

球体完全触及界线以外地面，触及场外物体、天花板或非比赛成员，触及标志杆网绳、网柱或球网标志杆以外部分，球的整体或部分从非过网区完全越过球网的垂直面等为界外球。

五、比赛间断、换人与延误比赛

(一) 比赛间断

正常的比赛间断为暂停和换人。在比赛成死球时，裁判员鸣哨发球前，教练员或场上队长用相应的手势请求间断。一次或两次暂停可以与双方的各一次换人相连续，中间无须经过比赛过程。同一队未经过比赛过程不得连续提出换人的请求，但在同一次换人请求中可以替换两名或更多的队员。一次暂停的时间为30秒，但在世界比赛中，采用技术暂停的方法，即比赛中，当比分至8分和16分时，便为技术暂停，时间为1分钟，在每局中，球队还有一次暂停的机会，时间为30秒。暂停时，比赛队员必须离开比赛场区到球队席附近的无障碍区。

(二) 换人

每一局每队最多可替换6人次，一名队员离开比赛场地，而由另一名队员上场占据他的位置为一人次替换。在一次换人中可以同时替换一人或多人。替补队员每局只能上场比赛一次，当某一队受伤不能继续比赛时，必须进行合法的替换。如果不可能进行合法替换，可采取特殊的替换。当某队员被判罚出场或取消比赛资格时，必须进行合法的替换。如果不可能进行合法替换，则判该队阵容不完整，阵容不完整的队保留其所得分数和局数。

(三) 延误比赛

延误比赛的行为是：换人延误时间；在裁判员鸣哨恢复比赛后，拖延暂停的时间；请求不合法的替换，在同一局中再次提出不符合规定的请求；场上队员拖延比赛的继续进行。延误比赛为全队的行为犯规，同一局中第一次延误，应判延误警告，再次出现则判延误判罚。

六、技术性规定

(一) 发球

发球队员必须在第一裁判员鸣哨8秒钟内，将球抛起或持球手撤离，在球落地前，用一只手或手臂的任何部分将球击出。发球队员在击球时或击球起跳时，不得踏及场区(包括端线)或发球区以外的地面。击球后，可以踏及或落在场区内或发球区以外。

(二) 队员的场上位置

在发球队员击球时，双方队员必须在本场区内各站两排，每排3名队员。从左至右，前排为4、3、2号位，后排为5、6、1号位。队员的位置是根据其脚的着地部位来判定的，每一名前排队员至少有一只脚的一部分，比同列后排队员的双脚距中线更近；每一名右边(左边)队员至少有一只脚的一部分，比同排中间队员的双脚距场地的右(左)边线更近。发球队员不受场上位置的限制，在发球队员击球的一刹那，场上队员脚的着地部位必须符合其位置要求。在发球后，队员可以在本场区和无障碍区的任何位置上。

(三) 网下穿越

在不妨碍对方比赛的情况下，允许队员在网下穿越进入对方空间。允许队员的一只脚或双脚越过中线触及对方场区的同时，脚的一部分还接触中线或置于中线上空。除脚以外，不允许队员身体的任何其他部分接触对方的场区。队员可伸手在网下击球，但不得阻碍对方队员。在比赛中断后，队员可以进入对方场地。

(四) 触网

规则规定触网为犯规，但队员在无试图击球的情况下偶尔触网不算犯规。所谓无试图击球，意指已经完成了击球动作和击球试图。如完成扣球动作或掩护扣球动作之后，偶尔触网则不算犯规。

(五) 比赛中的击球

规则规定队员的身体任何部位都允许触球。但球必须被击出，不得接住或抛出，球可以向任何方向反弹，如果队员违反了上述规定，则判为持球。每队最多可击球 3 次(拦网除外)。

规则规定球必须同时触及身体的不同部位，如果球先后触及队员身体的不同部位，则为连击犯规。但是在拦网动作中，允许同一队员或同一拦网中的不同队员，在一个单一的动作中连续触球。在球队的第一次击球时，允许队员身体的不同部位在同一击球动作中连续触球。第 1 次击球指接发球、接进攻性击球、接本方拦起的球和接对方拦回的球；而在本队第 2 次和第 3 次击球时，则不允许球连续触及身体的不同部位。

(六) 进攻性击球

进攻性击球指除发球和拦网外的其他所有直接向对方的击球。若球的整体通过球网的垂直面或触及到对方队员，则完成了进攻性击球。前排队员可以对任何高度的球完成进攻性击球，但触球时必须在本场地空间。后排队员则允许在后场区对任何高度的球完成进攻性击球，但起跳时脚不得踏及或越过进攻线，击球后可以落在前场区。如果后排队员在前场区完成进攻性击球，在触球时，球的一部分必须低于球网上沿。

(七) 拦网

拦网是指队员靠近球网，将手伸向高于球网处阻挡对方来球的行动。触及到球的拦网行动则完成了拦网。只有前排队员允许拦网，后排队员不得参与拦网。如后排队员参与拦网，则为犯规。拦网触球不算作本队的一次击球，因此本队拦网后还可以再击球 3 次。拦网时，队员可以将手或手臂伸过球网，但不得影响对方击球，过网拦网触球应在对方队员完成进攻性击球之后。在一个拦网动作中，允许球迅速而连续地触及一名或更多的拦网队员。

七、排球自由人规则简介

"自由人"(自由球员)是国际排联于 1996 年世界女排大奖赛中试行的一项规则，第一次在世界级比赛中执行是在 1998 年的日本世界锦标赛上，目的是提高各队的防守水平。自由球员的功能在于加强防守达到平衡攻守的效果。

自由球员的规则如下：

(1) 球队可以设有自由球员，但最多只登记两人。

(2) 一队在比赛时只能有一位自由球员在场上。

(3) 自由球员必须身着与其他同队球员明显不同颜色的球衣。

(4) 自由球员的替补不计入普通球员的替换次数(不记录)。

(5) 自由球员的替补必须于一球落地之后至第 1 裁判发球哨音响起前完成(教练无须请求自由球员的替补或使用号码牌),并只限于替换同一人,且同一自由球员的替换至少须以一球的往返为间隔(即一次死球)。

(6) 记录表须注明自由球员。

(7) 自由球员不得列于轮转表上,但可于比赛前替换上场。

(8) 自由球员的轮转只限于后排,不得发球或轮转至前排,并不得拦网或企图拦网。

(9) 如球的位置高于网高,自由球员不得于场上任何位置将球处理过网至对方场地。

(10) 如第 2 传球为自由球员于前排以高手将球传出,则第 3 球攻击高度不得超过网高。

(11) 自由球员不得为球队队长。

一支球队可以有 2 名自由人,但是只有 1 名可以上场比赛,另外 1 名只能备用。每场比赛,主自由人只能被更换一次。备用自由人一旦上场,在同一场比赛中是不能被主自由人替换回去的。如果备用自由人在比赛中发生了伤病情况,不能继续比赛,主自由人也不能回到场上。这时教练有权指定 1 名当时没有在场上比赛的常规运动员临时客串自由人。

第七章　足　　球

第一节　足球运动概述

　　足球运动是一项古老而悠久的体育活动,根据史书记载,远在 3000 多年前的殷商时期,我国就有了类似足球运动的"足球舞"。早在公元前 475—公元前 211 年的战国时代,有一种球类游戏称之为"蹴鞠",这就是我国早期的足球运动。所以说,足球的故乡是中国。1958年 7 月,国际足联时任主席阿维兰热来中国时曾表示:"足球起源于中国。"另外据说希腊人和罗马人在中世纪以前就已经从事一种足球游戏了。他们在一个长方形场地上,将球放在中间的白线上,用脚把球踢滚到对方场地上,当时称这种游戏为"哈巴斯托姆"。现代足球起源地是在英国。到 19 世纪初,足球运动在当时欧洲及拉美一些国家,特别是在英国已经相当盛行。但是直到 1848 年,足球运动有史以来第一个文字形式的规则《剑桥规则》才诞生。所谓的《剑桥规则》,是在 19 世纪早期的英国伦敦,牛津和剑桥之间进行比赛时制定的规则。因为当时在学校里每套宿舍住有 10 个学生和 1 位教师,因此他们就每方 11 人进行宿舍与宿舍之间的比赛。现在的 11 人足球比赛就是从那时开始的。到 15 世纪末有了"足球"之称,后逐渐发展成现代的足球运动。1863 年 10 月 26 日,英国人在伦敦成立了世界上第一个足球运动组织——英国足球协会,并统一了足球规则,人们称这一天为现代足球的诞生日。这次制定的足球规则共 14 条,它是现今足球规则的基础。从 1900 年的第 2 届奥运会开始,足球被列为奥运会正式比赛项目,但不允许职业运动员参加。1904 年 5 月 21 日,国际足联在巴黎成立。1930 年起,每 4 年举办一次世界足球锦标赛(又称世界杯足球赛),取消了对职业运动员的限制。从此,现代足球运动有了日新月异的发展。

　　我国现代足球运动在新中国成立后得到了长足的进步和发展,1955 年中国足球协会成立,最高赛事分别是 1956 年开始实行甲、乙级联赛,1994 年开始实行甲 A、甲 B 联赛,2004 年更名为中超联赛。通过几代人的共同努力,中国足球队终于于 2002 年打进世界杯决赛阶段的比赛。但是由于种种原因,我国的足球运动水平的发展还远不尽人意,因此还需要更多青少年的积极参与和广大从业人员的进一步努力,为尽快使我国足球运动进入世界强林之列做出贡献。

第二节　足球运动的基本技术

　　足球技术,就是运动员在足球比赛中所采用的合理行动和动作方法的总称。它是在比赛实践中逐步形成、发展和完善起来的。

随着足球运动的日益发展，足球技术不仅在内容上更加丰富，而且动作的难度也在不断地提高。技术是完成战术配合的重要前提和保证。运动员只有熟练地掌握足球技术，才能在足球比赛中有目的地采取行动和正确地处理球，以达到战术的要求。而战术的不断发展和丰富，对技术又提出了更高的要求，因而又促进了技术的发展和提高。这就要求在教学、训练中必须加强足球技术的训练，特别是对青少年更应重视足球技术的训练，这对迅速提高我国足球运动水平有着深远的意义。足球技术又分有球技术和无球技术两大类。

有球技术包括：踢球、停球、顶球、运球、抢截球、假动作、掷界外球和守门员技术。

无球技术包括：起动、急停、跳跃、转身等。

一、踢 球

踢球是运动员有目的地用脚的某一部位把球踢向预定的目标。

踢球是足球技术中最重要的技术，在比赛中运用的最多。踢球时，要求动作熟练、灵活、快速、准确，用力要适当。比赛时，踢球主要用于传球和射门。

踢球的动作过程：踢球的方法很多，动作要领也有所不同，但是每一种踢法都是由助跑、支撑脚站位、踢球腿摆动、脚触球和踢球后的随前动作五个环节组成。这五个环节是整个踢球动作的统一过程。

(一) 脚内侧踢球

脚内侧踢球的动作特点是触球面积大，可控性强，出球平衡准确，是短距离传球和射门常用的脚法。

1．动作要领

直线助跑，支撑脚站在球侧约 15 厘米处，膝微屈，踢球腿以髋关节为轴由后向前摆动，膝踝外展，脚尖稍翘，以脚内侧部位对准来球，当膝关节接近球体上方时，小腿加速前摆，击球刹那，脚跟前顶，脚型固定，用脚内侧部位击球的后中部，屈膝提起，如图 7-1 所示。

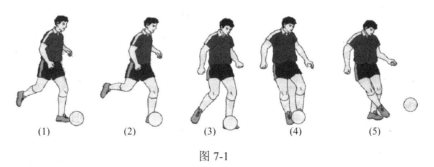

(1)　　　　(2)　　　　(3)　　　　(4)　　　　(5)

图 7-1

2．易犯的错误

(1) 身体重心过高或侧倾不够，影响运球变向。

(2) 踢球动作不稳定，影响控球效果。

3．练习方法

(1) 两人一组做原地模仿练习。

(2) 两人一组相距 10 米踢定位球。

(3) 两人一组行进间传球。

(4) 射门练习。

(二) 脚背正面踢球

脚背正面踢球的特点是踢球脚摆幅和脚背踢球接触面(与球)相对较大，踢摆动作顺畅，踢球力量大，准确性较强。但出球的方向及性能相对缺乏变化。在比赛中经常使用脚背正面踢定位球、地滚球、空中球、反弹球及倒钩球。

1. 动作要领

直线助跑，最后一步稍大些，支撑脚积极着地支撑，在球的侧后面 10～12 厘米处，脚尖对正出球方向，支撑腿膝关节微屈，踢球腿随跑动向后摆动，小腿弯曲，支撑的同时踢球腿以髋关节为轴，大腿带动小腿由后向前摆动，当膝关节摆动至接近球的正上方时，小腿做爆发式加速摆动、脚面绷直、脚趾扣紧，以脚背正面击球的后中部，如图 7-2 所示。

(1)　　　(2)　　　(3)　　　(4)　　　(5)　　　(6)

图 7-2

2. 易犯的错误

(1) 支撑脚选位不当，影响摆踢发力和击球效果。

(2) 击球刹那，脚型不稳，趾尖上挑，影响出球力量和方向。

(3) 踢球腿摆踢路线不直，出球方向不正。

3. 练习方法

(1) 两人一组做原地模仿练习。

(2) 两人一组相距 10～20 米踢定位球。

(3) 射门练习。

(三) 脚背内侧踢球

脚背内侧踢球的特点是一种用第一跖骨与跗骨关节部位触击球的踢球方法，其踢摆动作顺畅、腿的摆幅大，且脚触球面积大，出球平衡有力，出球的方向富于变化，是中远距离射门和传球的重要方法。

1. 动作要领

斜线助跑，助跑方向与出球方向约成 45°，最后一步稍大，以支撑脚底积极着地，脚尖正对出球方向，距球内侧后方 20～25 厘米，膝关节微屈；以髋关节为轴大腿带动小腿由后向前摆动，当大腿摆至与支撑腿接近同一平面时，小腿做爆发式摆动，此时脚尖外转、脚面绷直、脚趾扣紧，以脚背内侧部位击球；击球后身体及踢球腿随球前移，如图 7-3 所示。

(1)　　　　(2)　　　　(3)　　　　(4)　　　　(5)

图 7-3

2．易犯的错误

(1) 支持脚的位置偏后，踢球时上体后仰，易把球踢高。

(2) 踢球脚脚尖外转不够，接触部位不正确。

(3) 没有向出球方向摆腿，形成划弧动作，以致击球点偏外。

3．练习方法

(1) 两人一组做原地模仿练习。

(2) 两人一组相距 10～20 米踢定位球。

(3) 两人一组加大距离做长传练习。

(4) 传球射门。

(四) 脚背外侧踢球

脚背外侧踢球除具备脚背正面踢球的特点外，还有踢球时脚腕灵活性较大和摆腿方向变化较多等优点，它是踢远近距离弧线球和用来进行弹拨、削球的主要方法。

1．动作要领

直线助跑，支撑脚的位置和踢球腿的摆动方式基本上与脚背正面踢球相同，只是用脚背外侧接触球。在踢球腿的膝盖摆到接近球的垂直上方时，小腿加速前摆，膝盖和脚尖内转，脚面绷直，脚趾扣紧，以脚背外侧部位踢球的后中部。踢球后，踢球腿随球继续前摆，如图 7-4 所示。

(1)　　　　(2)　　　　(3)　　　　(4)　　　　(5)

图 7-4

2．易犯错误

(1) 踢球时，膝盖和脚尖内转不够，造成接触球部位不正确。

(2) 支撑脚靠后，造成踢球时身体后仰，踢球的后下部，出球偏高。

3．练习方法

同脚背内侧传球的练习方法。

二、停球

停球是一个球员和全队控制球的基础。停球时球员应尽快移动到球的运行路线上，迅速选好位置，触球时，身体应放松、缓冲，或身体紧张起来，用切压和后引的方法将球停下来。

停球的方法很多，除了使用双手外，身体每一个部位都能停球。停球又分为停地滚球、空中球和反弹球。

(一) 脚内侧停球

脚内侧停球比较容易掌握。脚接触球的面积大，易停稳，并且便于改变方向和结合下一个动作，可以用来停地滚球、反弹球和空中球。

1．脚内侧停地滚球

动作要领：支撑脚正对来球，膝关节微屈，停球腿屈膝外转并前迎。当脚与球接触前的刹那开始后撤，脚底与地面平行，后撤过程中用脚内侧接触球，把球控制在下一个动作需要的位置上，如图 7-5 所示。

| (1) | (2) | (3) | (4) | (5) |

图 7-5

2．脚底停球

脚底停球动作简单，容易掌握，可接迎面来的地滚球和反弹球。尤其是接反弹球时，更利于捕捉落点，争取时间。

动作要领：接地滚球时，应迎球跑动，支撑腿着地在球的侧方，接球时接球腿抬起，触球的瞬间脚尖翘起，踝关节放松，用脚前掌触球的中上部，顺势将球运走。脚底接反弹球时，要判断好球的落点，移动身体，看准落球的时间，在球落地刹那，迅速起接球腿，脚尖上翘，球反弹瞬间，用脚前掌向前推压球的后上部，然后顺势将球调整到所要的位置上，如图7-6所示。

| (1) | (2) | (3) |

图 7-6

3．脚内侧停空中球

动作要领：脚内侧停空中球应根据来球的高度，将停球脚举起，脚内侧对准来球路线，在脚与球接触前的刹那开始后撤。在后撤过程中用脚内侧接触球，把球控制在衔接下一个动作需要的位置上，如图 7-7 所示。

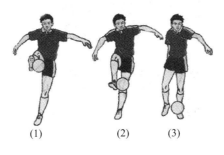

(1)　　　　(2)　　　　(3)

图 7-7

4．易犯错误

(1) 停球腿的踝关节过于紧张，不易把球停稳。

(2) 停地滚球时，脚离地过高，使球漏过。

(3) 停反弹球时，对球落地的时间判断不准，使球漏过或停不稳。

5．练习方法

(1) 两人一组互踢停球。

(2) 两人一组，一人踢地滚球，另一人跑上停球。

(3) 两人一组停球后快速传球。

(二) 胸部停球

由于胸部停球部位较高，加之胸部面积大、肌肉较丰满等特点，动作易于掌握，故是一种停高球的好方法。胸部停球包括挺胸式、收胸式两种方法。

1．挺胸式停球

动作要领：面对来球站立，两膝微屈，重心置于支撑面内，上体后仰，下颌微收，两臂自然张开，维持平衡接球瞬间，两脚蹬地，用胸部轻托球的中下部，使球微微弹起于胸前上方，如图 7-8 所示。

(1)　　　　(2)　　　　(3)

图 7-8

2．收胸式停球

动作要领：一般用来停平直球。停球时，面对来球，两脚前后开立，两臂自然张开，挺胸迎球。当球运行到与胸部接触前的刹那，迅速缩胸、收腹，以缓冲来球力量，把球停在身前，如图 7-9 所示。

图 7-9

3．易犯错误

(1) 停球时，对球在空中的位置选择不准，未能用正确部位接触球。

(2) 没有收下颏。

(3) 收胸停球时，收胸和收腹过晚，未能缓冲来球力量。

4．练习方法

(1) 两人一组互抛互停。

(2) 两人一组加大传球速度互抛互停。

三、头顶球

头顶球指运动员有目的地用额部将球击向预定目标的动作，是现代足球运动中争取时间、争夺空间的重要技术手段之一，不论前锋或后卫都要熟练地掌握此项技术。它在进攻时可以直接射门或巧妙地传球配合；防守时可以破坏对方的空中传球或解除门前危机以达到转守为攻的目的。头顶球技术按顶球的部位可分成头额正面和头额侧面顶球。

(一) 正额正面原地顶球

动作要领：身体正对来球，两腿自然分开，膝微屈，两眼注视来球，随球临近，上体稍后仰，展腹挺胸，两臂自然张开，收下颏，身体自下而上蹬地、收腹、摆体、顶送发力，当头摆至身体垂直部位时，用额正面击球的后中部，如图 7-10 所示。

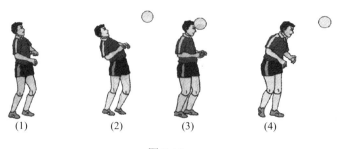

图 7-10

(二) 前额侧面顶球

动作要领：原地顶球时，身体稍侧对来球，两脚前后开立，侧支撑腿在前，身体侧后微屈，重心落在后腿上，两臂自然张开，两睛注视来球。顶球时，后脚向出球方向猛力蹬

伸，身体随之向出球方向转动侧摆，同时颈部侧甩发力，用前额侧部将球击出，如图 7-11
所示。

(1)　　　　(2)　　　　(3)　　　　(4)

图 7-11

(三) 易犯错误

(1) 上体与下肢发力动作脱节，不协调，影响发力效果。
(2) 击球时机掌握不好，使头在被动位顶球，影响顶球效果。
(3) 击球刹那闭眼缩颈，影响顶球力量和准确性。
(4) 跳起顶球时，起跳点、起跳时机和击球掌握不好，影响顶球动作质量和出球效果。

(四) 练习方法

(1) 做原地模仿练习。
(2) 自抛自顶。
(3) 两人一组相距 5 米，一人抛球，另一人原地顶球。

四、守门员技术

守门员技术有位置选择、准备姿势、移动、接球、拳击球和托球、抛踢球等。

1. 位置选择

守门员为了守住球门，首先要选择正确合理的位置。位置的选择应根据对方的射门地
点和射门角度来决定。一般情况下应站在两球门柱与射门时球所处的位置所形成的分角线
上，当对方近射时，守门员应靠前些，这样可以缩小射门角度。在对方远射时也可适当前
移，但要防备对方吊球进门。当球向中场或前场发展时，守门员可前移到球门区线附近，
并根据球的发展及时调整自己的位置。当对方在中场直传插入突破时，守门员应抓好时机
及时出击截球。

2. 准备姿势

两脚左右开立，约与肩同宽，两膝自然弯屈并稍内扣，脚跟稍提起，身体重心落在前
脚掌上，上体稍前倾。两臂于体前自然屈肘，两手五指自然张开，掌心相对。两眼注视来球。

3. 移动

守门员为了更好地堵截和接住对方的传球和射门，必须根据对方射门前球和人的位置
变化而相应调整自己的位置。向左右调整的移动，一般采用侧滑步和交叉步两种步法。

4．接球

接球是守门员最主要的技术，包括接地滚球、接平直球、接高球等内容。

(一) 接地滚球

接地滚球有直腿式和单腿跪撑式两种方式。

(1) 直腿式接球动作要领：两腿自然开立，脚尖正对来球，上体前倾，两臂自然下垂，两手小指靠近，手掌对球稍前迎，两手接球的后底部。在手触球的一刹那，立即后引，屈肘、屈腕，两臂靠近将球抱于胸前，如图 7-12 所示。

图 7-12

(2) 单腿跪撑式接球动作要领：身体正对来球，两腿前后开立，前腿弯屈支撑身体重心，后腿跪立，膝盖接近地面并靠近前脚脚后跟，上体前倾，手臂下垂，手掌对准来球，稍向前迎，两手接球的后底部。在手触球的一刹那，两手后引，屈肘、屈腕，两臂靠近将球抱于胸前，然后起立，如图 7-13 所示。

图 7-13

(二) 接低于胸部的平直球

动作要领：身体正对来球，两脚左右开立，上体稍前倾，两臂下垂并屈肘前迎，两手小指相靠，手掌对球。当手触球的一刹那，两臂后引并屈肘，顺势将球抱于胸前。

(三) 接齐胸高的平直球

动作要领：身体正对来球，两臂屈肘并稍上举，两拇指相靠，手掌对球，当手触球时，手腕和手指适当用力，同时屈臂后引，翻掌将球抱于胸前。

(四) 接高球

动作要领：当判断好球在空中的运行路线和确定接球点后，迅速移动并跳起，两臂上伸迎球，两手拇指相靠，手掌对球。当手触球时，手腕和手指适当用力将球接住，同时屈肘、回缩并下引，顺势翻掌将球抱于胸前。

(五) 拳击球

在守门员没有把握接住或有对方猛烈冲门的情况下，为了避免接球脱手，可采用拳击球。拳击球有单拳击球和双拳击两种方法。

(六) 抛踢球

抛踢球是守门员把获得的球直接传给自己同队队员的技术动作。抛踢球有踢自抛的下落空中球和踢自抛的反弹球两种方法。踢自抛的下落空中球和踢自抛的反弹球的动作与脚背正面踢球基本相同。但守门员是向前上方踢，要求狠和远。

五、掷界外球

掷界外球可分为原地和助跑掷界外球两种方式。

(一) 原地掷界外球

两脚前后开立或左右开立，膝关节微屈，上体后仰或背弓，两手持球置于头后。掷球时，两腿用力蹬地，同时收腹含胸使上体迅速前摆，带动手臂前摆，当两臂持球摆至头上时，用力甩腕将球掷出，如图 7-14 所示。

(1)　　　　(2)　　　　(3)

图 7-14

(二) 助跑掷界外球

双手持球于胸前，在助跑迈出最后一步时，上体后仰成背弓，同时将球摆至头后，掷球时的动作与原地掷界外球一样。

六、运球与运球过人

运球是运动员在跑动中用脚的推拨动作，使球保持在自己控制的范围内的连续触球动作。

运球过人则是运动员利用合理的运球动作越过对手。运球与运球过人是运动员个人控制球能力和个人进攻能力的集中表现，它是为完成战术配合和个人摆脱对手防守服务的。

常用的运球方法有脚背正面运球、脚背外侧运球、脚背内侧运球和脚内侧运球。

(一) 脚背正面运球

脚背正面运球多在越过对手之后，前方纵深距离较长，仍需快速运球前进的情况下使用。

动作要领：跑动时，身体自然放松，上体稍前倾，两臂自然摆动，步幅不要过大。运球脚提起时，膝关节弯屈，脚跟提起，脚尖下指，在迈步前伸着地前，脚背正面推拨前进。脚背正面运球的动作如图 7-15 所示。

图 7-15

(二) 脚背外侧运球

脚背外侧运球多在快速奔跑和向外改变奔跑方向时使用。

动作要领：跑动时，身体自然放松，上体稍前倾，两臂自然摆动，步幅要小些。运球脚提起时，膝关节弯屈，脚跟提起，脚尖稍内转。在迈步前伸着地前，用脚背外侧推拨球。脚背外侧运球的动作如图 7-16 所示。

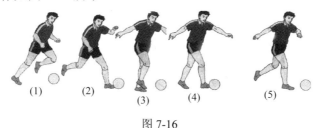

图 7-16

(三) 脚背内侧运球

脚背内侧运球多在改变方向并需要用身体掩护球的情况下使用。

动作要领：跑动时，身体自然放松，步幅要小些，上体前倾重心下降保持在球的上方。运球脚提起时，膝关节稍弯屈，脚跟提起，脚尖稍外转。在迈步前伸着地前，用脚背内侧推拨球。脚背内侧运球的动作如图 7-17 所示。

图 7-17

(四) 脚内侧运球

脚内侧运球是速度最慢的一种运球方法，当带球接近对方需要用身体掩护护球时，多采用脚内侧运球方式。

动作要领：运球时，支撑脚向前跨出一步，踏在球的前侧方，膝关节稍弯屈，上体前倾并向里转，承受身体的向前移动。然后运球脚提起，用脚内侧扒球的后中部，动作如图7-18所示。

(1)　　　　　　(2)　　　　　　(3)

图 7-18

在改变方向运球前进时，经常是用两只脚交替推球。例如，用右脚脚背外侧直线运球需要改向左侧运球时，就用脚背内侧扣球的前侧方。

七、抢截球

抢截球是利用规则所允许的方法和动作夺回控球权或破坏对方的进攻。它是转守为攻的积极手段，也是主要的防守技术。

抢截球是把在对方队员间踢出的球(空间运行或地面滚动球)堵截住或破坏掉。

抢截球是凭借争夺、堵截、破坏以延缓和阻拦对方进攻。一旦把球争夺过来，就意味着进攻的开始。

抢截球包括正面抢截、侧面抢截和侧后抢截三种方法。

(一) 正面抢截球

正面抢截球是控制对方队从正面运球时采用的方法。正面抢截有正面跨步抢截球和正面铲球。

1. 正面跨步抢截球

动作要领：两脚前后开立，两膝稍弯屈身体重心下降，重心平均落在两脚上，面向对手。对手运球前进，当脚触球即将着地或刚着地时，一脚立即用力蹬地，抢球脚以脚内侧对正球并向球跨了一步，膝关节弯屈，上体前倾，身体重心移至抢球脚上。另一脚立即前跨成支撑脚。如双方的脚同时触球，则要顺势向上提拉，使球从对方脚背滚过。身体要迅速跟上，把球控制住。正面跨步抢截球的动作如图7-19所示。

(1)　　　　　　(2)　　　　　　(3)

图 7-19

2．正面铲球

动作要领：两脚前后开立，两膝弯屈，身体重心下降，重心平均落在两脚上，面向对手。对手运球前进，当脚触球即将着地或刚着地时，一脚立即用力后蹬，另一只腿前伸，然后蹬地腿迅速跟上，并以脚跟着地沿地面滑铲球。上体要后仰，两臂屈肘。正面铲球动作如图 7-20 所示。

(1)　　　　　　　　(2)　　　　　　　　(3)

图 7-20

(二) 合理冲撞抢球

侧面合理冲撞抢球，是与运球者平行跑动或从侧后方追成平行跑动时的抢球。

动作要领：当与对手并肩跑动时，身体重心稍下降，同对方接触一侧的臂要紧贴身体。当对方靠近自己一侧的脚离地时，利用身体合理冲撞对方相应部位，使对方失去平衡而离开球，乘机将球控制过来。

(三) 侧后铲球

铲球是抢截技术中难度较大的技术动作。在现代足球比赛中铲球已被广泛采用。在对手刚拨球后的刹那，铲球腿快速启动，沿地面滑出，抬脚不得过高，倒地动作连贯。

第三节　足球运动的基本战术

一、进攻战术

(一) 个人进攻战术

个人进攻战术是指个人采用运球、跑位、接应、摆脱、传球等方式以达到进攻目的的行动。

1．运球

运球是指有球队员在跑动中不断用脚连续推拨球使球处于自己控制范围内的触球动作。

2．跑位

跑位是指无球队员有目的地跑向有利位置或空当。

3．接应

接应是指无球队员有目的地利用跑位、拉扯占据有利位置或空当接应有球队员。

4．摆脱

摆脱是指无球队员原地突然启动、突然变向、突然变速以及急停等甩掉对方的防守。

5．传球

传球是指有球队员有目的、有意识地将球传给队友，它是集体配合的基础，是完成战术配合创造射门得分的主要手段。

(二) 局部进攻战术

局部进攻战术是指两人以上的采用直传斜插二过一、斜传直插二过一、踢墙式二过一、回传反切二过一、交叉掩护二过一、三过二等战术配合行动。

1．直传斜插二过一

进攻队员直线传球，接球队员从对方防守队员的内线空当斜线插入到他身后的空当接球。如图 7-21 所示，⑨接⑩横传球，向前直线传球，⑩斜线插入接球；⑦接⑧运球横传，向前直线传球，⑧斜线插入接球。

2．斜传直插二过一

进攻队员作斜传，直接插到对方的身后空当接球，突破对方的防守。如图 7-22 所示，⑨接⑩横传，向前斜线传球，⑩直线插入接球；⑧接⑥运球横传球，斜线传出，⑥向前直线插入接球。

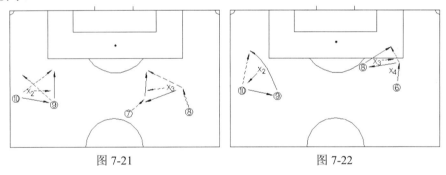

图 7-21　　　　　　　　　　　　　　图 7-22

3．踢墙式二过一

进攻队员带球向前逼近后向另一队员脚下传球，该队员接球后直接将球传至防守队员背后空当，接应队员快速切入接球。如图 7-23 所示，⑦运球向⑧传脚下地滚球，⑧直接出球，球好像碰到墙上弹向 x_2 背后的空当，⑦快速切入接球。

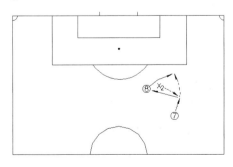

图 7-23

4．回传反切二过一

进攻队员回撤迎球，防守队员紧逼，接应队员接球后再回传，立即返身切入防守队员身后空当接球。如图 7-24 所示，⑩回撤接⑨传球遇 x_2 紧逼，⑩将球回传给⑨并转身反切，接⑨传至 x_2 身后空当的球。

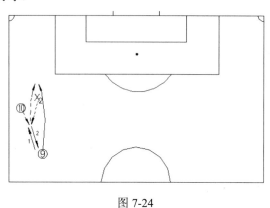

图 7-24

5．交叉掩护二过一

如图 7-25 所示，⑧向侧面运球，⑨与⑧交叉跑到，二人贴近的时候，⑨运球快速切入(或向前斜传给切入的⑧)。

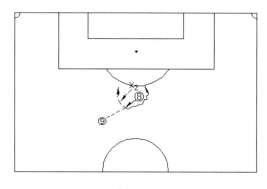

图 7-25

6．三过二

三过二一般是指在比赛中局部地域出现三名进攻队员攻击二名防守队员(三打二)的有利局面时，所采用的战术手段。三人配合归纳起来可分为下列两种。

(1) 传第二空当。一名队员跑向一个有利的空当，牵制一名防守队员，使得该地域出现空当，第二个队员迅速插向该空当与控球队员利用传切配合战胜另一防守队员，如图 7-26、图 7-27 和图 7-28 所示。

图 7-26

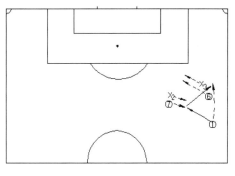

图 7-27

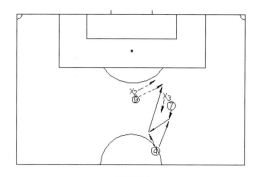

图 7-28

(2) 三个队员通过传球进行一次间接二过一或连续两次二过一的配合以战胜两个防守队员。进行"三过二"配合时，如图 7-29 和图 7-30 所示。

图 7-29

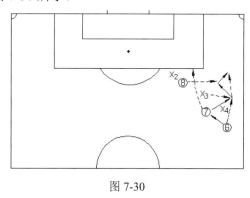

图 7-30

(三) 整体进攻战术

整体进攻战术是指两个以上局部进攻通过采用中路进攻、边路进攻、快速反击进攻、密集反击、逐步推进、压迫式进攻等配合所完成的战术行动。

1．中路进攻

中路进攻是指在对方半场中间地带组织的进攻形式。

发展阶段：通过中锋、内切的边锋或插上的前卫运用传球配合或有球过人，把进攻推向罚球区附近。

结束阶段：通过罚球区外远射、运球过人和踢墙式等配合突破罚球区完成射门。

比赛中常见的中路进攻方法示例如图 7-31～图 7-34 所示。

图 7-31

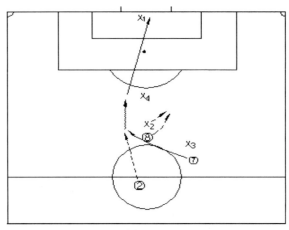

图 7-32

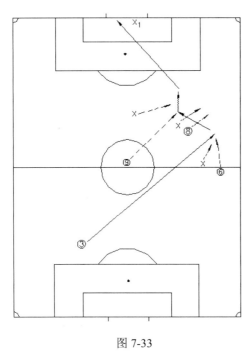

图 7-33

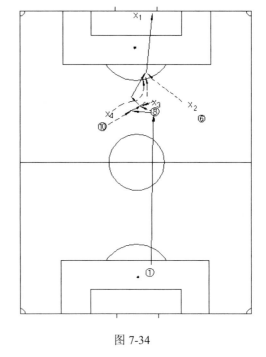

图 7-34

2. 边路进攻

边路进攻是指在对方半场两侧地区组织的进攻形式。

发展阶段：通过边锋或交叉到边路的中锋、前卫或插上的边后卫，运用传球配合或运球过人的方法突破对方防线。

结束阶段：一般是快速下底传中或切底回扣传中，中间包抄射门或跟进射门，边路队员也可以运球内切完成射门。

比赛中常见的边路进攻方法示例如图 7-35～图 7-38 所示。

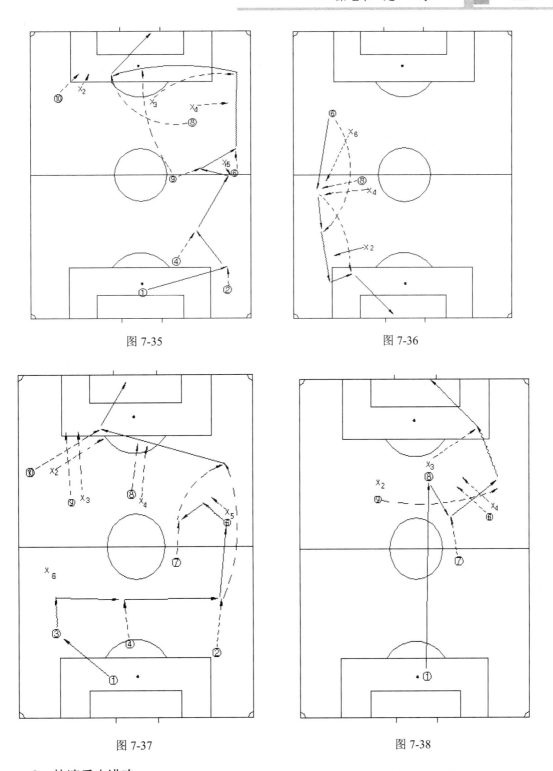

图 7-35　　　　　　　　　　　　　图 7-36

图 7-37　　　　　　　　　　　　　图 7-38

3．快速反击进攻

快速反击进攻是指从防守中获球队尽快地把球输送给处于有利位置的中、前场队员，使他们在对方还没有完全组织好严密防守之前得到一次良好的射门机会。

发展阶段：通过中后场队员积极的抢断得到球后，迅速、准确地在第一时间将球传给最有威胁的队员。

结束阶段：队员通过运球过人或简单的二人配合突破防守，完成射门。

（四）定位球进攻战术

定位球进攻战术是指利用死球获得重新开球的机会，对角球、球门球、掷界外球、任意球、中圈开球等组织进攻形式。

定位球战术在现代足球比赛中的作用和效果极为重要，尤其是任意球和角球时常常会左右赛势和影响最后胜负的结果。定位球战术之所以是足球战术中的重要组成部分之一，与定位球战术的本身特点优势有密切关系。

发展阶段：定位球战术在开球前有充足的准备时间，拟定出最佳方案，有目的地选择站位和跑动路线。

结束阶段：尽可能地选择最简单的进攻方式或经 1～2 次传递完成射门。

1．角球进攻

角球进攻如图 7-39 和图 7-40 所示。

图 7-39　　　　　　　　　　　　　　　　图 7-40

2．掷界外球

掷界外球如图 7-41 和图 7-42 所示。

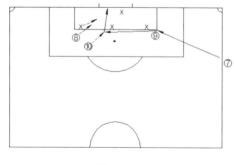

图 7-41　　　　　　　　　　　　　　　　图 7-42

3．任意球

(1) 直接任意球如图 7-43 和图 7-44 所示。

图 7-43   图 7-44

(2) 间接任意球如图 7-45 和图 7-46 所示。

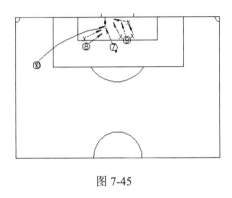
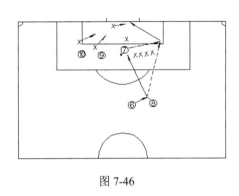

图 7-45   图 7-46

二、防守战术

(一) 个人防守战术

个人防守战术是指个人采用选位、盯人、保护、补位等方式以达到防守目的的行动。

(1) 选位。选位是指防守队员针对进攻队员的跑位情况所采取的站位方式，如图 7-47 所示。

(2) 盯人。盯人是指防守队员为了阻止对手接球而采取紧逼、压迫的防守手段，如图 7-48 所示。

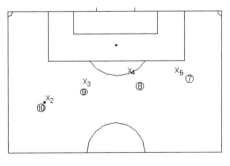

图 7-47   图 7-48

(3) 保护。保护是指防守队员发现某一队员失位后而采取的主动站位的防守手段。

(4) 补位。补位是指防守队员临时站位于队友的位置破坏或缓解对方进攻的防守手段。

(二) 局部防守战术

局部防守战术是指两人以上在局部区域内采用的相互保护与补位、围抢、夹击、制造越位等战术的配合行动。

1. 保护与补位

保护是补位的前提,没有保护就没有有效的补位,它是防守的基础。一般补位有队员去补空当和队员之间的相互补位(也称交换防守)两种,如图 7-49 和图 7-50 所示。

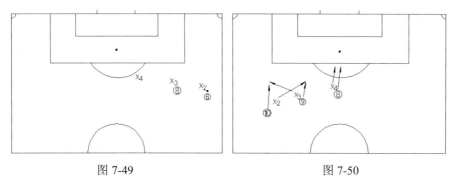

图 7-49　　　　　　　　　　　图 7-50

2. 围抢

围抢是几个人同时围住有球队员,进行抢断的一种积极的集体防守形式。它建立在个人断抢逼抢能力的基础上。

3. 夹击

夹击是指二、三个队员对有球队员进行二人前后或左右的堵击,另一队员进行围堵抢断的防守形式。

4. 制造越位

制造越位是指防守队员利用越位规则对进攻队员的限制,主动故意制造对手越位位置,从而瓦解对手的进攻跑位和极具威胁的进攻意图所采取的防守形式。制造越位要求防守队员准确地把握制造越位的时机,负责指挥的队员应是善于观察、判断能力强的、防守线的最后一名队员,此外还要求参与队员必须协同一致。制造越位如图 7-51 所示。

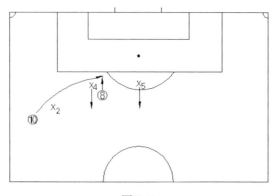

图 7-51

(三) 整体防守战术

整体防守战术是指两个以上局部防守采用人盯人防守、区域盯人防守、混合防守、密集防守等配合所完成的行动。

1. 人盯人防守

人盯人防守是指除拖后中卫外每个人都有盯住一个指定对手的任务，原则上是对手跑到哪里就盯到哪里，由拖后中卫(自由人)进行区域防守，执行补位的任务。

2. 区域盯人防守

区域盯人防守是指每个防守队员在自己的防守区域内进行盯人防守，不管是哪个对手进入该区域都进行盯防，原则上不跨越区域盯人，由拖后中卫(自由人)执行补位的任务。特别要求防守队员注意各区域间的结合部的防守，因此需明确队员的职责、任务以减少和避免防守漏洞。

3. 混合防守

混合防守是指把人盯人防守和区域盯人防守结合起来，一般为前锋和前卫区域盯人，三个后卫盯人，由拖后中卫(自由人)执行补位的任务。同时也可根据对方的情况，指定某一前卫死盯对方某一重点人物。混合防守因对手情况、特点等进行灵活运用。它的优点在于吸取了上述两种防守的长处，克其之短，最大限度地发挥防守的力度和效率。

4. 密集防守

密集防守是指集中绝大部分队员撤至本方四分之一场地内进行防守，形成以多防少的优势，中、前场只有2～3人进行游弋和突袭。其特点主要是防守人数多，可用空间少，渗透性进攻较难，因此破门难度也相对较大。

(四) 定位球防守战术

定位球防守战术是指针对死球、角球、球门球、任意球、中圈开球、掷界外球等有目的、有意识地布置防守行动。面对定位球的防守首先应迅速组织回撤防守队员的人数并进行合理、有效、针对性强的人员布局，除排人墙的队员外，其他队员要注意相互间对位置、空间的保护、补位并适时制造越位以瓦解对手的进攻。

第四节 足球竞赛规则简介

一、足球比赛场地

足球比赛场地必须是长方形，地面平整。场地长90～120米、宽45～90米。国际比赛场地长100～110米、宽64～75米。一般多采用其中间数字，即长105米、宽69米。设在400米跑道的田径场内的足球场，以长104米、宽68米为宜。国内比赛可因地制宜，但在任何情况下，球场的长度必须长于宽度。

二、比赛方法

正式的足球比赛，每队上场 11 人。

全场比赛时间为 90 分钟，分上、下两个半场进行，每个半场 45 分钟，中间休息 15 分钟。下半场进行时双方互换场地。

比赛以进球多少定胜负。如双方均未胜球或胜球数目相等，则这场比赛应为平局。

三、比赛开始、进行及死球

比赛开始前，通过掷币，猜中的队决定上半场比赛的进攻方向。

自比赛开始至比赛终了时，比赛均应在进行中，包括下列情况：球从门柱、横木或角旗杆弹回场内；球从当时在场内的裁判员或巡边员身上弹落于场内；队员似有犯规现象而裁判员并未判罚前。

四、越位

(一) 越位

凡进攻队员较球更接近对方球门线者，即为处于越位位置。下列情况除外：

(1) 该队员在本方半场内。

(2) 至少有对方队员两人比该队员更接近对方的球门线。

(3) 当队员踢或触及球的一瞬间，同队队员处于越位位置，裁判员认为该队员有下列行为，则应判为越位：① 在干扰比赛或干扰对方；② 企图从越位位置获得利益。

(二) 队员不应被判为越位

(1) 队员仅仅处在越位位置。

(2) 队员直接接得球门球、角球或界外掷球。

(三) 越位判罚

队员被判罚越位，裁判员应判由对方队员在越位地点踢间接任意球。如果该队员在对方球门区内越位，那么这个任意球可以在越位时所在球门区内任何地点执行。

五、任意球

任意球有直接任意球及间接任意球两种。直接任意球：可以直接射入对方球门得分(直接射入本方球门，不算进球，应由对方踢角球)。间接任意球：不能直接射入得分，必须场上其他队员触及后进入球门内才算进一球(直接射入对方球门，由对方踢球门球)。

六、球门球

(1) 队员将球的整体从空中或地面踢出对方球门线(不属于进球得分)时，由对方在球门区内任何一点踢球门球。踢球门球时，对方队员应在罚球区。

（2）当球直接踢出罚球区进入场内时比赛方为恢复，在出区前被任何人触及，均应重踢。球门球可以直接射入对方球门得分。

（3）球被发出区后，踢球队员在其他队员触球前不得再次触球，否则为连踢，若手触球则应判为手球犯规。

七、犯规与不正当行为

足球比赛对抗性强，允许合理冲撞。所谓合理冲撞是指：目的为球——球在双控制范围以内；动作合理——指以肩下、肘以上的部位冲撞对方相应部位，冲撞时手臂不得张开，动作不猛烈、不危险。如犯规应判罚直接任意球或点球：

（1）踢或企图踢对方队员。

（2）绊摔对方队员，即在对方身后或身前，伸腿或屈体绊摔或企图绊摔对方队员。

（3）跳向对方队员。

（4）猛烈地或带有危险性地冲撞对方队员。

（5）除对方队员正在阻挡外，从背后冲撞对方队员。

（6）打或企图打对方队员，向对方队员吐唾沫。

（7）拉扯对方队员。

（8）推对方队员。

（9）用手触球。

八、罚球点球

当比赛进行中，一个队在本方罚球区内由于违反了可判为直接任意球的九种犯规之一而被判罚的任意球，应执行罚球点球。罚球点球可以直接进球得分。

（1）罚球点球应从罚球点上发出，必须明确主罚队员。

（2）踢球时除主罚队员和对方守门员外，其他队员均应在该罚球区外及比赛场内，并至少距罚球点 9.15 米处。对方守门员在球被踢出前，必须站在两门柱间的球门线上(两脚不得移动)。主罚队员必须将球向前踢出，在其他队员踢或触及前不得再次触球。当球滚动足球的圆周距离时，比赛即为恢复。

（3）罚球点球可直接射门得分。当比赛进行中执行罚球点球，以及在上半场或全场比赛终了而延长时间执行或重新踢罚球点球时，如踢出的球触及门柱、横木或守门员而进入球门，只要没有犯规现象发生，均应判为胜一球。

（4）如果被罚方队员犯规，则球未罚中应重罚。

（5）如踢罚球点球队员以外的攻方队员犯规，则球罚中无效，应重罚。

（6）如踢罚球点球队员在比赛恢复后犯规，则应由对方队员在犯规地点踢间接任意球。

九、掷界外球

当球的整体不论在地面或空中越出边线时，应由出界前最后触球队员的对方队员，在球出界处掷向场内任何方向。

掷球时，掷球队员必须面向球场，两脚均应有一部分站立在边线上或边线外，不得全部离地，用双手将球从头后经头顶掷入场内。球一进场内比赛立即恢复。掷球队员在球被其他队员踢或触及前，不得再次触球。

掷界外球不得直接掷入球门得分。

如掷球队员掷球入场后在球被其他队员踢或触及前再次触球时，应由对方队员在犯规发生地点踢间接任意球。

如果队员在对方球门区内犯规或在本方球门区内犯规，则应踢间接任意球。

十、裁 判 员

（一）裁判员职责

每场比赛应委派一名裁判员执行裁判任务。在他进入比赛场地时，即开始行使规则赋予的职权。比赛暂停或比赛成死球时出现的犯规，裁判员亦有判罚权。裁判员在比赛进行中，根据比赛实际情况，诸如比赛结果等所作的判决应为最后判决。裁判员的职责如下：

(1) 执行规则。

(2) 避免作出对犯规队有利的判罚。

(3) 记录比赛成绩和比赛时间，使比赛赛足规定的时间或双方同意的时间，并补足由于偶然事故或其他原因所损耗的时间。

(4) 因违反规则、遇风雨、观众或外界人员干扰及其他原因妨碍比赛进行时，裁判员有权暂停、推迟或终止比赛。

(5) 裁判员从进入比赛场地起，对犯有不端和不正当行为的队员应给予警告并出示黄牌。

(6) 除参加比赛的队员及巡边员外，未经裁判员允许，任何人不得进入比赛场地。

(7) 如裁判员认为队员受伤严重时，应立即停止比赛，须将受伤队员尽可能迅速地移至场外，并立即恢复比赛。如果队员受轻伤，则比赛不应在成死球前停止。凡队员能自己走到边线或球门线接受任何护理者，不得在场内护理。

(8) 裁判员对于场上队员的暴力行为、严重犯规、使用污言秽语或辱骂性语言，以及经警告后仍犯有不正当行为者，应罚令出场并出示红牌。

（二）裁判员的哨声、手势

1. 裁判员的哨声

为使双方继续进入比赛，一般情况下裁判员可不鸣哨。但有下列五种情况必须鸣哨：① 开始比赛；② 停止比赛；③ 进一球；④ 执行罚球点球；⑤ 比赛时间终了。

2. 裁判员的手势

(1) 直接任意球——单臂前或侧平举，反指向罚球方向。

(2) 间接任意球——单臂上举。

(3) 角球——单臂斜上举，指向角球区。

(4) 罚球点球——单臂指向罚球点。

(5) 球门球——单臂平举指向球门区。

(6) 警告或法令出场——手持黄牌或红牌面向犯规队员单臂上举。

(7) 继续比赛——两臂侧斜下方展开向前连续挥动。

(三) 巡边员

1．巡边员的职责和权利

每场比赛应委派两名巡边员，他们的职责(由裁判员决定)有以下情况应示意：

(1) 球出界成死球。

(2) 角球、球门球或掷界外球。

(3) 队员要求替补。

巡边员还应协助裁判员按照规则控制比赛。巡边员如有不当行为或不适当地干扰比赛，裁判员则应免除其职务并指派他人代替(裁判员应将此情况上报主办机构)。巡边员使用的手旗，应由比赛场地提供。

2．巡边员的旗示

(1) 界外球——持旗向发球方向斜上举。

(2) 角球——不论远端或近端角球，均持旗斜下举指向近端角球区。

(3) 球门球——持旗平举指向球门区。

(4) 越位——持旗上举，表示越位。当裁判员鸣哨停止比赛时，再指向越位地点。

① 远端越位——持旗斜上举。

② 中间越位——持旗平举。

③ 近端越位——持旗斜下举。

(5) 替换队员——两手持横旗，两臂前上举，将旗展开。

第八章 乒 乓 球

第一节 乒乓球运动概述

乒乓球运动是由两名或两对选手用球拍在中间隔着一道球网的球台两端轮流击球的一项球类运动。

据各种资料记载,乒乓球运动起源于英国,是从网球运动中产生的。由于当时使用的羔皮纸球拍击到球和球碰台后发出"乒乓"的声音,于是人们模拟其声音把它叫作"乒乓球",其后也称"桌子上的网球"。

1926 年国际乒乓球联合会成立,通过了乒乓球比赛规则草案,乒乓球才由一种娱乐性比赛发展成为一项竞技性的体育项目。1928 年国际乒联将"乒乓"名称正式确定下来。乒乓球技术的发展史,是在球拍工具不断革新,使球在速度和旋转之间相互竞争的过程中向前推进的。

乒乓球运动的发展经历了以下几个阶段:

(一) 第一阶段(1926—1951 年) ——欧洲全盛时期

这期间共举行了 18 届世界锦标赛,欧洲运动员获得的世界冠军占 93.1%,处于绝对优势。

在这一阶段总体技术是以削球或削攻结合打法为主导地位的。

(二) 第二阶段(1952—1959 年) ——日本称霸时期

日本乒协于 1928 年就加入了国际乒联,20 世纪 50 年代他们使用海绵拍,大大改变了乒乓球的传统打法,并开始称霸世界乒坛。

(三) 第三阶段(1959—1969 年) ——中国崛起勇攀高峰

1959 年我国运动员容国团连续打败了许多世界强手,为我国夺得有史以来的第一个世界冠军。1961 年,北京成功举办了第 26 届世乒赛,中国队一举荣获了三项冠军,国际舆论轰动。中国队在此后的历届比赛中,始终保持了优势,中国队的成功,把这项运动在快速和技术全面发展方面推到了一个新的发展阶段。

(四) 第四阶段(1971—1979 年)——欧洲各队复兴，中国、日本、朝鲜队继续前进

在第 31 届世界锦标赛中，19 岁的瑞典选手本格森，一跃成为男子单打世界冠军。他在继承、发展欧洲打法的基础上，学习了日本的弧圈球以及中国快攻技术的长处，把快攻和弧圈球结合在一起，打起来得心应手。

(五) 第五阶段(1981 年以后)——乒乓球被列入奥运会项目

1977 年乒乓球被承认为奥林匹克运动会项目，并于 1988 年首次列入汉城奥运会比赛项目。这是世界乒乓球运动发展中的一个重要里程碑。

进入奥运会，奖牌的含金量大大增加，极大地鼓舞了各国乒乓健儿的训练热情，赛场的争夺更加紧张激烈，扣人心弦。欧洲强队瑞典、德国、俄罗斯、荷兰、法国名将集中大练兵，矛头直指中国队。亚洲强队韩国、日本、朝鲜、中国台湾也积极引进人才，一心想在奥运会上夺冠。

沧海横流，方显英雄本色。中国队面对"世界打中国"的局势，认真调整战略部署，积极创新打法与训练方法，精心培养新生力量，在群雄逐鹿的激战中始终保持领先地位，一次又一次创下了奇迹。

在从 1988 年开始的 6 届奥运会中，中国健儿夺得乒乓球项目的 20 块金牌，占总数 28 块的 85%。在 2012 年第 30 届伦敦奥运会上，我国乒乓健儿包揽了 4 个项目的全部金牌，再一次给了全国人民带来了惊喜。

第二节　乒乓球运动的基本技术

一、握拍法

握拍的方法有直握拍和横握拍两大类。不同的握拍法，有不同的优缺点，从而产生各种不同的打法。

(一) 直握拍法

如图 8-1 所示，直握拍法即以拇指第一指节与食指第二指节扣住拍柄，虎口贴于拍柄后面；其余三指自然弯曲、重叠，以中指第一指节侧面顶在拍后面拍柄延长线处；用中指、虎口、食指、拇指调节拍形。

优点：手腕灵活，正手换反手时不换拍面，摆速较快。

缺点：板形不易固定，反手不好发力，左右照顾面小。

(二) 横握拍法

如图 8-2 所示，横握拍法即拇指、食指成中国八字手势的形状，一前一后贴于拍面；其余三指握住拍柄，用小臂内旋、外旋调节拍形。

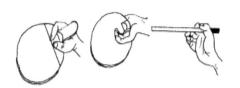

图 8-1　　　　　　　　　　　　　　　　　　　图 8-2

优点：板形固定，反手易发力，左右照顾面大。

缺点：手腕不太灵活，正手换反手时要换拍面，影响摆速。

二、准备姿势

准备姿势如图 8-3 所示。两脚分开与肩同宽，脚掌平行，两膝微屈，提踵，前脚掌内侧用力着地，脚趾亦轻微用力压地，重心放在两前脚掌中间；上体稍前倾，含胸收腹，使后背呈弧形；两臂自然弯曲，放在体前，持拍手臂自然弯曲，直握拍运动员肘部略向外张；球拍置于腹部右前方，手腕自然放松；非持拍手臂自然弯曲于身体左侧，头部正直，两眼平视；正确观察，灵活移动，及时准备做击球动作。

注意：直、横拍运动员的准备姿势都应使手、臂及手腕自然放松，以利于发力击球。

图 8-3

三、基本站位

(一) 站位的重要性

站位是指运动员击球前根据自己打法的特点而站立的位置。正确的站位可以更好地发挥自己的技术特长，弥补技术上的不足，并获得较全面的照顾范围。

(二) 站位的方法

站位根据离台远近的不同分为近台、中台、远台、中远台和中近台，如图 8-4 所示。近台是指站位在离台 40 厘米以内的范围。中台是指站位在离台 70 厘米附近的范围。远台是指站位在离台 1 米以外的范围。中近台是指站位介于中台与近台之间。中远台是指站位介于中台与远台之间。

乒乓球运动员的站位应根据不同打法类型及个人的技术特点来确定，以利于发挥技术特长。直拍左推右攻打法的基本站位应在近台中间稍偏左(以右手执拍为例，以下均同)，离台约为 40 厘米，一般左脚稍前，右脚在后，如图 8-5 所示；两面攻打法的基本站位在近台中间，离台约为 50 厘米，一般也是左脚稍前，右脚稍后，如图8-6 所示；以弧圈球为主打法的基本站位在中台或中近台

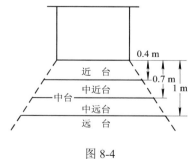

图 8-4

偏左的位置，如图 8-7 所示；横拍攻削结合打法的运动员基本站位在中台附近，如图 8-8 所示；以削为主打法的运动员基本站位在中远台附近，如图 8-9 所示。

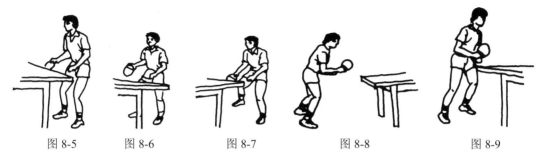

图 8-5　　　　图 8-6　　　　　图 8-7　　　　　图 8-8　　　　　图 8-9

说明：以上所说的基本站位是指准备回击一般来球时的站位。在实际比赛中，运动员要随时根据来球的远近和方位，不停地移动自己的位置，才能以正确的手法回击各种不同的来球。

四、发球方法

(一) 平击发球

平击发球速度慢、无旋转、力量轻，容易掌握，是发球入门技术的基础。

动作要点：左脚稍前；身体稍向右(左)转，持拍手向右(左)后引拍，另一手把球轻轻地向上抛起(初学者可以把球抛得低一些)；在球下降至与网同高时，向前迎球挥拍，击打球的中上部，第一落点在本台中间部分。初学者动作要柔和放松，把握好击球的力量和方向。

练习方法：徒手练习抛发动作；进行台上练习。

练习要求：抛球不宜高，在身体的远端击球。

(二) 下旋发球

下旋发球速度慢，前进力小，旋转力较强，是发球的基本技术之一。如能配合转与不转的不同发球，可争取主动。

动作要点：左脚稍前；抛球时持拍手向后上方引拍，约同肩高；手腕略外转，拍形稍后仰，拍端向斜上方，上体右转；当球下落至与网同高时，以小臂发力为主，同时手腕用力，向前下方摩擦球的中下部，第一落点接近本台中间部分；击球后，动作顺势前送，然后还原。动作如图 8-10 所示。

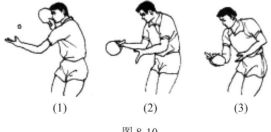

(1)　　　　　　(2)　　　　　　(3)

图 8-10

练习方法：自抛球后，拍形向上摩擦球的下部，使球落台后自动返回。

练习要求：拍子不宜后仰过多。

(三) 侧旋发球

侧旋发球速度较快，旋转力适中，如能用接近的手法配合侧上旋和侧下旋击法，可使对方接球困难。

动作要点：左脚稍前；抛球的同时上体右转，向右上方引拍，手腕略外展，拍形后仰；击球时，以小臂为主，向左前下方挥拍。发侧下旋时，力量向下较多；发侧上旋时，力量向上较多。完成整个动作后，要迅速还原。动作如图 8-11 所示。

练习方法：与下旋发球相同。

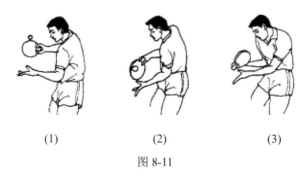

(1)　　　　　　(2)　　　　　　(3)

图 8-11

五、接发球技术

乒乓球技术的不断发展，新赛制、新规则的实施，对运动员在比赛中无论是技术、心理、应变能力都提出了更高的要求。比赛中，每一分的争夺都是从发球、接发球开始，相对其他环节来讲，接发球的技术难度最大，它要求运动员在最短的时间里，准确判断对方来球的速度、旋转、落点，然后采取最有效、合理的方法进行回接。比赛中，如果接发球做得不好，除直接失分外，同时还会使自己的技术、战术无法发挥，造成心理上的紧张恐惧，乃至全局失败。

由于使用大球和执行无遮挡发球规则，与原来的小球相比，发球的旋转、速度都有所下降，这就使接发球方在准备时有相对较多的时间判断、思考如何运用各项技术更合理地处理每个球。尽管这样，要接好每个发球仍然是很困难的。所以，只有全面掌握各种接发球的方法，才能在比赛中减少被动，争取主动。

(一) 站位的选择

接发球的站位是否合理，主要根据是否能为自己进攻创造有利条件，按照个人的打法特点与对方发球的站位来选择。一般来讲(以右手为例)，接发球的站位都在左半台侧身位，身体离球台约 40~60 厘米。这种站位有利于发挥正手的威力。如果对方准备用左手在球台的右角发球，考虑到右方斜线来球角度大，接发球的站位则应调整至球台中间位置，以便于照顾全台。

(二) 判断来球

判断是接发球的首要环节，只有正确判断对方发球的性能，才能更好地运用接发球的技术。

1. 对旋转的判断

运动员发球时，常出现的旋转主要有左侧上下旋、右侧上下旋、转与不转旋等，发球队员通过各种发球方式，将这些旋转展现出来，如用正、反手发球，高抛和下蹲发球等。在判断旋转性质时，可以从以下几个方面进行考虑：

(1) 拍形：根据对方发球时的拍面角度来判断上下旋。一般来讲，发上旋球时拍形都比较竖，发下旋球时拍形都比较平斜，拍面呈后仰状。这种特点与发球时球拍接触球的部位有直接关系，千万不要被对方触球前后的一些假动作所迷惑。一般情况下，球拍从上向下挥动是下旋，从下向上是上旋，从左向右是右侧旋，从右向左是左侧旋。单一性能旋转发球比较容易判断，如果是两种旋转相结合的侧上、侧下旋和旋与不转的发球，判断起来相对比较困难。

(2) 动作轨迹：根据对方发球时摆臂幅度大小和手腕用力程度判断来球旋转强弱。一般来讲，发上旋和下旋时，手腕摆动幅度相对大一点，手腕抖动比较厉害，摩擦球体充分，击球后有一个制动。

(3) 弧线：根据球运行的弧线，判断旋转性能。上旋和不转球在空中飞行一般较快，弧线低平，常有往前"拱窜"的感觉。下旋球运行比较平稳，弧线略高。

(4) 出手：根据对方发球出手的瞬间速度判断来球旋转强弱。发上旋和不转球时一般出手较快，动作比较模糊；下旋球的出手相对慢一些，触球时有一个加速度，只有这样，才能给球以足够的摩擦，使球产生强烈的下旋效果。

2. 对速度和落点的判断

(1) 对长球的判断：一般用眼睛的余光就可以看清对方发球时大臂和前臂的挥拍动作。例如，如果对方缓慢、放松地将前臂向后拉，然后快速向前摆动，就会发出急球，其击球的第一落点都在端线附近。球的运行速度，侧上旋和不转球明显要快于侧下旋和下旋球。如果发侧上、下旋斜线长球，要注意球的第二弧线有侧拐的特点。

(2) 对短球的判断：短球很难发挥速度的优势，较多考虑的是落点和旋转。要想把球发短，手腕应该灵活，触球瞬间有突然制动。在接短球时，身体重心要充分前迎，重心落在上步的脚上，以便与下一板球的衔接。另外要注意手臂不要过早地伸入台内，以免来球可能是半出台球或是"小三角"位置，造成判断失误，回接不当。

3. 对半出台球的判断

对半出台球的判断难度较大。在判断这种球时，侧上旋和不转球比侧下旋和下旋球更容易出台。要根据发球者的特点，仔细观察发球者发哪种类型的发球时容易出现半出台球，这样就会增加接半出台球选择手段的针对性。另外在比赛中，处理短球和半出台球时，在意识上要明确，先是准备短球，再判断球是否出台。如果先准备抢拉半出台球，等判断球没有出台再去回接，就会措手不及，容易被对方抢攻。

(三) 接发球的方法

接发球多种多样，一般有拉、打、拨、挑、撇、推、搓长、摆短、削等多种技术方法。随着乒乓球技术的不断发展，出现了很多新的接发球技术，如晃撇、侧拧、台内抢位等。所以，接发球技术是各种基本技术的综合运用，要想在比赛中取得主动，合理、有效、有针对性地运用各种技术是关键。由于每个人打法各异，技术水平不等，因此在回接方法上也有所区别。下面介绍几种主要的接发球的方法，多以直拍或横拍进攻性打法为主。

1. 接急球

所谓急球，是指对方发出的直线、斜线速度较快的长球，具有角度大、速度快的特点。

回接急球时，站位应偏远一点，以便做好充分的准备。判断和启动都要快，根据来球的速度、旋转和落点，采取点、拉、推、拨、冲等方法回接。正手位的急球，侧旋或侧上旋球多一点，接球可以攻、冲为主；接急下旋长球时以拉、冲为主；接反手位的奔球、侧旋或侧上旋时多以快推、快拨对方大角度或用反手攻和侧身点、冲等方法。

2. 接下旋球

接下旋球可采用稳搓、摆短、搓长、拉冲等方法。

对于初学者，回接下旋球的基本方法就是稳搓，要求搓稳、搓低、搓转。

对具备一定水平的运动员，接下旋球时一定要积极主动，加大回接难度和质量。如对方发球旋转很强，就要采用摆短、搓长的方法回接，同时应有旋转、落点的变化。

用稳搓回接下旋球时，要使拍面后仰多一些，充分利用手腕、手指力量向前用力摩擦球体，并应根据来球旋转的强弱增大或减小拍形后仰及向前用力的程度。

用摆短回接下旋球时，一般多用于接短球。此时应注意以下几点：

(1) 接球的时间，在上升期接触球的中下部，以体现速度而不容易吃旋转。

(2) 身体前迎，手臂要离身体近一些，相对来讲比较容易控制球的旋转，加大回球的准确性和质量。

(3) 手臂不要过早伸入台内，因为这样不能形成较合理的节奏感，难以体现摆短出手快、突然性强的特点。

用搓长回接下旋球时，手法尽可能与摆短相似，以前臂发力为主，手腕摆动不要过大。搓长与摆短是接发球时相互配合运用的一种手段，利用速度和突然性来控制和破坏对方进攻的节奏。

3. 接左侧上、下旋球

发球一般站在反手侧身位用正手发球，使球产生左侧上、下旋。

左侧上旋是左侧旋与上旋相结合的旋转球，接这种球一般采用推、攻、拉、冲、挑等方法。为了控制球的左侧旋，回接时拍面角度要稍前倾，拍面方向向着自己的左方(对方的右方)偏斜，以抵挡来球的左侧旋。

接左侧下旋球，一般采用搓、削、拉等方法。如果采用搓接，拍面角度要稍后仰，拍面方向略向自己的左方偏斜，以抵挡球的左侧旋。如果采用拉冲回接，拍面角度不宜过于前倾，多向上提拉，少向前发力，以保证接球的稳定性。

4. 接右侧上、下旋球

发球者多站在反手位，用反手发球使球产生右侧上、下旋。

右侧上旋球是右侧旋与上旋球结合的旋转球，接这种球一般采用推、攻、拉、冲为宜。回接时拍面角度稍前倾，拍面方向略向自己的右方偏斜，以抵消来球的右侧旋，向前下方用力要相对加大。

右侧下旋球是右侧旋与下旋球相结合的旋转球，接这种球一般采用搓、削、拉、冲回击为宜。回接时拍面角度要稍后仰，拍面方向略向自己的右方偏斜，以抵消来球的右侧旋。如果用拉冲回接，除了要注意拍面角度外，还要加大向上摩擦球的力量，拍面角度不宜过于前倾，多向上提拉，少向前发力，确保接发球的准确性。

5. 接短球

短球是指来球落点在距球网 30 厘米以内的球，从路线上可分为反手位、中路、正手位短球。接短球的方法要根据不同球性而异，当然同一发球也可用几种方法回接。比如接正手位侧下旋短球，一般可摆短可搓长，也可挑打。接侧身位侧上下旋短球时，除搓长、摆短外也可采用晃撇、晃挑、侧拧等一些新技术。无论采取哪种接法，都要与自己下一板球紧密地衔接，与自己的技术特点、特长合理组合，才能在这个环节占得先机，抢得主动。

6. 接半出台球

回接半出台球，要有胆量、意识，有能力抢先上手，要求具有很高的对半出台球判断的能力。回接半出台球主要采用提拉、抢冲技术，运用这种技术时，不要引拍过大，重心要前移，手臂向前台靠近、抬高，击球点一般在台面以上，以前臂和手腕的突然向前发力为主，整个动作幅度不要过大，有点近似小提拉或小前冲。在比赛中敢于抢位、抢冲半出台球是十分重要的，半出台球接得好，不但体现了积极主动、抢先上手的指导思想，还能给对方心理造成大的压力，从而降低对方发球的质量。

六、击球技术

(一) 推挡

推挡球大多以反手进行，站位近、动作小、球速快，可用推挡的速度和落点变化压制对方的攻势，争取主动。推挡球的技术可分为快推、加力推、推下旋、减力挡和快挡等。

1. 快推

动作要点：离台约 40 厘米，站位左脚稍前，或两脚平行自然开立，身体离台约 40 厘米，持拍手臂和肘关节内收，前臂略外旋，手臂自然弯曲，拍面角度稍前倾；当来球从台面弹起，还未达到最高点时，前臂和手腕借力迅速向前推压，击球的中上部，如图 8-12 所示。

图 8-12

2. 加力推

动作要点：右脚稍前站或两脚开立平站，身体离台 40 厘米左右，手臂自然弯曲并外旋，拍面稍前倾，上臂后引，前臂提起，肘关节贴近身体，使球拍稍提高一些，并及时根据来球弹起的高度调整好拍面角度；当球反弹至上升期后段或高点时，上臂、前臂、手腕加速向前下方推压，击球的中上部；击球时，拍面角度应固定，手腕不加转动，如图 8-13 所示。

图 8-13

3．推下旋

动作要点：右脚稍前站，身体离台约 40 厘米，手臂内旋，拍面角度稍后仰，上臂后引；前臂上提，将球拍引至身体前上方；当球跳至上升期后段时，击球的中部，向下摩擦，上臂、前臂和手腕向前下方用力推动，如图 8-14 所示。

图 8-14

4．减力挡

动作要点：手臂外旋，拍面稍前倾，手臂稍向前迎击；当来球跳至上升期时，击球的中上部；拍触、击球的一瞬间，手臂和手腕稍向后收，以缓冲球的反弹力。

5．快挡

动作要点：球拍置于身前，前臂自然弯曲，准备击球时，拍稍后移，拍面稍前倾；当球反弹至上升期时，前臂向前迎球，击球的中上部。

易犯错误：两脚前后站立，身体前后移动推球；引拍过高拍形后仰；用手腕甩动击球。

练习方法：结合平击发球练习推挡。

(二) 正手攻球

攻球是比赛中争取主动和得分制胜的重要技术，它具有快速有力的特点，能体现积极主动、快速进攻的指导思想，运用得好，能使对方陷于被动，从而取得优势。

1．正手快攻

动作要点：左脚稍前，身体离台约 40 厘米，手臂自然弯曲并内旋，使拍面稍前倾，前臂后引，引拍至身体左侧右后方；当球弹至上升期时，手臂向左前方迎球，击球的中上部，在上臂的带动下前臂快速地向左前方挥动，手腕配合外展，球拍挥至头的前部，如图 8-15 所示。

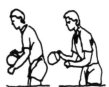

图 8-15

2. 正手拉攻

动作要点：正手拉攻是回击下旋球的主要技术，手臂根据对方来球旋转强弱，做内旋使拍面接近垂直，或做外旋使拍面稍后仰。击球时，前臂下沉，将球拍引至身体右侧下方，当球跳至最高点开始下降时，上臂带动前臂加速向左前上方提拉挥动，手臂同时做外展。若来球下旋强，则拍面稍后仰，击球的中上部；若来球下旋弱，则拍面接近垂直，击球的中部。击球后，球拍顺势挥至额前，如图 8-16 所示。

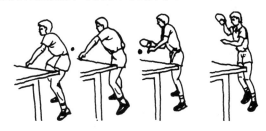

图 8-16

3. 正手扣杀

动作要点：当球弹起到高点时，上臂带动前臂由后向前；将触球时，前臂加速用力向左前下方挥击，拍面稍前倾，击球的中上部，球拍触球的刹那间，腰、髋向左转动配合发力；击球后，手臂随势继续向左前下方挥动，重心由后脚移至前脚，如图 8-17 所示。

图 8-17

(三) 反手攻球

1. 反手快攻

动作要点：右脚稍前，身体离台约 40 厘米，持拍手臂自然弯曲并外旋使球拍稍前倾，上臂、肘关节自然靠近身体，将球拍至腹前偏左位置；当球跳至上升期时，前臂加速向右前上方挥拍，触球的瞬间手腕同时配合外旋，击球的中上部；击球后，前臂继续向右前上方随势挥动，如图 8-18 所示。

图 8-18

2. 反手快拨

动作要点：右脚稍前，前臂自然弯曲并外旋使拍面前倾，手腕内收，将球拍引至腹前偏左位置；当球跳至上升期时，以肘关节内收，拍面稍前倾，击球的中上部，前臂加速外旋并带动手腕借来球反弹力向右前方挥动，将球拨回，如图8-19所示。

图 8-19

易犯错误：抬肘；击球时向上翻肘；吊拍、撒拍；击球时小臂没有内旋；击球点过于靠后；发力方向不对。

练习方法：徒手练习；结合推挡练习。

练习要求：初学者练习时注意力量宜小不宜大，速度宜慢不宜快，弧线宜高不宜低，距离宜长不宜短。

（四）搓球

搓球是近台还击下旋球的一种基本技术。由于回球线路较短，多在台内，因而可造成对方回球困难。另外，搓球又比较稳健，旋转和落点变化也较多，故用作过渡技术，用以寻找进攻机会。搓球动作与削球近似，是削球必须掌握的入门技术。

学习时，首先应学习反手搓球，再学习正手搓球；先练习慢搓，再练习快搓；基本熟悉以上技术之后，再研究搓转与不转的球。

动作要点：离台40厘米，两脚平行或左脚稍前；随来球路线，向左后上方引拍，拍形后仰，以小臂为主，向前下方挥拍；击球时，拍形后仰，在球的下降期摩擦球的中下部，以小臂为主，手腕为辅向前下方发力(快搓动作较小，在上升期击球)；击完球后，顺势前送，并迅速还原，如图8-20所示。

图 8-20

易犯错误：小臂放松不够，撞击多，摩擦少。

练习方法：徒手练习；对方发下旋球配合练习。

第三节　乒乓球运动的基本战术

乒乓球运动的战术灵活多变，没有一个固定的模式，在一个回合中常常会用到多个组合战术。战术运用得当，在比赛中会事半功倍；战术运用成功，可以战胜较强的对手。然而，无论什么组合战术，都离不开以下几个基本的战术。

一、推攻战术

特点：主要运用正手攻球和反手推挡的速度及力量，并结合落点变化和节奏变化来压制与调动对方，以争取主动或得分。推攻战术是左推右攻型打法对付攻击型打法的主要战术，有反手推挡能力的两面攻运动员、攻削结合的运动员等也时常使用它。

方法如下：

(1) 左推右攻。

(2) 推挡侧身攻。

(3) 推挡、侧身攻后扑正手。

(4) 左推结合反手攻。

(5) 左推、反手攻后侧身攻。

(6) 左推、反手攻、侧身攻后扑正手。

二、两面攻战术

特点：主要利用正、反手攻球技术的速度和力量压制对方，争取主动和创造扣杀机会。两面攻战术是两面攻打法对付攻击型打法的主要战术。

方法如下：

(1) 攻左扣右(进攻对方左角，寻找机会，猛扣对方正手空当)。

(2) 攻打两角，猛扣中路。

三、拉攻战术

特点：连续运用正手快拉创造进攻机会，然后采用突击和扣杀来作为得分手段。拉攻战术是快攻打法对付削球类打法的主要战术。

方法如下：

(1) 正手拉后扣杀。

(2) 反手拉后扣杀(一般为两面攻运动员遇到左侧大角度的削球时所采用)。

四、拉、扣、吊结合战术

特点：由拉攻战术与放短球战术相结合而成，是快攻型打法对付削球打法的常用战术。

方法如下：

(1) 在拉攻战术的扣杀或突击后放短球(这时，对方站位一般离台较远，故放短球效果最好)。

(2) 在拉攻战术中放短球后，结合扣杀或突击(这时，对方站位往往离台很近，故扣杀或突击最容易得分)。

五、搓攻战术

特点：主要运用"转、低、快、变"的搓球控制对方，以寻找战机，然后采用低突、快点或快拉等技术展开攻势并进入连续攻，在搓球中遇到机会球时进行扣杀，常常带有突然性，往往可以直接得分。搓攻战术是乒乓球各种打法都不可缺少的辅助战术。

方法如下：

(1) 正、反手搓球结合正手快拉、快点、突击或扣杀。

(2) 正、反手搓球结合反手快拉、快点、突击或扣杀。

六、削中反攻战术

特点：由削球和攻球结合而成，常以逼角加转削球为主，伺机反攻，或以转、低、稳、变的削球，迫使对手在走动中拉攻，以从中寻找机会，予以反攻。这种战术有"逼、变、凶、攻"的特点，是攻、削结合打法的主要战术。

方法如下：

(1) 正、反手削球逼角(落点逼近对方球台的左角)，结合正手攻或侧身攻攻击对方右侧空当。

(2) 正、反手削两大角长球，结合正、反手(或侧身)反攻。

七、发球抢攻(抢冲)战术

特点：以旋转、线路、落点以及速度不同的发球来增加对方回击的难度，使其出现机会球，或降低回球质量，然后抢先进攻，以争取主动或直接得分，这是乒乓球所有打法特别是进攻型打法的主要战术和得分手段。

方法如下：

(1) 发下旋转与"不转"抢攻。

(2) 发正、反手奔球抢攻。

(3) 发正、反手侧上、下旋球抢攻。

八、接发球抢攻(抢冲)战术

特点：由某一单项攻(冲)球技术所形成，进攻性强，可变接发球的不利地位为有利地位，也可直接得分，是乒乓球运动各种打法特别是进攻型打法的主要战术。

方法如下：用快点、快攻或中等力量突击进行接发球。

第四节　乒乓球竞赛规则简介

一、场地器材

1. 球

球为黄色(或白色)，直径为 40 毫米，重 2.7 克，由赛璐珞或类似的塑料制成。

2. 球拍

球拍的大小、形状或重量不限，底板至少应有 80% 的天然木料。

3. 球台

球台应为与水平面平行的长方形，长 2.74 米，宽 1.525 米，离地面高 76 厘米。

球台四边应有一条 2 厘米宽的白线。双打时，各台区应由一条 3 毫米宽的白色中线划分为两个相等的"半区"。

二、比赛规则

1．定义

(1) 握在手中的球拍或执拍手的手腕以下部分触球叫作"击球"。

(2) 对方击球后，球尚未触及本方台区，本方运动员即行击球叫作"拦击"。

(3) 对方击球后，处于比赛状态的球尚未触及本方台区也未越过台面或其端线，即触及本方运动员或其穿戴的任何物品，叫作"阻挡"。

2．合法发球

(1) 发球时，球应放在不执拍手的掌上，手掌张开并伸平，球应是静止的，在发球员的端线之后和比赛台面的水平面之上。

(2) 发球员须用手把球几乎垂直地向上抛起，不得使球旋转，并使球在离开不执拍手的手掌之后上升不少于 16 厘米。

(3) 当球从抛起的最高点降落时，发球员方可击球，使球首先触及本方台区，然后越过或绕过球网装置，再触及接发球的台区。在双打中，球应先、后触及发球员和接发球员的右半区。

(4) 从抛球前静止的最后一瞬间到击球时，球和球拍应在比赛台面的水平面之上。

(5) 在双打中，除发球和接发球外，运动员还需按正确的次序击球。

(6) 实行转换发球法时，发球方发出和还击的球，被接发球方连续 13 次合法还击。

3．交换发球次序

(1) 比分到 2 分后，接发球一方即成为发球一方，依次类推，直到一场比赛结束；或者双方的比分到 11；或者直到开始采用轮换发球法。

(2) 在双打中，由取得发球权一方选出同伴发球，由双方选换同伴接发球。

(3) 一局首先发球的一方，在该场下一局首先接发球。

4．变换方位

一局中站某一方位的运动员，在下一局应换到另一方位。在决胜局中，当一方先得 5 分时，即应与对方交换方位。

5．发球、接发球的次序和方位错误

(1) 发现运动员方位错误，应中止比赛，并按照该场开始时的次序，根据场上比分，来确定运动员应该站的方位，再继续比赛。

(2) 一旦发现运动员错发或错接了球，应中断比赛，并按该场开始时的次序，从场上比分开始，由应发球或接发球的运动员发或接。在双打中，按发现错误时那一局中有首先发球权的那一方的次序进行纠正，再继续比赛。

(3) 在任何情况下，发现错误之前的所有得分均有效。

第九章　健　美　操

第一节　健美操运动概述

一、健美操运动的概念与分类

按照目的任务和国外的惯例，健美操运动分为健身性健美操和竞技性健美操两大类，见表 9-1。

表 9-1　健美操运动的分类

健身性健美操			竞技性健美操
徒手健美操	轻器械健美操	特殊场地健美操	
一般健美操	重器械健美操	水中健美操	男子单人
拳击健美操	踏板操	固定器械健美操	女子单人
搏击操	哑铃操	功率自行车	混合双人
瑜伽健身术	橡皮筋操		三人
拉丁健美操	健身球操		混合六人
街舞			

二、健美操运动的特点与功能

(1) 健美操运动的特点：高度的艺术性、强烈的节奏性、广泛的适应性、健身的安全性。

(2) 健美操运动的功能：增进健康美、塑造形体美、缓解精神压力、娱乐身心、医疗保健等。

第二节　健美操运动的基本技术

健美操运动的基本技术包括基本步伐和上肢动作两部分。

一、基本步伐

(一) 基本步伐体系

人体运动会对地面产生一定的作用力，而地面同时也给予人体相应的反作用力，即"冲击力"。所有步伐可按冲击力分为三种：无冲击力动作、低冲击力动作、高冲击力动作。许多低冲击力动作同时也可做成高冲击力动作，见表 9-2。无冲击力动作指两只脚都接触地面的动作，或不支撑体重的动作；低冲击力动作指总有一只脚接触地面的动作；高冲击力动作指两只脚都离开地面，即有腾空的动作。

根据动作完成形式的不同，我们又可将基本步伐分为五类：

交替类：两脚始终做依次交替落地的动作。

迈步类：一条腿先迈出一步，重心移到这条腿上，另一条腿用脚跟、脚尖点地或吸腿、屈腿、踢腿等，然后向另一个方向迈步的动作。

点地类：一条腿屈膝站立，另一条腿伸出，用脚尖或脚跟点地后还原到并腿位置的动作。

抬腿类：一条腿站立，另一条腿抬起的动作。

双腿类：双脚站立，身体重心在两腿之间的动作。

表 9-2　有氧操常用基本动作体系

类别	原始动作形式	低冲击力形式	高冲击力形式	无冲击力形式
交替类	踏步(March)	踏步(March) 走步(Walk) 一字步(Easy Walk) V 字步(V-Step) 漫步(Mambo)	跑步(Jog)	
迈步类	侧并步(Step Touch)	并步(Step Touch) 迈步点地(Step Tap) 迈步吸腿(Step Knee) 迈步后屈腿(Step Curl) 侧交叉步(Grapevine)	并步跳(Step Jump) 小马跳(Pony) 迈步吸腿跳(Step Knee) 迈步后屈腿跳(Step Curl) 侧交叉步跳(Grapevine)	
点地类	点地(Touch Step)	脚尖点地(Tap) 脚跟点地(Heel)		
抬腿类	抬腿(Lift Step)	吸腿(Knee Lift(up)) 摆腿(Leg Lift) 踢腿(Kick)	吸腿跳(Knee Lift) 摆腿跳(Leg Lift) 踢腿跳(Kick) 弹踢腿跳(Flick) 后屈腿跳(Leg Curl)	
双腿类			并腿跳(Jump) 分腿跳(Squat Jump) 开合跳(Jumping Jack)	半蹲(Squat) 弓步(Lunge) 提踵(Calf Raise)

(二) 基本动作说明

1. 两脚交替类

(1) 踏步(原始动作)。

一般描述：两腿原地依次抬起，依次落地，如图 9-1 所示。

技术要点：在下落时，踝、膝、髋关节依次有弹性地缓冲。

(2) 走步。

一般描述：迈步向前走四步或向后退四步，然后反之，如图 9-2 所示。向前走时，脚跟先落地，过渡到全脚掌；向后走时则相反。

技术要点：在落地时，膝、踝关节有弹性地缓冲。

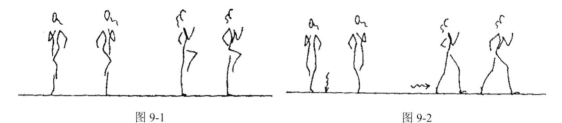

图 9-1　　　　　　　　　　　　　　　　　　图 9-2

(3) 一字步。

一般描述：一脚向前一步，另一脚并于前脚，然后依次还原，如图 9-3 所示。

技术要点：向前迈步时，先脚跟着地，过渡到全脚掌；前后均要有并腿过程；每一拍动作膝关节始终有弹性地缓冲。

(4) V 字步。

一般描述：一脚向前侧方迈一步，另一脚随之向另一方迈一步，成两脚开立，屈膝，然后依次退回原位，如图 9-4 所示。

技术要点：两腿膝、踝关节始终保持弹动状态，分开后成分腿半蹲，重心在两脚之间。

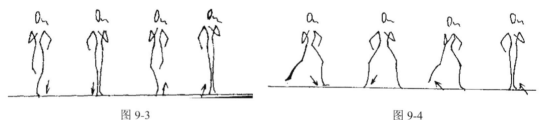

图 9-3　　　　　　　　　　　　　　　　　　图 9-4

(5) 漫步。

一般描述：一脚向前迈出，屈膝，重心随之前移，另一脚稍抬起，然后原地落下；或者向后撤一步，重心后移，另一脚稍抬起，然后原地落下，如图 9-5 所示。

技术要点：两脚始终保持交替落地，身体重心随动作前后移动，但始终在两脚之间。

(6) 跑步。

一般描述：两腿经过腾空，依次落地缓冲，两臂屈肘摆臂，如图 9-6 所示。

技术要点：落地屈膝缓冲，脚跟尽量落地。

图 9-5 　　　　　　　　　　　　图 9-6

2. 迈步类

(1) 并步(侧并步为原始动作)。

一般描述：一脚迈出，另一脚随之并拢屈膝点地；再向反方向迈步，如图 9-7 所示。

技术要点：两膝始终保持弹动，动作幅度和力度可随风格而定。

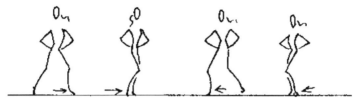

图 9-7

(2) 迈步点地。

一般描述：一只脚向侧迈一步，两腿经屈膝移重心，另一条腿再向前、侧或后用脚尖或脚跟点地，如图 9-8 所示。

技术要点：两膝放松保持弹动。

(3) 迈步吸腿。

一般描述：一只脚迈出一步，另一条腿屈膝抬起，然后向反方向迈步，如图 9-9 所示。

技术要点：经过屈膝半蹲，抬膝时支撑腿稍屈膝。

图 9-8 　　　　　　　　　　　　图 9-9

(4) 迈步后屈膝。

一般描述：一只脚迈出一步，另一条腿后屈，然后向反方向迈步，如图 9-10 所示。

技术要点：经过屈膝半蹲，支撑腿稍屈膝，后屈腿的脚跟靠近臀部。

图 9-10

(5) 侧交叉步。

一般描述：一只脚向侧迈一步，另一只脚在其后交叉，随之再向侧迈一步，另一脚并拢，屈膝点地，如图 9-11 所示。

技术要点：第一步脚跟先落地，身体重心快速随脚步而移动，保持膝、踝关节的弹动。

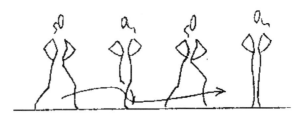

图 9-11

3. 点地类

(1) 脚尖点地。

一般描述：一条腿稍屈膝站立，另一条腿伸出，脚尖点地，然后还原到并腿姿势，如图 9-12 所示。

技术要点：支撑腿始终保持屈膝站立，并且随动作有弹性地屈伸。

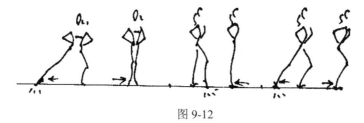

图 9-12

(2) 脚跟点地。

一般描述：一条腿稍屈膝站立，另一条腿伸出，脚跟点地，然后还原到并腿姿势。只可做向前和向侧的脚跟点地，如图 9-13 所示。

技术要点：支撑腿始终保持屈膝站立，并且随动作有弹性地屈伸。

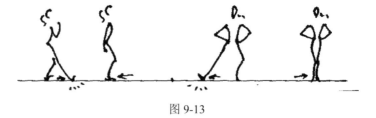

图 9-13

4. 抬腿类

(1) 吸腿。

一般描述：一条腿屈膝抬起，落下还原，如图 9-14 所示。

技术要点：支撑腿保持屈膝弹动，大腿上抬超过水平；上体保持正直。

(2) 摆腿。

一般描述：一条腿抬起摆动，落下还原，如图 9-15 所示。

图 9-14   图 9-15

技术要点：抬腿角度要低，脚尖绷直，上体正直。

(3) 踢腿。

一般描述：一条腿稍屈膝站立，另一条腿抬起，然后还原，如图 9-16 所示。

技术要点：抬起腿不需很高，但要有控制；保持上体正直。

(4) 弹踢(跳)。

一般描述：一条腿站立(跳起)，另一条腿先向后屈，然后向前下方弹踢，还原，如图 9-17 所示。通常以高冲击力的形式出现。

技术要点：腿弹出时要有控制，保持上体正直。

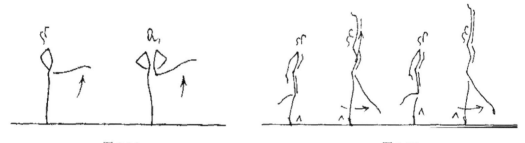

图 9-16   图 9-17

(5) 后屈腿(跳)。

一般描述：一条腿站立(跳起)，另一条腿向后屈膝，放下腿还原，如图 9-18 所示。通常以高冲击力的形式出现。

技术要点：支撑腿保持弹性，两膝并拢，脚跟靠近臀部。

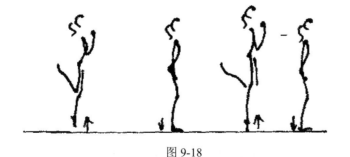

图 9-18

5. 双腿类

(1) 并腿跳。

一般描述：两腿并拢跳起，如图 9-19 所示。

技术要点：落地缓冲要有控制。

(2) 分腿跳。

一般描述：分腿站立屈膝半蹲，向上跳起，分腿落地屈膝缓冲，如图9-20所示。

技术要点：屈膝半蹲时，大、小腿夹角不要小于90°，空中注意身体的控制。

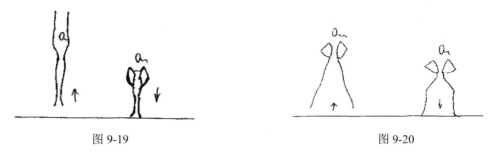

图 9-19　　　　　　　　　　　　　　　图 9-20

(3) 开合跳。

一般描述：由并腿跳起，分腿落地；然后由分腿跳起，并腿落地，如图9-21所示。

技术要点：分腿屈膝跳起，分腿落地；然后由分腿跳起，并腿落地。

图 9-21

(4) 半蹲。

一般描述：两腿有控制地屈和伸，可分为并腿半蹲和分腿半蹲，如图9-22所示。

技术要点：分腿半蹲时，两腿左右分开稍大于肩(或与肩同宽)，脚尖稍外开，屈膝时关节角度不得小于90°，膝关节对准脚尖方向，臀部向后45°方向下蹲，上体保持直立。并腿半蹲时，双腿并拢下蹲。

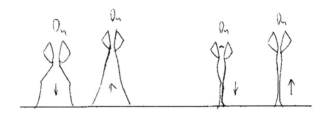

图 9-22

(5) 弓步。

一般描述：两腿前后分开，两脚平行站立；蹲下、起来，如图9-23所示。

技术要点：半蹲时后腿关节向下，大腿垂直于地面；重心始终在两脚之间。

(6) 提踵。

一般描述：两腿脚跟抬起，落下脚跟稍屈膝，如图9-24所示。

技术要点：两腿夹紧，重心上提时，收紧腹部；落下时屈膝缓冲。

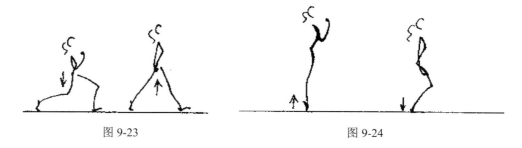

图 9-23　　　　　　　　　　图 9-24

二、常用上肢动作

在完成基本动作时加入不同的手臂动作就会使动作变得丰富多彩，或改变动作的强度和难度。如手臂在肩以上的动作强度就大于手臂在肩以下的动作强度；手臂动作变化多的一组动作就难于手臂动作变化少的动作组合。下面就介绍几种常用的手形和手臂动作。

(一) 常用手形

1. 掌形

一般描述：五指伸直并拢，如图 9-25 所示。

2. 拳形

一般描述：握拳，拇指在外，如图 9-26 所示。

3. 五指张开形

一般描述：五指用力伸直张开，如图 9-27 所示。

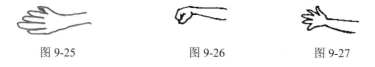

图 9-25　　　　　　图 9-26　　　　　　图 9-27

(二) 上肢动作

1. 举

一般描述：臂伸直向某方向抬起。

2. 屈臂

一般描述：前臂与上臂角度不断减小。

3. 伸臂

一般描述：前臂与上臂角度不断增大。

4. 屈臂摆动

一般描述：屈肘在体侧自然地摆动。可依次或同时进行。

5. 上提

一般描述：直臂或屈臂由下向上提抬起，如屈臂前提、直臂侧提。

6．下拉

一般描述：臂由上举或侧上举拉至身体两侧。

7．胸前推

一般描述：立掌，臂由肩部向前推。

8．冲拳

一般描述：屈臂握拳，由腰间猛力向前冲拳。

9．肩上推

一般描述：立掌，屈臂由肩部向上推。

10．摆动

一般描述：以肩关节为轴，手臂在 180°以内的运动称为摆动。

11．绕和绕环

一般描述：以肩关节为轴，手臂在 180°～360°之间的运动为绕；大于 360°以上的圆周运动为绕环。

12．交叉

一般描述：两臂重叠成 X 形。

在进行上述上肢动作练习时，应注意肌肉的用力阶段，使动作富有弹性，避免上肢动作过分僵硬。

第三节　健美操音乐与动作编排

一、健美操音乐

音乐是声音的艺术。音乐作为完整的艺术形式有着自己独特、系统和完整的表达方式。健美操的动作在音乐的衬托下，更具生命力与艺术性，可以说音乐为健美操插上了两只翅膀，使健美操扩大了表现空间。如果说仅仅由动作构成了健美操的锻炼与原始的冲动的话，音乐则为健美操注入了灵魂，并使内心的激动呐喊出来。

就其相关因素，音乐的节奏与速度，严格地控制着动作的节奏与速度，因此在很大程度上控制着运动的强度。仅就节奏与速度而言，时间相同，节奏与速度越复杂、越快，强度就越大，反之越小。

音乐的风格决定动作的风格。音乐风格受时代变化、民族地域、环境、作者等因素影响，因此我们应当尊重音乐的风格，因为唯有这样动作与音乐才能协调，音乐才能有力地支撑起动作。

音乐的强弱变化为动作的力度与起伏创造了内在的条件，使动作与音乐在结构上产生联系，曲调与节奏的变化加之动作起伏，增加了健美操的韵律感，使健美操美学价值更高。

音乐的情绪有控制健美操动作与兴奋脑细胞的作用，因此在音乐伴奏下进行锻炼可以延缓疲劳的出现。同时音乐的情绪可以影响人的情绪，这也是健美操多选择曲调欢快、节奏强劲的音乐作为伴奏音乐的重要原因之一。欢愉明快的音乐可以更快地调动起人的兴奋性。

运用音乐时的注意事项：

(1) 音乐的风格与动作的风格应相一致。音乐的选择直接影响着健美操的风格、结构、节奏和速度，音乐选配得当容易激发编操者的创作灵感和练习者的锻炼激情。健身健美操应体现出民族风格，并向着突出时代特征的方向发展。

(2) 音乐应体现健美操特点。健美操是健、力、美的统一体，选配音乐时要注意体现这一点，强调美与力的结合。音乐旋律要动听，力求新颖、丰富多变、节奏鲜明。

(3) 要注意音乐速度的选用。健美操的音乐速度通常以 10 秒为单位作为设计动作速度的标准。竞技健美操要求音乐必须在 1′40″～1′50″之间，速度为每 10 秒 24～27 拍；健身健美操要求音乐必须在 2′30″～3′之间，速度为每 10 秒 22～26 拍，充分体现健身健美操的有氧性及健身性。相比之下，较快节奏的音乐更容易提高一套动作的活跃性，同时也更容易引起观众的共鸣。

(4) 成套动作的连贯性和完整性。一般成套音乐套路开头采用 10 秒的慢拍或造型变化，突出风格特点。中间每部分或小的阶段要体现高低起伏的变化。如果经过剪接，则剪接处前后乐曲的旋律应基本相似，且有一定的连贯性。音乐的结尾一定要保持音乐的完整性，不要动作做完或时间到了，就把音乐从这里卡断，这样的结果会给人一种悬在空中而没有结束的感觉。

二、健美操的动作编排

目前大学生成套健身健美操除参加比赛外，各类表演也是广大学生丰富文化生活的重要内容。在大学生中积极开展介于竞技与表演之间的成套健身健美操，特别是更具感染力和更多参与者的集体健身健美操已成为发展健美操运动的一个重要途径。这就要求专门从事健美操教学的教师和教练，在健身健美操编排的艺术性上进行认真探讨，掌握编排艺术，不断挖掘编排过程中的艺术魅力。

(一) 成套健身健美操的构成

成套健身健美操由音乐、动作和编排 3 个要素组成，它们之间的关系可用图 9-28 形象地表示。

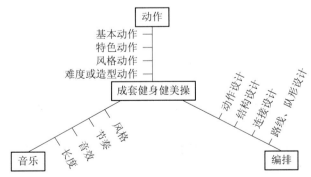

图 9-28　音乐、动作、编排 3 要素关系示意图

在成套健身健美操动作中，如果说音乐是灵魂，动作是躯骨，那么编排就是经络。编排是套路成型的关键，是成套动作质量的保证，是衡量成套健身健美操价值的重要指标。

(二) 成套健身健美操动作的编排

1. 动作设计

(1) 针对大学生生理、心理特点选择动作。在校大学生的一般年龄在18～24岁，因此在编排时，应选择一些刚劲有力、健美大方、富有朝气、积极快速、振幅较大、舞蹈因素多、时代特点突出、有明显锻炼价值的动作。同时，造型动作要新颖、独特、多变、有趣、奔放。在设计动作时应考虑到学生的实际水平，除包括基本动作外还可设计一些使学生通过努力都能完成的动作，具有挑战性，做到有一定难度的同时又具有可接受性。

(2) 借鉴相关项目，内容设计要突出特色。动作编排应有机结合舞蹈、体操等一些相关项目艺术，创造性地编排出既刚又柔、协调流畅的动作。此外在设计时要考虑加入健美操中的一些风格操，如拉丁健美操、街舞等动作来渲染整套操，但是此内容和时间不宜太多，要起画龙点睛的作用，设计做到有特色。

2. 结构设计

当我们想要创编一套操时，先要根据这套操所需要达到的要求，确定这套操当中的核心动作、风格动作，然后与所选音乐进行反复分析，确定其表现风格，安排多少难度动作、多少操化动作、多少造型动作，集体项目还应考虑队员间有多少配合等，勾勒出成套动作的整体结构和框架。如果有了比较清晰的想法，就可以具体操作了。

3. 连接设计

(1) 合理分配各类动作。选择设计好单个动作和成串的组合动作后，要将风格性动作、难度动作、配合动作等按照一定的原则，合理地分配连接，切忌出现"头重脚轻"等安排不平衡现象。

(2) 把握好成套动作的节奏。节奏是表演艺术的基本要素，一套成功的健美操编排，主题动作和陪衬动作要节奏分明，其动作要有大小、快慢、强与弱、刚与柔的搭配，有开始、有高潮、有结束。高潮应多在后半段形成，吸引人的动作和队形要逐渐上升，感染观众。

4. 路线、队形设计

首先要根据场地特点合理充分地利用场地，注意利用队形变化，加强整套操的流动性，不要在一个队形上做过多的动作，队形、方位的变化应巧妙并易于整齐一致，不应牵强附会、生拉硬扯，以影响整套操的连贯性。在队形变化中注意把惊险、新颖、观赏性强的动作安排在场地中间，给观赏者留下清晰深刻的印象。其次在队形选择上应按照操的内容与风格选择适宜的队形，以便更好地展现主题。

在初步完成整套操的编排后，配合音乐完成整套操的动作演练，观察整体表演效果，加以修改，使整套操的动作和音乐的风格、情感完全吻合。并注意随着训练的深入，队员技术情况的日趋变化，应去掉那些难以完成的动作，根据队员特点修改或增加那些表演效果好、队员擅长完成的动作，精雕细刻，使之日趋完善。

(三) 健美操动作编排的原则

1．根据编操的目的、任务、对象、特点进行编排的原则

健美操总的目的、任务是增进健康，培养正确的体态，塑造美的形态，陶冶美的情操。但具体到某一套操，其具体任务又会有所侧重，创编的要求也不尽相同。另外，创编任何一套健美操时，都必须考虑使用对象的具体情况，要针对不同对象的生理、心理特点，来确定总体构思的特点、风格和动作内容。

2．坚持全面发展身体的原则

创编健美操时，必须坚持全面发展身体的原则。为了达到增进健康的目的，编排的动作应涉及身体各个部位、各个器官系统的机能，以及身体整体素质，使之能得到全面、协调的发展。另外，在动作设计上要讲究对称，即动作的结构、身体各部位的活动、练习方式等方面应是对称的，这样有助于身体全面发展。

3．合理安排动作顺序和运动量

在安排成套健美操的顺序和运动量时，主要应考虑使用对象的具体情况，应符合其人体运动的合理的生理曲线要求，动作由小到大，由慢到快，由弱到强，由局部到整体，使心率变化由低到高，波浪形地逐步发展，并出现最高心率，且能恢复到平静状态。另外，在安排运动量时，还要考虑到练习者的年龄、性别和实际承受能力。

4．精心设计动作，使之有独特的风格和特点

健美操的动作设计，是创编整套动作的重要一步。在进行单个或成节动作设计时，除了参考平时收集积累的各种素材外，还要精心设计每一个动作，要考虑到动作的幅度、速度、节奏、数量和形式，力求动作简单易学、造型美观、富有弹性、结构合理、讲求实效，其整体动作要连贯，活而不乱，符合总体构思。

5．选配音乐要考虑其风格、韵律及内在结构特点

音乐是健美操的灵魂。如果失去灵魂，健美操将失去其价值和意义。因此，在选配音乐时，要考虑到音乐的各种特点，使动作和音乐巧妙结合。

6．根据比赛规则要求进行编排的原则

竞技健美操要依据比赛规则进行编排。规则对每套动作的难度、时间等均有严格的规定。

第四节　健美操竞赛规则简介

高校健美操竞赛规则一般参照《中国健身健美操竞赛规则》、国家体育总局颁发的《健美操竞赛规则》和国际体操联合会颁发的《竞技健美操竞赛规则》三个版本。在这里我们主要介绍健身性健美操的竞赛规则。

一、总则

(1) 竞赛内容：符合规则及规程要求的自编成套动作。

(2) 成套动作时间：自编成套动作时间为 2′30″～3′ (不含提示音和前奏音乐)。

(3) 比赛音乐：音乐速度每 10 秒 22～26 拍；成套动作允许有 2×8 拍的音乐前奏；参赛队必须自备比赛音乐，比赛音乐可以使用一首或多首乐曲混合的音乐，可加入特殊音效，音乐必须录制在 CD 或普通录音带的 "A" 面开头。

(4) 参赛人数与更换运动员：每队参赛人数至少 4～6 人，性别不限。如有特殊情况更换运动员时，需持有效证明，经组委会同意方可更换。

(5) 比赛场地：比赛场地为 10 米×10 米的地板或地毯，标志带为 5 厘米宽的白色带。标志带是场地的一部分。

(6) 服装：运动员须穿适合运动的健美操服和运动鞋，着装整洁、美观、大方，不允许使用悬垂饰物，如皮带、飘带和花边等；女运动员的头发须梳系于后，头发不得遮住脸部；允许化淡妆，禁止戴首饰。

(7) 比赛程序与计分方法：比赛分为预赛和决赛，凡参赛队均参加预赛，预赛前八名者进入决赛，不足八名时，递减一名录取。比赛中得分高者名次列前，如遇得分相等，按艺术分高者名次列前，再相等则名次并列，无下一名次。

二、成套动作的评分

成套动作的评分包括艺术裁判的评分、完成裁判的评分和裁判长的评分。

(一) 艺术裁判的评分

艺术分从 10 分起评，对每个错误给予减分。艺术裁判的评分因素为：动作设计、音乐、队形与空间、表演。

1. 动作设计(5 分)

健身健美操的动作设计应符合四个原则：健身、娱乐原则；安全无损伤原则；全面发展身体的原则；符合年龄特点的原则。

(1) 基本步伐、手臂动作及动作组合(2 分)。

① 动作设计必须包括七个基本步伐：踏步、开合、吸腿、踢腿、弓步、弹踢腿跳、后踢腿跑或类似形式。

② 手臂动作要体现多样性及动作的不对称性。

③ 动作组合中应使身体的各部位(头、手、上臂、前臂、躯干、腿和脚)协调配合，共同参与的部位越多评分越高。

④ 同一动作组合允许出现一次对称动作。

⑤ 成套动作的设计要以操化动作为主，融合现代舞蹈和传统项目武术等项目的动作，必须符合健美操运动的特点。成套动作中不允许出现任何清楚地显示其他项目特征的造型或静止动作(如芭蕾、健美、搏击等)。

⑥ 成套动作中不鼓励出现难度动作，如果出现类似动作，不予加分，对出现的错误予以减分。开始和结束允许出现托举动作，但不允许出现违例动作。

⑦ 成套动作中至少应出现两次运动员之间有接触的交流配合动作。

⑧ 成套动作中托举的数量不得多于 3 次。

(2) 过渡与连接(2分)。

① 在成套动作中应合理、流畅地连接健美操基本步伐、动作组合。

② 对灵活和流畅的空中、地面的相互转换，运动员可以依次或分批做动作，但任何一名运动员不允许停顿1×8拍。

(3) 强度(1分)。

强度的评分取决于动作的频率、动作的速度及幅度、完成动作的耐力、移动等因素。

2．音乐(1分)

音乐的选择应完整并与成套动作的风格协调。音响的效果应是高质量的，并有足够音量，必须和运动员的成套动作相配合。

3．队形与空间(2分)

(1) 成套动作的队形变化应自然、迅速、流畅、美观、清晰。成套动作的队形变化不少于5次，至少出现3次流动队形变化；移动路线要合理使用4种以上(前、后、左、右、对角等)。

(2) 成套动作应均衡、合理、充分地使用场地和空间，要充分使用场地每一个区域，充分利用三维空间和方向的变化。

4．表演(2分)

运动员动作表演要充分体现表现力、自信力和感染力。

(1) 表现力：运动员通过娴熟的动作技巧，通过自身的活力、热情和全身心投入的激情来吸引观众的能力。

(2) 自信力：运动员充满自信、唯我独尊的良好自我感觉。

(3) 感染力：运动员与观众目光持续接触的能力，并最终感染观众。

(4) 表演的动作应与音乐主题、风格融为一体，要与音乐的节拍相吻合，并配合乐曲。

(5) 动作表演就是演绎音乐的内涵，要充分体现主题内涵，这是最值得倡导的表演。

(二) 完成裁判的评分

完成分从10分起评，对每个完成错误给予减分。完成裁判的评分因素为：技术技巧、一致性。

1．技术技巧

技术技巧指完美完成所有动作的能力，包括以下方面：

(1) 身体姿态控制能力：在完成动作时始终保持身体正确姿态的能力。

(2) 动作的力度：成套动作的力度、爆发力、肌肉耐久力。力度是通过动作快速准确到位的延伸制动控制来实现的，动作要松而不懈、力而不僵。

(3) 动作的准确性：动作技术规范、部位准确、清楚，动作方向清楚，控制完美。开始与结束动作要清楚。运动员的节奏感与动作的韵律性应保持协调一致，完美体现动作的弹动与控制。

(4) 动作的熟练性：动作技术纯熟，轻松流畅。

(5) 动作的幅度：动作幅度要大，但要避免"过伸"运作和大幅度的反关节动作。

2. 一致性

动作的一致性包括：

(1) 整体完成动作的能力、运动范围的一致性。

(2) 所有运动员应体现出一致与均衡的运动强度。

(3) 所有运动员应具有一致的表演技巧。

完成裁判员对所有动作出现错误的减分标准：

小错误：稍偏离正确完成，每次扣 0.1 分。

中错误：明显偏离正确完成，每次扣 0.2 分。

大错误：较严重偏离正确完成，每次扣 0.3 分。

严重错误：严重偏离正确完成，每次扣 0.4 分。

失误：根本无法达到要求，失去平衡(跌倒)等，每次扣 0.5 分。

(三) 裁判长的评分

裁判长的职责：记录评判整套动作，并根据技术规则负责监控在场全体裁判的工作。

裁判长负责如下减分：

(1) 时间不足(指成套动作时间少于 2′30″)，扣 0.2 分。

(2) 时间超过(指成套动作时间多于 3′)，扣 0.2 分。

(3) 参赛人数不足或超过均扣 0.2 分。

(4) 音乐速度不符合要求，扣 0.2 分。

(5) 运动员被叫到后 20 秒未出场，扣 0.2 分。

(6) 运动员的着装仪容不符合规定，扣 0.2 分。

(7) 运动员在比赛时掉物或装束散落，扣 0.2 分。

(8) 运动员身体触及线外地面，每次扣 0.1 分。

(9) 托举超过 3 次，每次扣 0.5 分。

(10) 违例动作减分，每次扣 0.5 分。

三、违例动作

为了保持健美操的特色，对不利于健身健美操发展的其他项目的表现形式，以及身体各关节过分伸展与过分弯曲的易损伤身体的动作禁止使用。违例动作如下：

(1) 所有沿矢状轴或额状轴翻转的动作。

(2) 所有高于 30° 的水平支撑动作。

(3) 任何与身体的自然姿态完全相反的动作，如反背弓、背部挤压、膝转、足尖起、仰卧翻臀等。

(4) 使用爆发性加速或减速动作，如抽踢等。

(5) 任何马戏或杂技动作。

(6) 抛接动作。"抛"是指由同伴抛起或借助同伴的力量弹起至腾空位置，"腾空"是指一个人不触及地面或同伴。

第十章　武　术

　　中华武术，源远流长。它有着悠久的历史和广泛的群众基础，是中华民族在长期生活与斗争实践中逐步积累和发展起来的一项宝贵的文化遗产。在长期的历史演变中，武术逐渐形成了自己的运动规律，以独特的技术风格和多方面的社会功能享誉于世。

第一节　武术的特点和作用

一、武术的特点

　　武术主要有如下三大特点：

　　(1) 寓击技于体育之中。武术作为体育运动，技术上仍不失攻防击技的特性，而是将击技寓于搏斗运动与套路运动之中。

　　(2) 内外合一、形神兼备的民族风格。既究形体规范，又求精神传意、内外合一的整体观，是中国武术的一大特色。

　　(3) 广泛的适应性。武术的练习形式、内容丰富多样，不同的拳种和器械可适应人们不同年龄、性别、体质的需求，人们可以根据自己的条件和兴趣爱好进行选择练习。

二、武术的作用

　　武术的作用主要有以下几点：

　　(1) 提高素质，健体防身：武术套路运动的动作包含着屈伸、回环、平衡、跳跃、翻腾、跌扑等，人体各部位几乎都要参与运动。

　　(2) 锻炼意志，培养品德：练武对意志品质的考验是多方面的。练习基本功，要不断克服疼痛关，磨炼"冬练三九、夏练三伏"的常年有恒、坚持不懈的意志品质。套路练习，要克服枯燥关，培养刻苦耐劳、砥砺精进、永不自满的品质。

　　(3) 竞技观赏，丰富生活：武术具有很高的观赏价值，无论是套路表演，还是散手比赛，历来为人们喜闻乐见。

　　(4) 交流技艺，增进友谊：武术运动蕴涵丰富，技理相通，入门之后会有"艺无止境"之感。群众性的武术活动，便成为人们切磋技艺、交流思想、增进友谊的良好手段。随着武术在世界广泛传播，还可促进与国外武术爱好者的交流。

第二节　太　极　拳

一、太极拳概述

太极拳是因为拳法变幻无穷，遂用中国古代的"阴阳""太极"这一哲学理论来解释拳理而被命名的。太极拳的来源有下列 3 个方面：

(1) 综合吸收了明代各家拳法。

(2) 结合了古代导引、吐纳之术。

(3) 运用了中国古代的中医经络学说和阴阳学说。

太极拳在长期演变中形成了许多流派，其中流传较广或特点较显著的有 5 式：陈式(分老架、新架 2 种)、杨式(河北永年人杨露禅)、吴式、武式、孙式。

太极拳主要有挤、按、采、肘、靠、分、云、推、搂等手法；栽、搬、拦、撇、打等拳法；蹬、分、拍、摆莲等腿法。其运动特点是：心静体松、呼吸自然，轻灵沉着、圆活连贯，上下相随、虚实分明，柔中寓刚、以意导动。

二、基本技法

(1) 虚灵顶劲：虚灵顶劲即"顶头悬"。练拳时讲究头部的头正、顶平、项直、颏收，要求头顶的百会穴处要向上轻轻顶起，同时又须保持头顶的平正。

(2) 气沉丹田：是指身法端正，宽胸实腹，"意注丹田"(意识引导呼吸，将气徐徐送到腹部脐下)。

(3) 含胸拔背：含胸是胸廓略向内涵虚，使胸部有舒宽的感觉。

(4) 松腰敛臀：太极拳要求含胸、沉气，因此在含胸时就必须松腰。

(5) 圆裆松胯：裆即会阴部位。头顶百会穴的"虚灵顶劲"要与会阴穴上下相应，这是保持身法端正、气贯上下的锻炼方法。

(6) 沉肩坠肘：太极拳在松肩的前提下要求沉肩坠肘，两臂由于肩、肘的下坠会有一种沉重的内劲感觉，这就是上肢内在的遒劲。

(7) 舒指坐腕：舒指是指掌自然伸展，坐腕是腕关节向手背、虎口的一侧自然屈起。

(8) 尾闾中正：尾闾中正是关系身躯、动作姿势"中正安舒""支撑八面"的准心。

(9) 内宜鼓荡，外示安逸：鼓荡是对内在精神所提的要求，鼓荡是精神振奋的意思。

(10) 运动如抽丝，迈步如猫行：太极拳运动要像抽丝那样既缓又匀、又稳又静，迈步又要像猫那样轻起轻落，提步、落步都要有轻灵的感觉。

三、简化太极拳(二十四式)

(一) 动作名称

起势、左右野马分鬃、白鹤亮翅、左右搂膝拗步、手挥琵琶、左右倒卷肱、左揽雀尾、右揽雀尾、单鞭、云手、单鞭、高探马、右蹬脚、双峰贯耳、转身左蹬脚、左下势独立、右下势独立、左右穿梭、海底针、闪通臂、转身搬拦锤、如封似闭、十字手、收势。

(二) 动作分解说明

预备姿势：面向南方，身体自然直立；两腿自然伸直，两脚脚尖向前；胸部放松，不要故意挺胸收腹；两臂自然下垂，两手放在两腿外侧，手指微屈；头颈正直，下颏微回收，口微闭，上齿轻叩下齿，舌抵上腭，面部表情自然，眼平看前方，精神集中，全身放松，如图 10-1 所示。

图 10-1

1. 起势

(1) 第一动：两脚开立，如图 10-2(1)所示。

① 左脚向左迈出一步，前脚掌先着地，随即全脚踏实，脚尖向前，两脚距离与肩同宽，成开立步。

② 眼看前方。

(2) 第二动：两臂前举，如图 10-2(2)、(3)所示。

① 两臂慢慢向前平举至两手与肩平，两臂自然伸直(不要用力挺直)，距离与肩同宽，两肘微下垂(肘尖不要外敞)，两肩松沉，手心向下，手指微屈，指尖向前。

② 眼看前方。

(3) 第三动：屈膝按掌，如图 10-2(4)所示。

① 上体保持正直，两腿慢慢屈膝成半蹲状，松腰松胯，身体重心落于两腿中间。

② 随屈膝下蹲，两臂同时慢慢下落，两掌轻轻下按至与腹部同高，展掌、舒指，两肩松沉，两肘微下垂与膝相对；落臂按掌需与屈膝下蹲协调一致。

③ 眼看前方。

这是"起势"的定式。

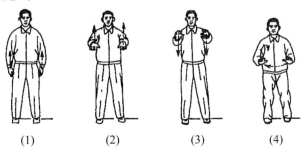

(1)　　　　　(2)　　　　　(3)　　　　　(4)

图 10-2

2. 左右野马分鬃

1) 左野马分鬃

(1) 第一动：抱球收脚。

① 上体微向右转至面向南偏西，身体重心置于右腿上，如图10-3(1)所示。

② 同时右手略上提收在胸前，右臂在右胸前平屈，肩部放松，右肘尖微下垂，右手手心向下，手指微屈。左手手心逐渐翻转向上，左臂屈肘向右下方划弧至与腹同高，左手手指微屈，置于右手下方；两手手心上下相对，在胸前右侧成抱球状，如图10-3(2)所示。

③ 左脚随之收到右脚内侧，脚尖点地，左膝正向南方，如图10-3(3)所示。

④ 眼看右手。

(2) 第二动：转体迈步，如图10-3(4)所示。

① 上体向左转至面向南偏东，左腿膝部略向外开(膝盖向正东)，随之左脚向左前侧方迈出一步，左腿自然伸直，脚跟着地；右腿保持原屈膝程度承担体重，两脚跟之间的横向距离约20厘米。

② 随转体和左脚迈出，两手开始分别向左上、右下斜线分开。

③ 视线随左手移动。

(3) 第三动：弓步分手，如图10-3(5)所示。

① 上体继续向左转至面向东方；随转体左脚全脚掌逐渐踏实，左脚尖正向东方，左腿屈膝慢慢向前弓出，身体重心逐渐前移至偏于左腿，左膝与左脚尖上下相对在一条垂直线上，右腿自然伸直，右脚跟后蹬稍外展，右脚尖向东南方，成左弓步；上体保持正直，松腰松胯。

② 随转体两手继续分别向左上、右下斜线分开，视线随左手移动，直至左手向左上移至体前、高与眼平；手心斜向上，展掌、舒指；右手向右下方落按于右胯旁，手心向下，指尖朝前，坐腕、展掌、舒指；两臂肘部微屈，保持弧形；转体、弓腿和分手要协调一致。

③ 最后眼看左手。

这是"左野马分鬃"的定式。

(1)　　　(2)　　　(3)　　　(4)　　　(5)

图10-3

2) 右野马分鬃

(1) 第一动：后坐跷脚，如图10-4(1)所示。

① 右腿屈膝，上体慢慢后坐，身体重心移至右腿；左脚尖翘起，微向外撇，左腿自然伸直。

② 同时上体微向左转，两手开始边翻掌边画弧，准备"抱球"。

③ 眼看左手。

(2) 第二动：抱球跟脚。

① 上体继续左转。

② 同时两手继续划弧，左手在上，右手在下，两手心相对在胸前左侧成抱球状，如图 10-4(2)所示。

③ 同时左脚全脚掌踏实，屈膝弓腿，身体重心慢慢移至左腿；随即右脚跟进至左脚内侧，脚尖点地，如图 10-4(3)所示。

④ 眼看左手。

(3) 第三动：转体迈步。本动与"左野马分鬃"第二动相同，只是左右式相反，且转体幅度稍小些，如图 10-4(4)所示。

(4) 第四动：弓步分手。本动与"左野马分鬃"第三动相同，只是左右式相反，如图 10-4(5)所示。

这是"右野马分鬃"的定式。

| (1) | (2) | (3) | (4) | (5) |

图 10-4

3. 白鹤亮翅

(1) 第一动：跟步抱球，如图 10-5(1)、(2)所示。

① 上体微向左转。

② 右脚脚跟先离地，随即向前跟进半步，前脚掌着地，身体重心仍在左腿。

③ 同时左手翻掌向下，平屈于胸前；右手翻掌向上，向左方画弧至左腹前，两手手心上下相对，在胸前左侧成抱球状。

④ 眼看左手。

(2) 第二动：后坐转体，如图 10-5(3)所示。

① 上体微向右转，右脚全脚掌踏实，身体后坐，身体重心移至右腿。

② 同时两手随转体开始向右上、左下分开。

③ 视线随右手移动。

(3) 第三动：虚步分手，如图 10-5(4)所示。

① 身体微向左转至面向前方(东方)。

② 同时两手继续向右上、左下分开，右手上提停于额前右侧，手心斜向左后方(西北)，虎口朝上，展掌、舒指；左手下按至左胯前，手心向下，指尖朝前，坐腕、展掌、舒指。

③ 同时左脚稍向前移，脚前掌着地，膝部微屈成左虚步，上体正直，松腰松胯。

④ 转体、分掌和步型的调整要协调一致、同时完成。

⑤ 眼看前方。

这是"白鹤亮翅"的定式。

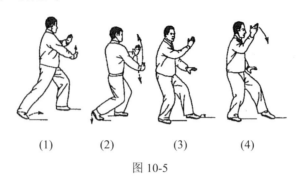

(1)　　　　(2)　　　　(3)　　　　(4)

图 10-5

4. 左右搂膝拗步

1) 左搂膝拗步

(1) 第一动：转体落手，如图 10-6(1)所示。

① 上体微向左转。

② 同时右手微向右、向上翻掌，由额前下落至面前；左手开始外旋向上翻掌。

③ 眼看前方。

(2) 第二动：转体收脚，如图 10-6(2)~(4)所示。

① 上体向右转。

② 随转体右手继续下落，经胯侧再向右后上方划弧至与耳同高，手心斜向上；左手由左胯侧向上经面前再向右下画弧至右肩前，肘部略低于腕部，手心斜向下。

③ 同时左脚收至右脚内侧，脚尖点地，身体重心在右腿。

④ 眼看右手。

(3) 第三动：迈步屈肘，如图 10-6(5)、(6)所示。

① 上体微向左转。

② 右腿保持原屈膝程度，身体重心仍在右腿，随转体，左脚向左前侧方迈出一步，左腿自然伸直，脚跟着地，两脚跟的横向距离约 30 厘米。

③ 同时右臂屈肘将右手收至右耳侧，虎口对耳，掌心斜向左下方；左手下落至右腹前，手心向下。

④ 眼转看前方。

(4) 第四动：弓步推搂，如图 10-6(7)所示。

① 上体继续左转至面向前方。

② 左脚掌踏实，左腿弓屈，右腿自然伸直成左弓步，身体重心主要移至左腿，上体正直，松腰松胯。

③ 同时右手从耳侧向前推出，手指高与鼻平，推掌时沉肩垂肘，推到顶点时要坐腕、展掌、舒指；左手继续向前、向下、向左画弧由膝前搂过，按在左胯侧稍偏前，手心向下，指尖朝前，坐腕、展掌、舒指。

④ 两手推搂和转体弓腿必须协调一致，同时完成。

⑤ 眼看右手。

这是"左搂膝拗步"的定式。

(1)   (2)   (3)   (4)   (5)   (6)   (7)

图 10-6

2) 右搂膝拗步

(1) 第一动：后坐跷脚，如图 10-7(1)所示。

① 右腿屈膝，上体后坐，身体重心移至右腿；左腿自然伸直，左脚尖翘起，略向外撇；同时上体微向左转。

② 同时两手放松，开始翻掌画弧。

③ 眼看右手。

(2) 第二动：转体跟脚，如图 10-7(2)、(3)所示。

① 上体继续向左转。

② 同时左脚掌逐渐踏实，左腿屈膝前弓，身体重心移至左腿；右腿跟至左脚内侧，脚尖点地。

③ 同时两手继续画弧，左手由胯侧边向上翻掌、边向左后上方画弧至手与耳同高，手心斜向上；右手由右侧向上经面前向左下画弧至左肩前，肘部略低于腕部，手心斜向下。

④ 眼看左手。

(3) 第三动：迈步屈肘。本动与"左搂膝拗步"第三动相同，只是左右式相反，如图10-7(4)、(5)所示。

(4) 第四动：弓步推搂。本动与"左搂膝拗步"第四动相同，只是左右式相反，如图10-7(6)所示。

这是"右搂膝拗步"的定式。

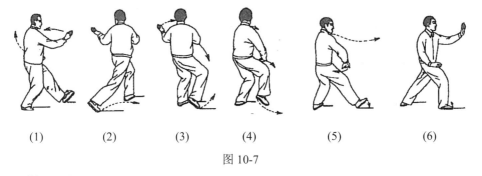

(1)   (2)   (3)   (4)   (5)   (6)

图 10-7

5. 手挥琵琶

(1) 第一动：跟步松手，如图 10-8(1)所示。

① 身体重心移至左腿，右脚向前跟进半步，前脚掌着地。

② 同时右掌放松，准备回带；左掌准备上挑。

③ 眼看右手。

(2) 第二动：后坐挑掌，如图 10-8(2)所示。

① 右脚全脚掌踏实，身体后坐，重心移至右腿，随右脚踏实上体稍向右转，左脚跟离地。

② 随转体左掌由下向左、向上画弧挑至体前，掌心斜向前下方，高与鼻平；右臂屈肘回带，右手收至胸前，掌心斜向前下方。

③ 视线随右手移动。

(3) 第三动：虚步合臂，如图 10-8(3)所示。

① 上体微向左回转，但仍保持稍向右侧身状。

② 同时左脚稍向前移，脚跟着地，膝部微屈，成左虚步；上体正直，松腰松胯。

③ 同时两臂向里相合，左手心向右，高与鼻平；右手合在左前臂里侧，手心向左；两臂肘部均微屈。

(4) 眼看左手。

这是"手挥琵琶"的定式。

(1)　　　　(2)　　　　(3)

图 10-8

6. 左右倒卷肱

1) 左倒卷肱

(1) 第一动：转体撤手，如图 10-9(1)、(2)所示。

① 上体微向右转。

② 同时随转体右手边向上翻掌，边由下经右胯侧向右后上方画弧，平举至与耳同高，手心斜向上，肘部微屈，左手随之在体前翻掌向上。

③ 眼随转体先略向右肩再转向前看左手。

(2) 第二动：提膝屈肘，如图 10-9(3)所示。

① 上体微向左回转。

② 同时左腿屈膝轻轻提起，脚尖自然下垂，准备向后退步。

③ 同时右臂屈肘将右手收向耳侧，手心斜向前下方。

④ 眼看前方。

(3) 第三动：退步推手，如图 10-9(4)所示。

① 上体继续微向左转至朝前(东方)。

② 同时左腿向后略偏左侧退步落下，前脚掌着地，身体重心仍在右腿。

③ 同时右手经耳侧开始向前推出，手心向前下方；左手开始向后收回，手心向上；右手在上、左手在下，两手在体前交错。

④ 眼看右手。

(4) 第四动：虚步推掌，如图 10-9(5)所示。

① 左脚全脚掌踏实，身体重心后移至左腿。右腿以前脚掌为轴将脚扭正(成脚尖朝前)，右膝微屈成右虚步。上体正直，松腰松胯。

② 同时右臂沉肩垂肘，右掌继续前推，推到顶点时，手指高与鼻平；坐腕、展掌、舒指；左掌继续向下、向后画弧收回至左胯侧，掌心向上。

③ 眼看右手。

这是"左倒卷肱"的定式。

(1)　　　　(2)　　　　(3)　　　　(4)　　　　(5)

图 10-9

2) 右倒卷肱

(1) 第一动：转体撒手，如图 10-10(1)所示。

① 上体微向左转。

② 同时左手由左胯侧向左后上方画弧举至与耳同高，手心斜向上，肘部微屈。右手随之在体前翻掌向上。

③ 眼随转体先略向左看，再转向前看右手。

(2) 第二动：提膝屈肘。本动与"左倒卷肱"第二动相同，只是左右式相反，如图 10-10(2)所示。

(3) 第三动：退步推手。本动与"左倒卷肱"第三动相同，只是左右式相反，如图 10-10(3)所示。

(4) 第四动：虚步推掌。本动与"左倒卷肱"第四动相同，只是左右式相反，如图 10-10(4)所示。

这是"右倒卷肱"的定式。

(1)　　　　(2)　　　　(3)　　　　(4)

图 10-10

7. 左揽雀尾

(1) 第一动：转体撤手，如图 10-11(1)所示。

① 上体微向右转。

② 同时右手由胯侧向右后上方划弧举至与肩同高，手心向右上方，肘部微屈；左手在前放松成手心向下，两臂约成侧平举状。

③ 视线随转体向右方移动。

(2) 第二动：抱球收脚，如图 10-11(2)、(3)所示。

① 上体继续右转。

② 同时右臂向胸前平屈，手心翻转向下；左前臂外旋，左手由体前画弧下落至右腹前，手心向上，两手上下相对成抱球状。

③ 同时左脚收至右脚内侧，脚尖点地；身体重心仍在右腿上。

④ 眼看右手。

(3) 第三动：迈步分手，如图 10-11(4)所示。

① 上体微向左转。

② 同时左脚向左前方迈出，脚跟着地，两脚脚跟横向距离不超过 10 厘米。

③ 同时两手开始向左上右下分开。

④ 视线随左手移动。

(4) 第四动：弓腿绷，如图 10-11(5)所示。

① 上体继续向左转至面向前方。

② 同时左脚掌逐渐踏实，左腿屈膝前弓，右腿自然伸直，右脚跟后蹬，身体重心前移成左弓步。上体正直，松腰松胯。

③ 同时左臂平屈成弧形，肘部略低于腕部，向体前挪出，腕高与肩平，手心向里；右手向右下方画弧落按于右胯旁，手心向下，四指朝前，坐腕、展掌、舒指。

④ 眼看左前臂。

这是"左揽雀尾"中的"绷式"。

(5) 第五动：转体伸臂，如图 10-11(6)所示。

① 上肢微向左转。

② 随转体左前臂内旋，左手向左前方伸出，手心向下；右前臂外旋，右手经腹前向上、向左前伸至左前臂里侧，手心向上。

③ 眼看左手。

(6) 第六动：转体后捋，如图 10-11(7)所示。

① 上体向右转。

② 同时随转体两手向下经腹前向右后上方画弧后捋，直至右手手心斜向上，高与耳平；左臂平屈于胸前，手心向里。

③ 同时右腿屈膝，身体后坐，左腿自然伸直，身体重心逐渐移到右腿。

④ 眼看右手。

这是"左揽雀尾"中的"捋式"。

(7) 第七动：转体搭手，如图 10-11(8)所示。

① 上体向左转至面向前方。

② 同时右臂屈肘将右手收回，经面前向前搭于左腕内侧(相距约 5 厘米)，手心向前，两肘部略低于腕部。

③ 眼看左腕部。

(8) 第八动：弓腿前挤，如图 10-11(9)所示。

① 左腿屈膝前弓，身体重心慢慢前移，右腿自然伸直成左弓步，上体正直，松腰松胯。

② 同时左手心向里，右手心向前，双手与肩同高，向前慢慢挤出，两臂呈半圆形。

③ 眼看左手腕部。

这是"左揽雀尾"的"挤"式。

(9) 第九动：后坐收掌。

① 左前臂内旋，左手向下翻掌，手心向下；右手手心转向下，经左腕上方向前伸出，随之两手左右分开，与肩同宽。

② 然后右腿屈膝，上体慢慢后坐，身体重心移到右腿，左腿自然伸直，左脚尖翘起，如图 10-11(10)、(11)所示。

③ 后坐的同时两臂屈肘，两手沿弧线收至腹前，手心都向前下方。

④ 眼看前方，如图 10-11(12)所示。

(10) 第十动：弓步按掌，如图 10-11(13)所示。

① 左脚掌逐渐踏实，左腿屈膝前弓，身体重心慢慢前移，右腿自然伸直成左弓步，上体正直，松腰松胯。

② 同时两手向上，向前沿弧线按出，与肩同宽，手心均向前，按到顶点时腕部高与肩平，两肘微屈，坐腕、展掌、舒指。

図 10-11　左揽雀尾

③ 眼看前方。

这是"左揽雀尾"中的"按式",也是"左揽雀尾"的定式。

8. 右揽雀尾

(1) 第一动：转体扣脚，如图 10-12(1)、(2)所示。

① 右腿屈膝，上体后坐并向右转身，身体重心移至右腿，左腿自然伸直，左腿尖尽量里扣。

② 同时右手掌心向外、经面前向右平行划弧至右侧，手心向前，两臂成侧平举状。

③ 视线随右手移动。

(2) 第二动：抱球收脚，如图 10-12(3)、(4)所示。

① 左腿屈膝，身体重心移回左腿，上体微左转，右脚收至左脚内侧，脚尖点地。

② 同时左臂向胸前平屈，手心向下；右手由体前右侧边向上翻掌边画弧下落至左腹前，手心向上；两手手心相对成抱球状。

③ 眼看左手。

(3) 第三动：迈步分手。本动与"左揽雀尾"第三动相同，只是左右式相反，如图 10-12(5)所示。

(4) 第四动：弓腿绷臂。本动与"左揽雀尾"第四动相同，只是左右式相反，如图 10-12(6)所示。

这是"右揽雀尾"中的"绷式"。

(5) 第五动：转体伸臂。本动与"左揽雀尾"第五动相同，只是左右式相反，如图 10-12(7)所示。

(1)　(2)　(3)　(4)

(5)　(6)　(7)　(8)　(9)　(10)

(11)　(12)　(13)　(14)

图 10-12

(6) 第六动：转体后捋。本动与"左揽雀尾"第六动相同，只是左右式相反，如图 10-12(8) 所示。

这是"右揽雀尾"中的"捋式"。

(7) 第七动：转体搭手。本动与"左揽雀尾"第七动相同，只是左右式相反，如图 10-12(9) 所示。

(8) 第八动：弓腿前挤。本动与"左揽雀尾"第八动相同，只是左右式相反，如图 10-12(10) 所示。

这是"右揽雀尾"中的"挤式"。

(9) 第九动：后坐收掌。本动与"左揽雀尾"第九动相同，只是左右式相反，如图 10-12(11)～(13)所示。

(10) 第十动：弓步按掌。本动与"左揽雀尾"第十动相同，只是左右式相反，如图 10-12(14) 所示。

这是"右揽雀尾"中的"按式"，也是"右揽雀尾"的定式。

9．单鞭

(1) 第一动：转体扣脚，如图 10-13(1)、(2)所示。

① 左腿屈膝，上体后坐，身体重心逐渐移至左腿，右脚尖尽量里扣。

② 同时上体左转，随转体左手(手心向外、虎口向右)经面前向左平行画弧至身体左侧，手心向左(东偏南)，指尖朝上，肘微下垂；右手随转体向下(手心斜向后)经腹前向左画弧至左肋前，手心向后上方。最后转体至面向东南。

③ 视线随左手移动。

(2) 第二动：勾手收脚，如图 10-13(3)、(4)所示。

① 上体右转至南偏西，右腿屈膝，身体重心移至右腿，左脚收至右脚里侧，脚尖点地。

② 同时右手随转体向右上方画弧，手心由向里逐渐翻转向外，经面前至身体右侧变勾手(右臂右手指向南偏西)，腕高与肩平，肘微下垂；左手向下经腹前向右上画弧，手心逐渐转向里，最后停于右肩前。

③ 视线随右手移动，最后眼看右勾手。

(3) 第三动：转体迈步，如图 10-13(5)所示。

① 上体微向左转，随之左脚向左前侧方(正东中线略偏北侧)迈出，脚跟着地，脚尖略外撇，两脚脚跟横向距离不超过 10 厘米。

② 同时左手随上体左转经面前平行画弧向左移动，手心逐渐向外翻转。

③ 在此动开始时，视线转随左手移动。

(4) 第四动：弓步推掌，如图 10-13(6)所示。

① 上体继续左转至面向东稍偏北(斜约 15°)。

② 随转体左脚全脚掌踏实，左腿屈膝前弓，右腿自然伸直，右脚跟后蹬稍外展，成左弓步，上体正直，松腰松胯。

③ 同时随转体身体重心逐渐移向左腿，左掌慢慢翻转向前推出，最后手心向前，腕与肩平，坐腕、展掌、舒指。左臂沉肩垂肘，左掌和左膝、左脚尖上下相对；右臂在身体右后方，勾手与肩同高，肘部微下垂。

④ 视线随左手移动，最后眼看左手。

这是"单鞭"的定式。

(1)　　　　　(2)　　　　　(3)

(4)　　　　　(5)　　　　　(6)

图 10-13

10．云手

1) 云手之一

(1) 第一动：转体扣脚，如图 10-14(1)、(2)所示。

① 右腿屈膝，上体后坐，上体向右转至南偏西，左脚尖里扣朝向正南方，身体重心逐渐移向右腿。

② 同时左手向下经腹前画弧(掌心由向体前随转体逐渐转腕翻掌，使掌心经向下转至向斜后方)至右肋前。

③ 视线由看左手转为平视前方。

(2) 第二动：转体撑掌，如图 10-14(3)所示。

① 上体继续右转至面向西南。

② 右勾手此时变掌外撑，掌心向西偏南，沉肩垂肘、坐腕、展掌、舒指，高度不变；左手由左肋前继续向上向右画弧至右肩前，掌心斜向里。

③ 眼看右手。

(3) 第三动：转体云手，如图 10-14(4)所示。

① 上体逐渐左转至面向南偏东，左腿慢慢屈膝，身体重心逐渐移向左腿，右脚跟逐渐离地。

② 随转体左手(手心向里、虎口向上)经面前画弧至身体左侧，保持屈肘，手心斜向里，指尖高与鼻平；同时随身体右手向下画弧至腹前，掌心由向右逐渐翻至斜向上。

③ 视线随左手移动。

(4) 第四动：撑掌收步，如图 10-14(5)所示。

① 上体继续向左转至面向东南。

② 同时身体重心继续左移，最后完全移至左腿；右脚前掌随即轻轻提起，收向左脚内

侧(相距 10～20 厘米)轻轻落地，前脚掌先着地，全脚掌再踏实，脚尖与膝盖上下相对，都朝南方；两腿保持屈膝状态。

③ 同时左手翻掌外撑，腕与肩平，掌心向东偏南，沉肩垂肘，坐腕、展掌、舒指；右手由腹前继续向左上方画弧至左肩前，手心斜向里。

④ 视线随左手移动，最后眼看左手。

这是"云手"的定式。至此，"云手之一"完成。

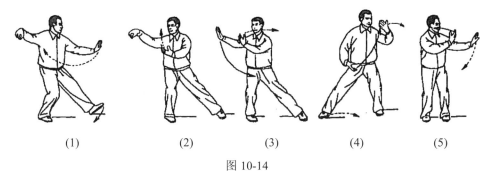

(1)　　　　　(2)　　　　　(3)　　　　　(4)　　　　　(5)

图 10-14

2) 云手之二

(1) 第一动：转体云手，如图 10-15(1)、(2)所示。

① 上体渐向右转至南偏西；身体重心逐渐移向右腿，左脚跟逐渐离地。

② 同时右手(掌心向里、虎口朝上)随转体经面前平行画弧至身体右侧，掌心向左(正东)，腕与肩平；左手随转体向下向右经腹前画弧至右肋前，掌心由向左逐渐翻转至斜向里。

③ 视线随右手移动。

(2) 第二动：撑掌出步，如图 10-15(3)所示。

① 上体继续向右转至西南；身体重心逐渐完全移到右腿，左脚前掌随之轻轻提起，向左横跨一步，轻轻落下，前脚掌先着地，随即全脚踏实，脚尖向前(南方)。

② 同时右手翻掌外撑，掌心向西偏南，腕与肩平，沉肩垂肘，坐腕、展掌、舒指；左手由肋前继续向右上方画弧至右肩前，掌心斜向里。

③ 视线随右手移动，最后眼看右手。

(3) 第三动：转体云手。本动与"云手之一"第三动相同，如图 10-15(4)所示。

(4) 第四动：撑掌收步。本动与"云手之一"第四动相同，如图 10-15(5)所示。

这是"云手"的定式。至此，"云手之二"完成。

(1)　　　　　(2)　　　　　(3)　　　　　(4)　　　　　(5)

图 10-15

3) 云手之三

(1) 第一动：转体云手。本动与"云手之二"第一动相同，如图10-16(1)、(2)所示。

(2) 第二动：撑掌出步。本动与"云手之二"第二动相同，如图10-16(3)所示。

(3) 第三动：转体云手。本动与"云手之一"第三动相同，如图10-16(4)所示。

(4) 第四动：撑掌收步。本动与"云手之一"第四动相同，只是在最后右脚收近左脚落地时，脚尖微里扣，以便于接做"单鞭"的弓步，如图10-16(5)所示。

这是"云手"的定式。至此，"云手之三"完成。

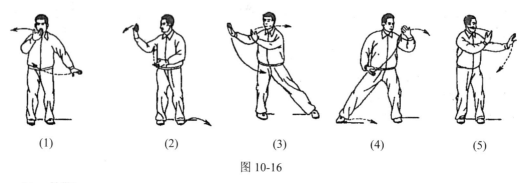

(1)　　　　　(2)　　　　　(3)　　　　　(4)　　　　　(5)

图 10-16

11. 单鞭

(1) 第一动：转体勾手，如图10-17(1)～(3)所示。

① 上体右转至南偏西。

② 同时随转体右手(虎口朝上)经面前平行向右画弧至身体右侧，掌心由斜向里逐渐向外翻转至前方变勾手；左手向下经腹前向右上画弧至右肩前，掌心由向左前方逐渐翻转至斜向里。

③ 同时随转体重心逐渐移至右腿，左脚跟轻轻离地(此时左脚前掌无须再向右脚内侧收拢)。

④ 视线随右手移动，最后眼看右勾手。

(2) 第二动：转体迈步。本动与"单鞭"第三动相同，如图10-17(4)所示。

(3) 第三动：弓步推掌。本动与"单鞭"第四动相同，如图10-17(5)所示。

这是"单鞭"的定式。

(1)　　　　　(2)　　　　　(3)　　　　　(4)　　　　　(5)

图 10-17

12. 高探马

(1) 第一动：跟步松手，如图10-18(1)所示。

① 身体重心继续前移，右脚向前跟进半步，前脚掌着地。

② 同时左手逐渐放松成掌心向下，右勾手开始松开变掌。

③ 眼看左手。

(2) 第二动：后坐翻掌，如图 10-18(2)所示。

① 右脚全脚掌踏实，右腿屈膝后坐，身体重心移至右腿，左脚跟随之逐渐离地；同时上体微向右转。

② 同时右手勾手变掌，两手心翻转向上，两肘微屈。

③ 视线随转体移动。

(1)　　　　　　(2)　　　　　　(3)

图 10-18

(3) 第三动：虚步推掌，如图 10-18(3)所示。

① 上体微向左转至面向前方。

② 同时左脚稍向前移，脚前掌着地，膝部微屈成左虚步，上体正直，松腰松胯。

③ 同时右臂屈肘，右手经耳侧向前推出，推到顶点时坐腕、展掌、舒指，手心向前，高与眼平；左臂屈肘并微外开，左手收至左侧腰前，手心向上。

④ 眼看右手。

这是"高探马"的定式。

13．右蹬脚

(1) 第一动：穿掌提脚，如图 10-19(1)所示。

① 上体微向右转。

② 同时左手经右手腕北面向前穿出，两手交叉，手背相对，腕与肩平，左手心斜向后上、右手心斜向前下。

③ 同时左脚轻轻提起收向右脚里侧。

④ 眼看左手。

(2) 第二动：迈步分手，如图 10-19(2)、(3)所示。

① 上体微右左转。

② 同时左脚向左前侧方(东偏北约 30°)迈步，脚跟着地，两脚跟横向距离约 10 厘米，脚尖向前(东偏北约 30°)，身体重心仍在右腿。

③ 同时左手翻掌向外(体前)，两手开始向两侧画弧分开。

④ 视线随左手移动。

(3) 第三动：弓步抱手，如图 10-19(4)所示。

① 上体继续微向左转。

② 同时左脚掌踏实，左腿屈膝前弓，右腿自然伸直，身体重心前移成过渡左弓步，上体保持正直。

③ 同时两手经两侧向腹前画弧，手心斜向里，肘部微屈。

④ 眼看右前方。

(4) 第四动：跟步合抱，如图 10-19(5)所示。

① 上体微向右转。

② 同时右脚跟进至左脚内侧，脚尖点地。

③ 同时两手由腹前继续向上画弧交叉合抱于胸前，右手在外，手心均向里。

④ 眼看蹬脚前方。

(5) 第五动：提膝分手，如图 10-19(6)所示。

① 身体重心完全稳定在左腿，膝部微屈；右腿屈膝上提，脚尖自然下垂。

② 同时两臂边翻掌边向右前、左后经面前画弧分开，手心转向外。

③ 眼看蹬脚前方。

(6) 第六动：蹬脚撑臂，如图 10-19(7)所示。

① 右脚脚尖回勾向右前方(东偏南约 30°)慢慢蹬出，右腿蹬直，力在脚跟。

② 同时两臂继续向右前、左后画弧平举撑开，肘部微屈，腕与肩平，手心均斜向外，坐腕、展掌、舒指，右臂与右腿上下相对。

③ 眼看右手。

这是"右蹬脚"的定式。

(1)	(2)	(3)
(4)	(5)	(6)	(7)

图 10-19

14．双峰贯耳

(1) 第一动：收腿落手，如图 10-20(1)、(2)所示。

① 右腿小腿收回，屈膝平举，脚尖自然下垂。

② 同时左手由后向上、向前下落至体前，两手心均翻转向上，随之两手同时由体前向

下画弧弧分落于右膝两侧。

③ 眼看前方。

(2) 第二动：迈步分手，如图 10-20(3)所示。

① 右脚向前方(东偏南约 30°)落下，脚跟着地，脚尖向前，两脚跟横向距离不超过 10 厘米，身体重心仍在左腿。

② 同时两手继续下落至胯两侧，手心斜向前上，准备变拳。

③ 眼看前方。

(1)　　　　　(2)　　　　　(3)　　　　　(4)

图 10-20

(3) 第三动：弓步贯拳，如图 10-20(4)所示。

① 右脚掌逐渐踏实，右腿屈膝前弓，身体重心慢慢前移，左腿自然伸直成右弓步，上体正直，松腰松胯。

② 同时两手握拳分别从两侧向上向前画弧贯至面前，沉肩垂肘；两臂保持弧形，两拳高与耳齐，相距 10～20 厘米，拳眼斜向内，呈钳形状。

③ 眼看右拳。

这是"双峰贯耳"的定式。

15. 转身左蹬脚

(1) 第一动：转体扣脚，如图 10-21(1)、(2)所示。

① 左腿屈膝后坐，身体重心移至左腿，上体向左后转，右脚尖里扣 90°。

② 同时两拳变掌，由上向左右画弧分至两侧平举，手心斜向外，肘部微屈。

③ 眼看左手。

(2) 第二动：收脚合抱，如图 10-21(3)、(4)所示。

① 右腿屈膝后坐，身体重心再移到右腿，左脚收到右脚内侧，脚尖点地。

② 同时两手向下画弧经腹前再向上合抱于胸前，左手在外，手心均向里。

③ 眼看前方。

(3) 第三动：提膝分手，如图 10-21(5)所示。

① 身体重心完全移于右腿，右膝微屈；左腿屈膝上提，脚尖自然下垂。

② 同时两臂边翻掌边向左前、右后经面前画弧分开，手心转向外。

③ 眼看左前方蹬脚的方向。

(4) 第四动：蹬脚撑臂，如图 10-21(6)所示。

① 左脚脚尖回勾，向左前方(西偏北约 30°)慢慢蹬出，左腿蹬直，力在脚跟。

② 同时两臂继续向左前、右后画弧平举撑开，肘部微屈，腕与肩平，手心均斜向外，坐腕、展掌、舒指，左臂与左腿上下相对。

③ 眼看左手。

这是"转身左蹬腿"的定式。

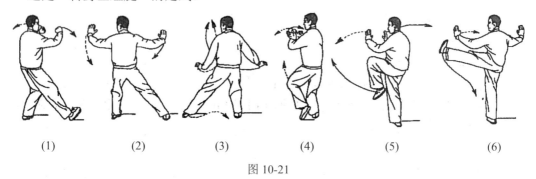

| (1) | (2) | (3) | (4) | (5) | (6) |

图 10-21

16．左下势独立

(1) 第一动：收腿勾手，如图 10-22(1)、(2)所示。

① 左腿屈膝收回平屈(脚不可落地)，脚尖自然下垂。

② 随之上体向右转。

③ 同时右掌变勾手，左手向上、向右经面前画弧下落至右肩前，手心斜向后。

④ 眼看右勾手。

(2) 第二动：蹲身仆步，如图 10-22(3)所示。

① 右腿慢慢屈膝半蹲，身体重心仍在右腿；左脚下落向左侧偏后伸出，成左仆步；仆步时左膝伸直，左脚尖里扣，两脚掌全部着地。

② 同时左手开始下落。

③ 眼仍看右勾手。

(3) 第三动：转体穿掌，如图 10-22(4)所示。

① 右腿继续向下全蹲，上体向左转，身体重心仍在右腿上。

② 同时左手一边向外翻转一边继续下落，手心转向右，沿左腿内侧画弧向前穿出，上体不要过于前俯。

③ 眼看左手。

(4) 第四动：弓腿起身，如图 10-22(5)所示。

① 左脚以脚跟为轴，脚尖尽量外撇，屈膝前弓；右脚以脚跟为轴，脚尖尽量里扣，右腿逐渐蹬直；身体重心前移，上体微左转向前起身，成过渡弓步状。

② 同时左臂继续向前穿，立掌挑起，手心斜向右；右勾手在身后下落，右臂伸直后举，勾尖转向上。

③ 眼看左手。

(5) 第五动：提膝挑掌，如图 10-22(6)、(7)所示。

① 身体重心继续前移，右腿慢慢屈提起，脚尖自然下垂，左腿微屈支撑体重成独立式，头颈、上体要正直。

② 同时右勾手下落变掌，由后下方顺右腿外侧向前画弧挑起，屈臂置于右腿上方，肘膝相对，手与眼平，手心斜向左，坐腕、展掌、舒指；左手下落按于左胯旁，手心向下，四指朝前，坐腕、展掌、舒指。

③ 眼看右手。

这是"左下势独立"的定式。

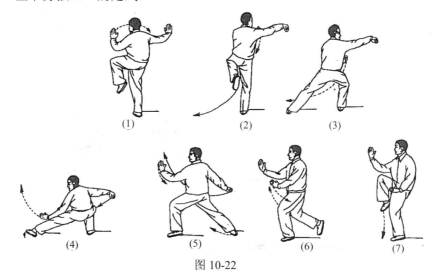

图 10-22

17．右下势独立

(1) 第一动：落脚勾手，如图 10-23(1)、(2)所示。

① 右脚下落于左脚右前方，脚前掌着地。

② 随之以左脚前掌为轴脚跟内转，左脚尖指向南偏东，身体向左转，重心在左腿。

③ 同时左手向左后上方(东南)平举变勾手，腕与肩平，右手随转体经面前向左画弧至左肩前，手心斜向后。

④ 眼看左勾手。

(2) 第二动：蹲身仆步，如图 10-23(3)所示。

① 左腿慢慢屈膝半蹲，右脚稍提起离地，然后向右侧偏后伸出，成右仆步；仆步时右膝伸直，右脚尖里扣，两脚掌全部着地。

② 同时右手开始下落前穿。

③ 眼仍看左勾手。

(3) 第三动：转体穿掌。本动与"左下势独立"第三动相同，只是左右式相反，如图10-23(4)所示。

(4) 第四动：弓腿起身。本动与"左下势独立"第四动相同，只是左右式相反，如图10-23(5)所示。

(5) 第五动：提膝挑掌。本动与"左下势独立"第五动相同，只是左右式相反，如图10-23(6)、(7)所示。

这是"右下势独立"的定式。

图 10-23

18．左右穿梭

1）左穿梭

(1) 第一动：落脚坐盘，如图 10-24(1)～(3)所示。

① 左脚向前方稍偏左侧落地，脚尖外撇，脚跟先着地，随之身体重心略向前移，左脚踏实，身体微向左转，两腿屈膝成半坐盘式。

② 同时两手开台画弧、准备抱球。

③ 眼看左手。

(2) 第二动：抱球跟脚，如图 10-24(4)所示。

① 身体重心继续前移，由左腿支撑体重，右脚跟至左脚内侧，脚尖点地。

② 同时上体继续微左转，两手左上右下在左胸前成抱球状。

③ 眼看左手。

(3) 第三动：迈步滚球，如图 10-24(5)、(6)所示。

① 身体右转。

② 同时右脚向右前方(西偏北约 30°)迈出，脚跟着地，两脚跟的横向距离约 30 厘米，身体重心仍在左腿。

③ 同时右手一边翻掌一边画弧上举至面前，左手向左下画弧至左肋侧，两手动作如同将所抱之球加以翻滚状。

④ 眼看右前方。

(4) 第四动：弓步推架，如图 10-24(7)所示。

① 右脚掌踏实，右腿屈膝前弓，身体重心前移，左腿自然伸直成右弓步，上体正直，松腰松胯。

② 同时左手由肋侧经胸前向前上方推出，高与鼻平，推到顶点时，舒掌、坐腕、手心向前；右手继续一边翻掌一边向上举架，停于右额前上方，松肩垂肘，手心斜向上，展掌、舒指。

③ 眼看左手。

这是"左穿梭"的定式。

(1)   (2)   (3)   (4)   (5)   (6)   (7)

图 10-24

2) 右穿梭

(1) 第一动：后坐跷脚，如图 10-25(1)所示。

① 上体微左转。

② 同时左腿收屈，上体微后坐，右腿伸展，身体重心后移至左腿，右脚尖翘起微外撇。

③ 同时两手开始画弧、准备抱球。

④ 眼看左手。

(2) 第二动：抱球跟脚，如图 10-25(2)、(3)所示。

① 上体微右转。

② 同时身体重心前移至右脚，左脚跟进至右脚内侧，脚尖点地。

③ 同时两手右上左下在右胸前成抱球状。

④ 眼看右手。

(3) 第三动：迈步滚球。本动与"左穿梭"第三动相同，但左右式相反，如图 10-25(4)、(5)所示。

(4) 第四动：弓步推架。本动与"左穿梭"第四动相同，但左右式相反，如图 10-25(6)所示。

(1)   (2)   (3)   (4)   (5)   (6)

图 10-25

19. 海底针

(1) 第一动：跟步松手，如图 10-26(1)所示。

① 身体重心移至左腿，右脚向前跟进半步，前脚掌着地。

② 同时两手放松并开始画弧下落。

③ 眼看右手。

(2) 第二动：后坐提手，如图 10-26(2)所示。

① 上体微向右转，右脚以前脚掌为轴，脚跟微内转，随即逐渐踏实，身体后坐，重心

移至右腿，左脚脚跟随之离地。

②　同时右手下落经右胯侧向后、向上抽提至耳侧，手心向左，指尖朝前；左手经体前向前、向下画弧下落至腹前，手心向下，指尖斜向右。

③　眼看右前方。

(3)　第三动：虚步插掌，如图10-26(3)所示。

①　上体微向左转至面向前方(正西)。

②　同时右手从耳侧向斜前下方插下，手心向左，指尖朝前下，展掌、舒指；左手从腹前经左膝前画弧按在胯前左侧，手心向下，指尖朝前，坐腕、展掌、舒指。

③　同时左脚稍前移，膝部微屈，脚前掌着地成左虚步。

④　眼看前下方。

这是"海底针"的定式。

(1)　　　　　　　(2)　　　　　　　(3)

图 10-26

20．闪通臂

(1)　第一动：提手收脚，如图10-27(1)所示。

①　左脚提起收向右腿里侧。

②　同时右手经体前上提至肩前，手心向左，指尖朝前；左手经胸前上提至右腕里侧下方，手心向右，指尖斜向上。

③　眼看前方。

(2)　第二动：迈步分手，如图10-27(2)所示。

①　上体微右转。

②　同时左脚向左前方迈出，脚跟着地，两脚跟横向距离不超过 10 厘米，身体重心仍在右腿。

③　同时两手开始一边翻掌一边分别前推、上撑。

④　眼看右前方。

(3)　第三动：弓步推撑，如图10-27(3)所示。

①　上体微向左转至面向前方(正西)。

②　同时左脚掌踏实，左腿屈膝前弓，右腿自然伸直成左弓步，上体正直，松腰松胯。

③　同时左手一边翻掌一边向体前推出，手心向前，高与鼻平，坐腕、展掌、舒指，左臂肘部微屈；右手一边翻掌一边屈臂上举撑在额右侧上方，手心斜向上，展掌、舒指，推撑时沉肩垂肘。

④　眼看前方。

这是"闪通臂"的定式。

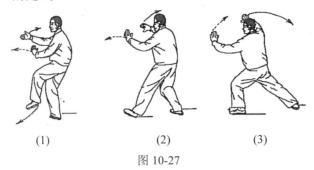

(1)　　　　　　　(2)　　　　　　　(3)

图 10-27

21．转身搬拦捶

(1) 第一动：转体扣脚，如图 10-28(1)所示。

① 右腿屈膝后坐，身体重心移至右腿，上体向右转，左脚尖尽量里扣。

② 同时右手开始向后画弧下落，左手开始画弧上举。

③ 眼看东偏北。

(2) 第二动：坐身握拳，如图 10-28(2)所示。图 10-28(3)为正面图。

① 左腿屈膝后坐，身体重心移至左腿；右脚跟离地并以右脚前掌为轴微向内转。

② 同时右手继续向下、向左画弧，在腹前屈臂握拳，拳心向下；左手继续屈臂上举于额左前上方，掌心斜向上方。

③ 眼看东偏北。

(3) 第三动：踩脚搬拳，如图 10-28(4)～(6)所示。图 10-28(5)为正面图。

① 上体向右转至面向前方(正东)。

② 同时右脚提起收回后不点地即向前垫步迈出，脚尖外撇，脚跟先着地随即全脚掌踏实，身体重心仍在左腿。

③ 同时右拳经胸前向体前翻转搬出，肘部微屈，拳心向上，高与胸平；左手经右前臂外侧下落按于左胯旁，手心向下，指尖朝前。

④ 眼看右拳。

(4) 第四动：转体旋臂，如图 10-28(7)所示。

① 上体微向右转至南偏东。

② 同时右腿屈膝，身体重心大部前移至右腿，随转体左腿屈膝，左脚跟离地。

③ 同时左掌经左侧向前上画弧拦出，手心斜向右下方；右拳经右侧内旋划弧收回，拳心转向下，右臂平屈于胸前右侧，肘略低于腕部。

④ 眼看右前方。

(5) 第五动：上步拦掌，如图 10-28(8)、(9)所示。

① 左脚向前迈出，脚跟着地，两脚脚跟横向距离不超过 10 厘米，身体重心落在右腿。

② 同时上体微向左转至面向前方(正东)。

③ 同时左掌边外旋边继续向前上拦至顶点，手心斜向右，指尖斜向上；右拳继续外旋收至右腰旁，拳心转向上。

④ 眼看左手。

(6) 第六动：弓步打拳，如图 10-28(10)所示。

① 左脚掌踏实，左腿屈膝前弓，身体重心慢慢前移，右腿自然伸直成左弓步，上体正直，松腰松胯。

② 同时右拳一边内旋一边向前(正东)打出，拳心向左，高与胸平，肘部微屈；左手微收，附于右前臂内侧，手心向右，指尖斜向上。

③ 眼看右拳。

这是"转身搬拦捶"的定式。

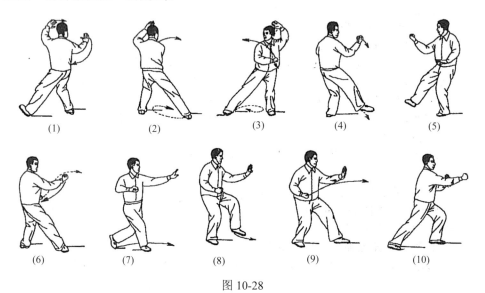

图 10-28

22．如封似闭

(1) 第一动：穿掌翻手，如图 10-29(1)、(2)所示。

① 左手边翻掌向上边由右腕下向前伸出，右拳变掌并随之翻转向上，两手交叉，随即分开，与肩同宽，手心均向上，平举于体前。

② 眼看前方。

(2) 第二动：后坐收掌，如图 10-29(3)、(4)所示。

① 右腿屈膝，上体慢慢后坐，身体重心移到右腿，左脚尖翘起。

② 同时两臂收屈，两手边向下翻掌边沿弧线经胸前收至两肋前，手心斜向下。

③ 眼看前方。

(3) 第三动：弓步按掌，如图 10-29(5)、(6)所示。

① 左脚掌踏实，左腿屈膝前弓，身体重心慢慢前移，右腿自然伸直成左弓步，上体正直，松腰松胯。

② 同时两手向上、向前推出，与肩同宽，手心均向前，按到顶点时，腕部高与肩平，沉肩垂肘，坐腕、展掌、舒指。

③ 眼看前方。

这是"如封似闭"的定式。

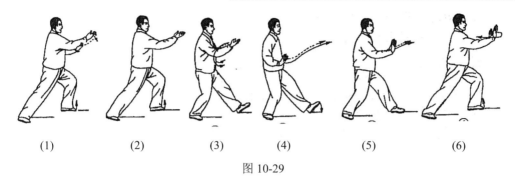

(1)　　　　(2)　　　　(3)　　　　(4)　　　　(5)　　　　(6)

图 10-29

23．十字手

(1) 第一动：转体扣脚，如图 10-30(1)所示。

① 右腿屈膝后坐，身体重心移向右腿，并向右转体至朝南，左脚尖里扣，指向正南。

② 同时右手开始经面前向右平摆画弧。

③ 眼看右手。

(2) 第二动：弓腿分手，如图 10-30(2)所示。

① 身体继续微向右转至朝南偏西，重心继续右移，右脚尖外撇，右腿弓屈，左腿自然伸直成右侧弓步。

② 同时右手继续向右平摆画弧，成两臂侧平举状，两手心斜向前，肘部微屈。

③ 眼看右手。

(3) 第三动：坐腿扣脚，如图 10-30(3)所示。

① 身体微向左转至朝南，重心慢慢移向左腿，右脚尖先里扣，随之右脚跟离地内转。

② 同时两手开始向下、向里画弧。

③ 视线随右手移动。

(4) 第四动：收脚合抱，如图 10-30(4)所示。

① 身体重心移稳在左腿，右脚轻轻提起向左收回，在距离左脚约一肩宽处落地，前脚掌先着地，随即全脚掌踏实，脚尖朝前(正南)成开立步，随之身体慢慢直立。

② 同时两手继续下落经腹前再向上画弧交叉合抱于胸前，右手在外，手心均向里，两臂撑圆，腕高与肩平。

③ 眼看前方。

这是"十字手"的定式。

(1)　　　　　　(2)　　　　　　(3)　　　　　　(4)

图 10-30

24. 收势

(1) 第一动：翻掌前撑，如图 10-31(1)所示。

① 两手向外翻掌前撑，两肘松垂，两肩松沉。

② 眼看前方。

(2) 第二动：分手下落，如图 10-31(2)、(3)所示。

① 两臂慢慢分开下落至两胯侧，全身放松，上体正直，头微上顶。

② 眼看前方。

(3) 第三动：收脚还原，如图 10-31(4)所示。

① 身体重心慢慢移至右脚，左脚脚跟先离地，随即全脚轻轻提起收至右脚旁，前脚掌先着地，随即全脚踏实，脚尖向前(正南)，两脚并拢。

② 眼看前方。

这是"收势"的定式。

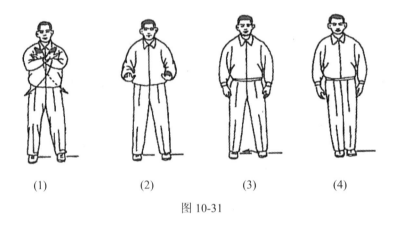

(1)　　　　　(2)　　　　　(3)　　　　　(4)

图 10-31

第三节　二十四式太极拳技击用法

太极拳的技击法是太极拳的上乘功夫，因为在实战中可以切实体会太极拳"绵里藏针""外柔内坚"的劲法，对太极拳虚虚实实、变化无穷的奥妙，及"四两拨千"的效能有所认识。

(一) 野马分鬃

(1) 乙方上步用左拳击打甲方胸部；甲方用左手格抓乙方的左腕部，如图 10-32(1)所示。

(2) 甲方右脚迅速上一步，别住乙方的左腿，同时，左手穿过乙方的左腋下向其颈部穿出，并向右后反别，可使其倒地，如图 10-31(2)所示。

要点：整个动作要求协调一致，充分利用弓腿进身带身靠的力量将乙方跌出。

(1)   (2)

图 10-32

(二) 白鹤亮翅

(1) 乙方用左直拳右踢腿同时击打甲方；甲方应立即用右手向上、向右挡开乙方的左拳，同时，用左手向下、向左搂其右腿，防开乙方的上、下进攻，如图 10-33 所示。

(2) 随即用右手向右后采拉乙方的左手，左手搂住其左腿向上、向右弧形上抬，并向右转腰，制乙方后倒。

要点：防守动作和反攻动作要紧密衔接起来，中间不可有停顿，整个动作要求协调圆活。

图 10-33

(三) 搂膝拗步

(1) 乙方用右拳击打甲方的腰部；甲方迅速用左手向下、向左将其右拳格开，如图 10-34(1)所示。

(2) 随即甲方迅速用右掌向前猛击乙方右胸部，如图 10-34(2)所示。

要点：防守动作要和进攻动作协调一致。出掌时，要充分发挥蹬右腿和向左转腰的力量，将其击出或击翻倒地。

(1)   (2)

图 10-34

(四) 手挥琵琶

(1) 乙方上左步用右直拳击打甲方；甲方身体重心向后坐，右腿屈膝半蹲，左脚尖上勾，避开乙方的冲拳，如图 10-35(1)所示。

(2) 同时，甲方右手向上抓住乙方的右腕并向左用力，左手猛拍其左肘关节，利用双手的合力，使其肘关节受伤，如图10-35(2)所示。

　　要点：双手用力必须同时进行，发劲要冷弹快猛。

(1)　　　　　　　　　　(2)

图 10-35

(五) 倒卷肱

(1) 乙方突然从背后抱住甲方；甲方应迅速向下蹲，以防被对方抱起，如图 10-36(1)
所示。

(2) 随即甲方身体重心向后移，左臂向前伸，同时，右臂屈肘，以肘尖向乙方的胸部
猛顶，解脱乙方抱腰，击伤对方，如图10-36(2)所示。

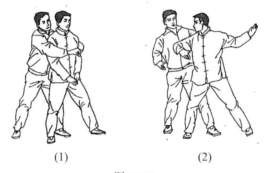

(1)　　　　　　　　　　(2)

图 10-36

　　要点：用右肘击乙方的胸部时，头要向右后转，并要猛力向右转腰，以助顶肘之力。

(六) 揽雀尾(掤、捋、挤、按)

1. 掤势

(1) 乙方上步用右拳击打甲方；甲方立即起左手外格其腕部，如图10-37(1)所示。

(1)　　　　　　(2)　　　　　　(3)

图 10-37

(2) 随即甲方右脚向前上一步，右腿屈膝半蹲，蹬左腿，成右弓步；同时，左手抓乙方右腕向下、向后带拉，右手向乙方的右腋下用力掤出，可将乙方击出或击倒，如图10-37(2)、(3)所示。

要点：甲方左手向后带拉，使乙方有后缩之意，此时，甲方应乘乙方后缩之势，借其力迅速出右手做"掤"的效果就好。如不借其力，是无法将对方掤出去的。在掤时，要以腰为主宰，用腰力将乙方掤出。

2．捋势

(1) 乙方上右步用左掌推击甲方；甲方立即举起手格其左腕部，如图10-38(1)所示。

(2) 随即甲方右脚向前上一步，左手由前向下、向后弧形带拉，右手按住乙方的左肩或左肘部由前向下、向后弧形猛捋，可将乙方从甲方的身体左侧向后捋出或拖倒，如图10-38(2)、(3)所示。

要点：甲方要乘乙方向前猛推之势，借其力将乙方向后捋出。在捋时，上身要正直，要充分利用上身向左转的力量，使捋的效果更佳。

(1)   (2)   (3)

图 10-38

3．挤势

(1) 乙方右手抓甲方右腕向后引甲方；甲方顺乙方之捋势，右脚向前上一步，同时，左手向自己的右臂方向移动，如图10-39(1)、(2)所示。

(2) 随即甲方身体重心前移，屈右腿，蹬左腿，成右弓步；同时，左手手掌附于右腕内侧，以右小臂平挤乙方的胸部，将乙方挤出，如图10-39(3)所示。

(1)   (2)   (3)

图 10-39

要点：太极技法最主要的特点是借力。"挤势"看起来好像是主动进攻之势，其实质却是借对方的捋劲，顺势发力。动作要及时、连贯、协调。

4．按势

(1) 乙方用双拳击打甲方两太阳穴；甲方立即用双手从乙方的两臂之间向上架住，如

图 10-40(1)所示。

(2) 随即甲方身体重心略向后移；同时，用双手由上向下、向后弧形将乙方双臂下引，使乙方被引进落空，如图 10-40(2)所示，而后甲方用双手立即向前快速将乙方挤出，如图10-40(3)所示。

要点：甲方下引动作必须呈弧形，并要向左转腰，将乙方的劲引空后，方可出击，将其按出。

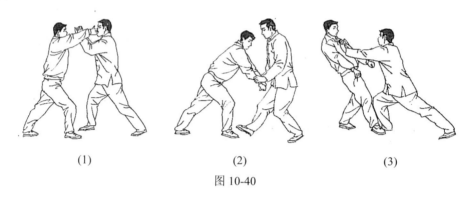

(1)　　　　　　　　(2)　　　　　　　　(3)

图 10-40

(七) 单鞭

(1) 乙方上左步用右拳击打甲方；甲方立即用右手向上、向后弧形钩其右腕，如图10-41(1)所示。

(2) 随即甲方左腿屈膝半蹲，右腿伸直，成左弓步；同时，右手钩住其右腕向后带拉；左手成立掌猛力向其胸击出，如图 10-41(2)所示。

要点：击掌时，腰要向右转，利用腰腿之劲发力。整个动作的劲路，应向前、向右弧形发力，方可将对方击出或击翻倒地。

(1)　　　　　　　　(2)

图 10-41

(八) 云手

(1) 乙方用右拳向上击打甲方的下颌；甲方应立即用左手向上、向左弧形格开，如图10-42(1)所示。

(2) 随即甲方用右手由下向上、向右弧形上抬，反别其右肘关节，可使乙方肘部受伤，如图 10-42(2)所示。

要点：双手动作要同时进行，同时用力，不可有先后。反别其右肘时，要使对方屈肘，否则此动作无效。

(1)　　　　　　　　　　　　(2)

图 10-42

(九) 高探马

乙方用右拳击打甲方；甲方身体重心向后坐，右腿屈膝半蹲，左腿微屈膝，并以左脚尖虚点地面，成左高虚步；同时，左掌向下按拍乙方的右拳，右掌向其脸部猛击，如图10-43(1)、(2)所示。

要点：按掌和击掌必须同时进行。发劲时，腰要向左略转，充分发挥"腰为主宰"的作用。

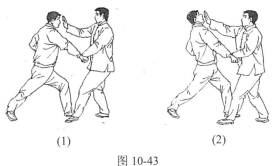

(1)　　　　　　　　　　　　(2)

图 10-43

(十) 右蹬腿

(1) 乙方用左拳击打甲方；甲方应用双手交叉上架其冲拳，如图 10-44(1)所示。

(2) 随即甲方双手左右分开，化解乙方来拳，并迅速屈膝提起右腿，猛力向乙方的腹部蹬出，如图 10-44(2)、(3)所示。

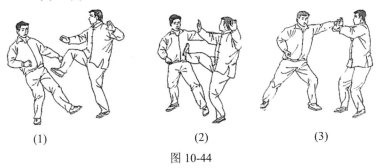

(1)　　　　　　　　(2)　　　　　　　　(3)

图 10-44

要点：蹬腿时，脚尖勾起，着力点在脚跟上。支撑腿要微屈膝站稳，蹬腿要有爆发力。

(十一) 双峰贯耳

(1) 乙方上左步用双拳击打甲方；甲方立即用双手下按，如图 10-45(1)所示。

(2) 随即甲方右腿屈膝半蹲，左腿伸直，成右弓步；同时，双手握拳由下向外、向上弧形挥臂，并用双拳同时击打乙方的左、右太阳穴，拳眼朝下，拳心朝外，如图 10-45(2)所示。

要点：双拳必须弧形勾击，但弧形不可过大。力要从跟发，发劲要猛，力点要准。

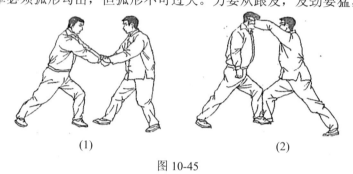

(1)　　　　　　　　　　　　　　(2)

图 10-45

(十二) 左蹬腿

乙方上左步用右直拳击打甲方；甲方双手向上左、右分开，并用左手挡格乙方来拳，同时，左腿屈膝上提，并迅速向乙方的腹部蹬击，如图 10-46(1)、(2)所示。

要点：蹬腿时，脚尖要钩起，着力点要在脚跟上。腿要先屈后伸，支撑腿膝微屈站稳。蹬腿时要有爆发力。

(1)　　　　　　　　　　　　　　(2)

图 10-46

(十三) 下势独立

乙方用右拳击打甲方；甲方迅速用左手抓住其右腕关节并向后拉，同时右手(屈肘)由其右腋下向上挑起，使其身体前倾，此时，右腿屈膝向上猛提，用右膝猛顶其胸、肋部，如图 10-47 所示。

要点：动作要快速有力，协调一致。顶膝的部位最好是肋骨部位。

图 10-47

第十一章　形体训练

第一节　形体训练的特点与作用

当今时代，社会对人才综合素质的要求越来越高。尤其是对有较高文化层次的特殊群体——大学生，除了要具备过硬的专业知识和专门技能外，还必须具有健康的体魄、旺盛的精力、健美的形体和高雅的气质。形体训练和形象塑造是现今体育教学课程的一种新形式，它以人体科学理论为基础，通过各种身体练习，增进健康、增强体质、塑造体型、训练仪态，培养具有良好的形体、文明的礼仪和高尚的道德修养的新时代大学生，同时教会学生可以终身受益的健身活动，从而达到全面育人的目的。

关于形体训练，目前比较典型的意见有两种，即狭义和广义。狭义的形体训练把它定义为形体美训练。广义的形体训练认为，只要是有形体动作的训练就可以叫作形体训练，这样各式各样的动作训练都可以称为形体训练，甚至某些服务行业的程式化动作，比如迎宾、端菜、送菜、礼仪姿势等的训练，也称为形体训练。

形体训练是一项比较优美、高雅的健身项目，主要通过舒展优美的舞蹈基础练习(如芭蕾)，结合经典、民间和各个民族的舞蹈进行综合训练，可塑造人们优美的体态，培养高雅的气质，纠正生活中不正确的姿态。可以说形体训练是所有运动项目的基础。

通常意义的形体训练就是形体美训练，这也是大多数形体训练者的意愿。人们进行训练绝不仅仅是为了活动一下身体，娱乐和游戏更在其次，对自身体态美的塑造才是最终目的。

一、形体训练的特点

形体训练与其他项目比较，具有不同的特点。只有了解这些特点，才能更好地发挥形体训练的作用，有目的、有计划、有针对性地进行训练，从而满足身心需求，促进人的全面发展。

1. 内容和方法多种多样

从形体训练的方法上看：它是在人体解剖学、运动心理学、运动训练学、运动生理学、美学等科学理论指导下进行的，可根据不同的年龄和性别，不同的体型和体质，不同的训练目的和各自的水平，选择不同的训练方法。

从形体训练的内容上看：形体训练的动作适合身体局部练习的单个动作，也适合形体练习的健身系列、成套动作以及整体形象塑造和礼仪训练。

从形体训练的项目上看：有健身强体的练习，有健美体型的练习，有训练正确的站、坐、行走姿势的专门练习，有塑造形象的着装、发式、化妆及言谈、举止、礼仪等的要点提示，有适合胖人减肥的锻炼，有适合瘦人丰腴健美的锻炼。

从训练的形式上看：有局部练习，也有全身性练习；有单人练习，也有双人练习，还有集体练习；有徒手练习，也有器械练习；有站姿练习，也有坐姿练习；有节奏柔和缓慢的练习，也有节奏快动感强的练习。

形体训练器械更是繁多，有单项器械，也有联合器械等。

总之，形体训练的内容和方法多种多样，适合不同水平的练习者。

2. 具有一定的艺术性

形体训练的内容涉及体操、舞蹈、音乐等，是一门综合性艺术，丰富多彩的练习内容及形体美的表达形式、舒展优美的姿态和矫健匀称的体型、集体练习中巧妙变换的队形等都展示了其强烈的艺术表现力和感染力。

音乐是形体训练的灵魂，不同风格的乐曲，可以创造出不同风格、不同形式的形体训练动作，经常练习能提高学生的音乐素养，培养良好的气质和修养。形体训练具有其他艺术形式难以达到的综合美的艺术表现力，它在提高人的素质方面有着其他教育学科不可替代的作用。

3. 组织形式灵活

形体训练可以集体锻炼，也可以个人锻炼；可以按统一的规定时间锻炼，也可以分散安排锻炼。

4. 实用性强、价值高

(1) 通过形体训练提高体能素质，为学生的终身发展奠定基础。

健康、长寿、智慧是人类的美好愿望。每一个人要获得健康必须要有一定的体能。良好的体能是健康的保证。因此，我们就必须做一些特别的运动训练来提高自己的体能，来保持我们基本的健康状况。

"生命在于运动"，但是如何从运动的角度来促进健康一直是我们需要有所突破的问题。

形体训练是一种以身体练习为基本手段，匀称和谐地发展人体，增强体质，促进人体形态更加健美的体育运动。可根据学生的实际情况选择不同的运动时间来进行，通过基本动作的练习和强度不同的成套动作练习，对身体各关节、韧带、各主要肌群和内脏器官施加合理的运动负荷，对心血管功能、柔韧性、协调性、力量及耐力素质，有效地改变体重和体脂等均有十分显著的作用。例如，采用压、拉肩，下桥，体前、侧、后屈，压、踢、控腿等练习来发展学生的柔韧性；采用舞蹈、徒手及成套动作练习锻炼大脑支配身体各部位同步运动的能力，体会各部位肌肉运动时的不同感觉，来发展学生的协调性；采用健美操中的仰卧起坐、快速高踢腿、跳步等来增强学生的力量和弹跳力，提高动作的速度和力度；采用跑跳操等练习来提高耐力素质，增强体能，提高人体的防御能力。以上种种训练方式，均为了使锻炼者的生命力更旺盛，精力更充沛，学习和生活更有节奏，从而能够高效率地工作和学习。

(2) 塑造时代需要的完美的外在素质，促进人的和谐发展。

人体形体美是世界上一种永远新鲜、永远洋溢着生命力的最动人的美。歌德曾经说过："不断升华自然的最后创造物就是美丽的人。"人的美丽直观的表现首先在于形体美。人类遗传学告诉我们，影响体形的因素是遗传和环境(营养、劳动、生活条件、体育锻炼)。遗传因素虽然生成了人的基本体形，但后天塑造却是完全可能的。特别在青春发育期，人体对环境因素的敏感性较强，是塑造体形的最佳时期。形体训练动作形式多，锻炼部位广泛。通过各种臂的摆动、绕环、波浪组合、姿态组合、腰腿的柔韧性组合、舞蹈组合、体育舞蹈等练习可形成挺拔的身体姿态，并能发展身体的柔韧性和协调性。

健康的形体美，仅有健康美和静态美是不够的。从形体训练追求层次上看，动态美和整体协调美更显人的气质和魅力。动作美是形体美的一种表现形式，姿态美是通过动作表现出来的，而动作美在完成动作时应显示出姿态美。在形体训练动态美练习中强调步态、姿势、表情等形体语言，强调动作的节奏感和优美感。通过科学的形体训练，可以改变和改善不良体形，达到肌肉匀称、比例协调、举止和谐、姿势优美、气质高雅的训练目的，可以说形体训练是一种特殊的人体雕塑艺术。

(3) 通过形体训练塑造良好的个人形象，提高职业素质。

个人形象指的主要是容貌、魅力、风度、气质、妆容、服饰等直观的视觉感受，这是一种值得开发、利用的资源。

个人的人性特征特质通过形象表达，并且容易形成令人难忘的第一印象。第一印象在个人求职、社交活动中会起到非常关键的作用。大学生是未来职场的主要力量，社会对他们提出的要求会更高。只有掌握职业礼仪的规范与标准，获得今后职业所需的悦目的仪表和得体的举止，给人美好的第一印象，并具有应变各种工作和生活环境的能力，才能在激烈的职业竞争中立于不败之地。

二、形体训练的作用

1. 改善神经系统和大脑的功能

神经系统可分为中枢神经系统和周围神经系统两部分。中枢神经系统由脑与脊髓组成，而周围神经系统则由脑和脊髓发出的神经纤维组成。整个神经系统是人体主要的机能调节系统，人体各器官、系统的一切活动都是在神经系统的控制下进行的。通过神经系统的调节，人体对内外环境的变化产生相适应的反应，使内部与周围环境之间达到协调统一，从而使人体的生命活动得以正常进行。

形体训练可使神经系统对机体产生一种刺激，这种刺激使肌体处于一种运动状态。在这种状态下，中枢神经将随时动员各器官及系统使之协调、配合肌体的工作。经常参加形体训练，就能使神经活动得到相应的提高。除此之外，形体训练还要求动作要迅速、准确；而迅速、准确的动作又要在大脑的指挥下来完成。脑是中枢神经的高级部位。进行形体训练时，脑和脊髓及周围神经要建立迅速而准确的应答式反应，而脑又要随时纠正错误动作，储存精细动作的信息。这样经过经常、反复不断的刺激，就会提高人的理解能力、思维能力和记忆能力，从而使大脑更加聪明。所以说，经常参加形体训练，可以加强肌体神经系统的功能和大脑的工作能力，使之更加健康和聪明。

2. 提高心血管系统的功能

心血管系统是由心脏与各类血管所组成的，并以心脏为动力的闭锁管道系统，也就是人们常说的血液循环系统。形体训练主要由运动系统即骨骼与肌肉运动参与完成。运动系统在进行工作时要消耗大量的氧气、养料，在消耗的同时又要不断地补充供给大量的新鲜氧气及养料，与此同时还要排泄大量的废物。这一繁重的任务，只有依靠体内的心血管(循环)系统来完成。

人体在处于安静状态时，平均心率为 75 次/分，心脏的每搏血液输出量为 50～70 mL，每分钟输出量约为 4.5 L。在进行强烈的肌肉运动时，可以达到安静时的 5～7 倍，这就势必使心肌处于激烈收缩的状态。经常的刺激会使心肌纤维增粗，心房、心室壁增厚，心脏体积增大，血溶量增多，从而增强心脏的力量。由于心肌力量的增强，每搏输出的血量增多，心跳的次数相应减少，在平时较为安静的状态下，心脏能够得到较长时间的休息，从而减轻心脏的工作负担，使心脏永葆青春。

第二节 形体训练与常见的形体缺陷和矫正方法

一、形体训练的基本内容

1. 基本姿态练习

人的基本姿态是指坐、立、行、卧。当这些基本姿态呈现在人们眼前时会给人一种感觉，如身体形态所显示的端庄、挺拔与高雅，给人的印象是赏心悦目的美感。由于一个人的姿态具有较强的可塑性，也具有一定的稳定性，因此通过一定的训练，可以改变诸多不良体态，如斜肩、含胸、松垮、行走时屈膝晃体、步伐拖沓等。

2. 基本素质练习

基本素质练习是形体训练最重要的内容之一，在练习中可采用单人练习和双人配合练习两种形式。通过大量的练习，可对人体的肩、胸、腰、腹、腿等部位进行训练，以提高人体的支撑能力和柔韧性，为塑造良好的人体形态，改善形体的控制力打下良好的基础。形体基本功练习的内容较多，在训练时，应本着从易到难、从简单到复杂的原则；同时也要注意自己和配合者的承受能力，不能超负荷，以免发生伤害事故。

3. 基本形态控制练习

基本形态控制练习是对练习者身体形态进行系统训练的专门练习，是提高和改善人体形态控制能力的重要内容，通过徒手、把杆、双人姿态等大量动作的训练，进一步改变身体形态的原始状态，从而逐步形成正确的站姿、坐姿、走姿，提高形体动作的灵活性。这部分练习比较简单，个别动作要求比较严格，训练必须从严要求，持之以恒。

二、形体训练的基本要求

(1) 训练前必须做好准备活动。

(2) 训练时要穿有弹性的紧身服装或宽松的休闲服、体操鞋、舞蹈鞋或健身鞋。

(3) 训练时不能佩戴饰物，以免发生伤害事故。

(4) 训练要有计划、有步骤，循序渐进，切忌忽冷忽热、断断续续；要持之以恒，力求系统地掌握形体训练的有关知识和方法。

(5) 要保持训练场的整洁和安静。

(6) 在做器械练习时，要有专人指导和帮助，特别是联合器械的运用，要注意训练的安全性。

(7) 在训练中和训练后要注意补充适当的水，同时要注意饮食营养的合理搭配。

三、常见的形体缺陷与矫正方法

1. 正常体形的特征与练习方法

正常体形表现为身体各部生长发育比较协调一致；体形匀称、苗条；胸、臀等部位中等突出或偏小，坚实而富有弹性；全身肌肉较发达有力；脂肪含量中等，身体曲线稍显现。正常体形的练习，主要是增强全身的曲线感，发展各部位的肌肉和力量，提高肌肉用力的协调性和灵活性。练习安排多以各部肌肉群的动作为主，以整体练习为辅，适当增加各种舞蹈(如迪斯科)和徒手动作练习，以发展身体协调性和各韧带的柔韧性，具体练习项目以胸部为主。在此基础上，进行第二步训练，选择成套的舞蹈动作及综合训练，发展各部肌肉的徒手练习或负重练习。随着体力的不断增长，这两步练习可循环多次，对去脂减肥、发达肌肉均有较好的效果。

2. 消瘦体形的特征与练习方法

消瘦体形一般表现为身材瘦削、细长单薄；肌肉块头很小，全身脂肪沉着少，一般在0.5厘米以下；胸臀部位不丰满。这类体形者首先要分析产生消瘦的原因，然后采取相应的措施。如果由于疾病或内分泌障碍等引起，则应先进行治疗。在治疗的基础上，适当进行徒手动作练习，运动量要小，可以选择局部的或整体的练习，待病愈后再按正常人的运动量进行锻炼。属于正常消瘦者，其锻炼应以发达肌肉、增加脂肪沉着为主。开始练习时，先以自身重量做徒手练习，如俯卧撑、仰卧起坐、俯卧两头起、仰卧挺髋成桥等。经过这个阶段的练习，在各部位力量增长的基础上，再做负重的专门肌力训练。锻炼要循序渐进，运动量要由小到大，负荷则由轻到重。同时还要适当加强饮食营养，增加适度的脂肪沉着。

3. 肥胖体形的特征与练习方法

肥胖体形表现为体重与身高比例严重失调；全身肥胖臃肿并松弛，有抖动现象；腰腹脂肪大量囤积；臀部宽厚；腿部肥粗；上下呈笼统趋势，毫无肌肉显现感。这类体形的练习方法主要以减肥为主，在减肥的基础上，进行肌肉练习。

第十二章 体育舞蹈与其他操舞

第一节 体育舞蹈

一、体育舞蹈概述

1. 体育舞蹈的发展概况

体育舞蹈的开端在 12 世纪的欧洲，人们以宫廷文化为基础，汲取民间舞蹈的精华并加以规范，形成了在宫廷中广为盛行的"宫廷舞"。经历了岁月的洗礼，体育舞蹈不断汲取各类舞蹈的精华，逐渐形成了各种流派。其中，标准舞、拉丁舞、团体舞被称为"现代国际标准舞"，由于它们兼有文化娱乐的内涵和体育竞技的双重特点，再加上它们的表演性和技艺性，西方舞蹈界称它们为"体育舞蹈"，很多国家将它们纳入了体育竞技范畴。

2. 体育舞蹈的特点

(1) 规范性。体育舞蹈之所以能在全球推广得益于其规范、完整的舞蹈体系。它是在舞姿、舞步和跳法的基础上加以系统化、规范化、统一化，历经数百年的锤炼，经过一代又一代人的加工，最终形成的完整的体系。

(2) 艺术性与观赏性。体育舞蹈是一项融技术与艺术于一体的运动项目，在体育舞蹈的发展历程中，体育舞蹈以其独特的方式向人们展示着它的艺术魅力。体育舞蹈融合舞蹈、音乐、服装、体态美于一体，具有很强的观赏性，是一门真正的艺术。

(3) 竞技性和健身性。体育舞蹈的竞技性表现在其有着高水平的赛事，全球各地的广大舞蹈爱好者互相竞争，用体育舞蹈为国争光。除此之外，体育舞蹈对人体的能量代谢、能量消耗和心率变化都有积极影响，是塑造健康体魄的很好的锻炼方式。

(4) 娱乐性。体育舞蹈是由交际舞发展而来的，它能够不断地陶冶人们的心灵，增强人们之间的交流与沟通，同时能够抒发个人的内心情感，给人以身心愉悦的享受。

二、体育舞蹈的基本知识

体育舞蹈按照舞蹈风格和技术结构可分为标准舞和拉丁舞，按照比赛项目可分为标准舞、拉丁舞和团体舞。除了分类，学习者还应了解舞程线、方位、角度等基本概念。

1. 标准舞

标准舞由华尔兹舞、维也纳华尔兹舞、探戈舞、狐步舞和快步舞 5 个舞种组成。其特点是持握规范，步法精确，沿舞程线逆时针方向绕场行进。

（1）华尔兹舞。华尔兹舞也称"慢三步舞"，它是从维也纳华尔兹舞演变而来的。舞曲节奏为 3/4 拍的中慢版，舞曲速度为每分钟 28～30 小节。每小节 3 拍为一组舞步，第一拍为重拍，第二、三拍为弱拍。结合身体的升降、倾斜、摆荡带动舞步的移动，舞步起伏延绵，整个动作高端大气、华丽典雅。

（2）维也纳华尔兹舞。维也纳华尔兹舞即"快三步"，也称为"圆舞"，起源于奥地利。舞曲节奏为 3/4 拍，速度为每分钟 56～60 小节。每小节为 3 拍，第一拍为重拍。基本步伐是 6 拍走 6 步，两小节为一循环，第一小节为一次起伏。基本动作是左右快速旋转步，完成反身、倾斜、摆荡、升降等技巧。舞曲旋律流畅华丽，节奏轻松明快，动作舒展大方，热情奔放，翩跹回旋。

（3）探戈舞。探戈舞被称为"舞中之王"，起源于阿根廷。探戈舞曲节奏为 2/4 拍，速度为每分钟 30～34 小节。每小节 4 拍，第一拍为重拍。舞步有快步(quick, Q)和慢步(slow, S)，快步为半拍，慢步为一拍，基本节奏为 S、S、Q、Q、S。舞曲以切分音为主，带有附点和停顿。舞步顿挫有力，潇洒豪放，身体动作无起伏、无升降、无旋转；表情严肃，有左顾右盼的头部闪动动作。

（4）狐步舞。狐步舞也称"福克斯"，起源于美国。舞曲节奏为 4/4 拍，速度为每分钟 28～30 小节。每小节为 4 拍，第一拍为重拍，　第三拍为次重拍。基本步伐是 4 拍走 3 步，每 4 拍为一循环。舞步也分快、慢步，基本节奏为 S、S、Q、Q。以脚踝、脚底、掌趾的动作完成升降起伏。舞步流畅平滑，平稳大方，舞态优雅飘逸，富于流动感。

（5）快步舞。快步舞起源于英国。舞曲节奏为 4/4 拍，速度为每分钟 48～52 小节。每小节 4 拍，第一拍为重拍，第三拍为次重拍。舞步分快、慢步，基本节奏为 S、S、Q、Q、S。舞步组合有跳步、荡腿、滑步等动作。舞曲逍遥，节奏明快，舞态轻松，步法快速多变，轻松灵快，充满活力。

2. 拉丁舞

拉丁舞由伦巴舞、恰恰舞、桑巴舞、牛仔舞和斗牛舞 5 个舞种组成。其特点是持握相对自由一些，注重人体曲线的展示；步法灵活多变；舞曲节奏感强烈，热情奔放；舞态婀娜多姿；着装浪漫洒脱，男方着上短下长的紧身或宽松装，女方着紧身短裙。

（1）伦巴舞。伦巴舞起源于古巴，16 世纪传入拉丁美洲，有着"拉丁舞之魂"的美誉。舞曲节奏为 4/4 拍，速度为每分钟 28～31 小节。每小节 4 拍，从第四拍起跳，由一个慢步和一个快步组成，基本节奏为 Q、Q、S。伦巴舞音乐缠绵抒情，舞态柔媚动人，动作舒展优美，充满浪漫的情调。

（2）恰恰舞。恰恰舞起源于墨西哥，后传入拉丁美洲，在古巴得到发展。舞曲节奏为 4/4 拍，舞曲速度为每分钟 30～32 小节。每小节 4 拍，重拍在第一拍，4 拍走 5 步，基本节奏为 S、S、Q、Q、S。舞曲热情奔放，舞蹈风格活泼，舞步风趣俏皮，动作利落、紧凑。

（3）桑巴舞。桑巴舞起源于巴西，是巴西一年一度的狂欢节舞蹈，被称为巴西的"国舞"。舞曲节奏为 2/4 拍或 4/4 拍，每分钟 52～54 小节。重拍在每小节的第二拍或第四拍。每小节完成一个基本舞步。基本节奏可以是 2 步(S、S)、3 步(S、Q、Q)、4 步(Q、Q、Q、Q)等多种。桑巴舞流动性大，律动感强，起伏强烈，舞步奔放、敏捷，富有强烈的感染力。

(4) 牛仔舞。牛仔舞起源于美国，原是美国西部牛仔跳的踢踏舞，后由于爵士乐的流行，演变成了如今的牛仔舞。舞曲节奏为 4/4 拍，舞曲速度为每分钟 42～44 小节。牛仔舞由基本舞步——踏步、并合步结合跳跃、旋转等动作组合而成。牛仔舞的舞曲节奏快速兴奋，舞姿轻松、热情、欢快，步法自由多变。

(5) 斗牛舞。斗牛舞起源于法国，盛行于西班牙。舞曲节奏为 2/4 拍，速度为每分钟 60～62 小节。音乐雄壮，舞态威猛、挺拔，舞步坚定，发力迅速，动静鲜明，收步敏捷、顿挫。

3. 舞程线

跳舞中为避免互相碰撞，规定跳舞者必须按逆时针方向前进，这个行进线路称为舞程线。

4. 方位

以舞场正前方(多为乐队演奏台)为基点，定为"1 点"，每顺时针移动 45°则变动一个方位，以此类推，分别称为 2～8 号位。

5. 角度

交谊舞中，舞者旋转的方向有左转和右转，旋转的角度一般分为 45°、90°、135°、180°、225°、270°、315° 和 360°。

三、标准舞的基本技术

1. 姿态与握持

(1) 男女单人基本姿势。站立的基本要领是身体必须保持垂直。站立时，身体重心保持在一条腿上(单腿重心)，这条腿称为支撑腿。动作腿在无重心状态下与支撑腿并拢。如从侧视，身体的垂直线通过头部(耳)、肩部、胯部、膝盖和脚掌中央。

女方的垂直线落地点比男方稍后，在脚弓位。

(2) 双人位置。双人位置有闭式位置(右对右)、侧行位置和并退位置 3 种。

① 闭式位置(右对右)。这是一个基础位置，通常被用在舞蹈的开始。在闭式位置中，女方中段的右侧接触男方中段的右侧，男方和女方的左侧不接触，肩和胯保持平行。

② 侧行位置。这个位置的接触点是男方的右侧和女方的左侧，制造出一个"V"形。当双方都需要朝同一方向向前运动(向着"V"形的开口)时会用到这个位置。不同舞种的侧行位置有所区别。

③ 并退位置。这个位置的接触点是男方的右侧和女方的左侧，制造出一个"V"形。当双方都需要朝同一方向向后运动(向着"V"形的关闭处)时会用到这个位置。

2. 常用技术

(1) 升降。升降包括上升和下降两种技术。

① 上升。上升指脚跟抬离地面，膝关节由曲到直和身体中轴靠舞者内力向上延伸的过程。上升可以分为慢上升和快上升。慢上升可用于华尔兹舞，快上升多用于狐步舞和快步舞。

② 下降。下降指支撑腿脚跟落地延续屈膝动作便于下一步行进的动作过程。即使是通

过下降产生的前进与后退，在下降前，身体均处于上升的位置。支撑腿脚跟先与地面接触，同时动作腿开始向运动方向运动，支撑腿膝关节开始弯曲，带动身体继续下降，同时动作腿继续按动作要领进行或前或后或侧的运动。

(2) 摆荡。摆荡是升降和旋转过程中身体横轴在空间位置的弧线移动。身体横轴成左右方向，在人体中部，与身体纵轴互相垂直。身体横轴是人赖以获得身体平衡的重要部位。在舞蹈中，身体横轴在对抗离心力、防止身体前倾或后仰、重心转移及旋转中发挥着重要作用。

摆荡的目的：使身体引带运动脚定位，运动脚在身体摆荡中跟随身体到达指定的位置。因此，运动脚的运行在身体摆荡时与地面没有实际的摩擦，运行快速而稳定。

摆荡技巧产生的条件如下：

① 摆荡要借助支撑腿的膝、踝、趾的屈伸所产生的身体升降过程实现身体横轴在空间位置的移动。

② 摆荡要借助腰胯的推力和支撑腿向脚底方向用力，实现身体重心从一点到达另一点的弧线转移过程。因此，腰胯及支撑腿的推动力量将决定身体的摆荡幅度。

(3) 倾斜。倾斜指身体的倾斜(侧屈)，可以定义为朝向或离向动作腿做出的动作。它可以用于实现不同的目的，包括保持平衡、启动、加速、提升舞步的美感等。

倾斜可分为 3 种类型，即技术倾斜、释放倾斜(或断位倾斜)和修饰倾斜。

(4) 反身动作。反身动作是一种身体相对于移动腿产生反向运动，以便引导旋转身体的技术。

四、拉丁舞的基本技术

1. 姿态与握持

(1) 基本姿势。不同的舞种基本姿势也不一样，下面进行具体介绍。

① 伦巴舞和恰恰舞的基本姿势。两腿自然轻松地靠拢站好；提胸、脊椎骨伸直，不可耸肩；任意一条腿向侧跨出一步，支撑重心的另一条腿伸直，并将体重全部移到这条腿上面，以使骨盆可往旁后方移动，因而重量在支撑腿的脚跟，其膝关节要向后锁紧，骨盆移动的幅度要以不影响上身的姿势为原则。

② 桑巴舞和牛仔舞的基本姿势。两脚自然轻松地靠拢站好；挺胸、腰杆伸直，不可耸肩；任意一条腿向外侧跨出一步，支撑重心的另一条腿伸直，并将体重全部移到这条腿上，使重量前移至前脚掌，而后脚跟仍不离地板，并且支撑腿的膝盖不可向后锁紧。

③ 斗牛舞的基本姿势。骨盆向前微倾；重量由两个脚掌均匀地承受；当脚伸直时，膝关节不可向后锁紧。

(2) 双人位置。双人位置包括闭式位置、分式位置和扇形位置 3 种。

① 闭式位置。伦巴舞、桑巴舞和恰恰舞中闭握式男女方相距约 15 厘米，且女方略靠男方的右侧。身体重量可以落在任一脚，女方承受体重的腿通常与男方相反。男方右手五指并拢，放于女方肩胛骨处。男方的右手臂轻柔而微屈地拥住女方，其手肘的高度约与女方的胸部相齐。女方的左臂则顺此曲线轻轻地靠在男方右臂的上方，而左手也轻轻置于男方的右肩之上。

② 分式位置。男女分开约一个手臂的距离，互相对视。重心可落在任意一条腿上，女方承受体重的腿与男方相反。双腿正确的位置因进行不同的舞步而有所不同。

握手的方式会因接下来要跳的舞步而异，有下列 3 种握手方式：男左女右、男右女左和男右女右。

③ 扇形位置。扇形位置被用在伦巴舞和恰恰舞中。女方在男方的左侧相隔一个手臂的距离，女方的身体与男方的身体成直角形排列，左腿向后踏出一整步，重心落在左腿上。男方右腿向侧并稍微向前跨出，以支撑全身的重量。女方的右腿向前投射的一条假想的虚线约在男方身体前方的 15 厘米处。

2. 常用技术

(1) 前进抑制步。伦巴舞和恰恰舞当跳某个前进步时要用前进抑制步来改变方向，可能略转或不转。这个动作跟一般的前进走步是不大相同的。跳正常的前进走步在其结束时，重心便抵达该腿，同时准备好往下一步移动。

(2) 延迟走步。在跳某些舞步，尤其是在跳伦巴舞和恰恰舞时，延迟走步是一种很特别的走步动作，其使用的目的在于改变上身和腿部的速度，用来突显旋律的美感。延迟走步有 3 种，即屈膝式延迟前进走步、直膝式延迟前进走步和屈膝式延迟后退走步。

(3) 前进转步。在向前跳而要以转动来改变下一步前进或后退的方向，且不影响原来的上身或臀部动作的情况下，要使用前进转步。这种方向的变换是跳一般的前进走步时逐渐而平缓地转到所要转的方向。

(4) 拉丁交叉步。在跳拉丁舞时，一条腿从另一条腿的前方或后方交叉，所完成的腿部位置都是相同的。这种腿部的位置就是所谓的拉丁交叉步。

五、体育舞蹈的比赛规则

1. 体育舞蹈规则简介

体育舞蹈的比赛场地一般为 23 米 × 15 米，比赛场地的地面应当平整、光滑。体育舞蹈比赛主要分为锦标赛、公开赛、邀请赛。

2. 竞技舞蹈评判标准

(1) 基本规则。

① 裁判工作自选手进入比赛位置时开始，只有当音乐停止时方告结束。在整个舞蹈表演过程中，裁判员必须不断地给选手打分并在必要时修正分数，但不得在舞蹈表演结束后修改分数。

② 如果音乐尚未结束而选手停止表演，则其该项舞蹈的分数列最后一位。如果在决赛中发生这种情况，处理同上。

③ 必须在规定的时间内对选手的特定舞蹈表演进行单独评判。考虑任何其他因素，如选手的名气、选手以往的表现或选手在其他舞种中的表现，都是不允许的。

④ 裁判员无须向选手解释评分结果。在比赛过程中或两轮比赛之间，不允许裁判员和任何人讨论参赛选手或他们的表现。

⑤ 对于所有舞种，选手的时值和基本节奏是裁判员打分的首要因素。因此，如果选手重复犯此错误，那么其该项舞蹈的分数列最后一位。

（2）评判内容。

① 时值和基本节奏。裁判员必须确定选手是否按时值和基本节奏进行表演。"时值"指每一舞步的时间值正好与音乐合拍；"基本节奏"指舞步在规定的时间内完成并且保持舞步之间正确的时间关系。

② 身体线条。身体线条指两位选手作为一个整体，在运动中身体各部位构成的整体效果，应表现出优美的舞姿。

③ 整体动作。裁判员必须确定选手是否准确掌握该舞蹈的风格特点，并且评估选手动作的起伏、倾斜和平衡。

④ 节奏表现力。裁判员必须评估选手的舞蹈节奏表现力。这揭示出选手对舞蹈节奏的感受、理解与适应能力和在舞蹈中对音乐的理解与表现。

⑤ 步法技巧。裁判员必须评估选手正确表现舞步的脚法，如每一步足着点是脚掌、脚跟还是脚趾等，以及脚步移动的控制和表达力。

第二节　街　　舞

一、街舞概述

1. 街舞的起源

街舞诞生于 20 世纪 60 年代末，它经历了旧派嘻哈舞蹈和新派嘻哈舞蹈两个阶段。街舞以其动感的节奏、漂亮的翻腾、极具个性的着装，成为一种集音乐、舞蹈和娱乐于一体的新兴运动，它具有极强的参与性、表演性和竞技性。

2. 街舞的发展

霹雳舞是旧流派的一种，也是街舞起源较早的舞种之一。1980 年初，街舞团体"洛克斯特迪"在旧流派的街舞动作及套路中增加了许多新的技巧和难度，舞蹈有了创新和发展，街舞文化开始普及。在逐渐发展中，街舞青少年形成了一种共同的思想理念和行为方式，他们以街舞来张扬自我个性，展示青春的活力和激情，表达勇于进取的生活态度。

街舞在 20 世纪 80 年代中期传入我国，许多舞者将我国的传统文化和街舞文化相结合，通过传统音乐来演绎新潮的街舞，有的融入了爵士、拉丁、现代舞、芭蕾等多种艺术元素，动作内容更加丰富饱满，深受青年人的喜爱，尤其深受大学生的追捧。

随着街舞运动在我国的普及和发展，其文化价值与健身价值慢慢被越来越多的人认可，街舞正朝着规范化、多元化、大众化的方向发展。

二、街舞的作用

1. 健身价值

（1）街舞可提高运动能力。街舞可以充分锻炼人体各个关节的灵活性，改善肢体的协调性和柔韧度。街舞动作比较夸张且爆发力强，在身体完成多部位动作连贯组合时，动用小关节和小肌肉群较多，这样可锻炼到平时不易活动到的肌肉部位。

（2）街舞可增强心血管系统的机能。经常跳街舞，人的心肌收缩能力、心供血量及思维创造能力都会有所提高，最终实现增强身体的整体循环能力，进而达到增强身体素质、促进身体健康的目的。

（3）街舞具有减脂功效。每天坚持 40～60 分钟的街舞训练，不仅可以达到健身的目的，还能够消耗体内多余的脂肪，起到减轻体重、塑造形体的作用。

2. 健心价值

街舞对心理的调节和缓解作用主要体现在舞者对音乐的诠释过程中。街舞具有趣味性、丰富性、随意性和提高心肺功能的作用，可使受压抑的神经和身体同时得到充分放松。

三、街舞的基本技术

1. 街舞动作的技术特点

街舞是一项自由、随性的运动，有多种不同类别和风格的舞种，目前国际上还没有形成统一的街舞动作技术规范。

常见的街舞如下所述：

（1）嘻哈舞。嘻哈舞舞步简单且幅度较大，其最大的特点是舞者紧跟音乐节奏做出身体的上下律动，并通过头、颈、肩、上肢、躯干等关节的屈伸、转动、绕环、摆振等连贯组合来完成。

（2）霹雳舞。霹雳舞是街舞中难度较大、挑战性较高的一种技巧性舞种。其技术特点是有大量手撑地的快速脚步移动、各种倒立定格动作，以及在地板上或空中进行高难度的旋转和空翻，使得这种舞蹈充满了视觉冲击力。

（3）机械舞。机械舞通过控制身体各部位肌肉的突然放松与收紧而产生"震动、爆点"的效果，并且用肢体运动与走位来表达音乐节奏。它的特征是结合机器人、电流、滑步等大量不同的风格和技术进行演绎。

（4）锁舞。锁舞是街舞中最难表现的一种，它依赖快速、明显的手臂及手部的旋转与指向，动作的突然定格，再伴以各种拍手、跳跃及劈叉等技术动作来彰显该舞种的多样性。

（5）爵士舞。爵士舞有很多种类，其动作自由而纯朴，直接把内心的感受用身体的颤、抖、扭表达出来，强调角形及线条性的动作。

2. 街舞动作的学习步骤

街舞种类丰富，动作花样繁多且难易程度不一。学习过程中最关键的是练好基本功，掌握好科学的动作技术，在此基础上选择适合自己的舞种，并学会自己编排表现自我风格的街舞动作。

（1）乐感的练习。练习街舞前首先要对不同舞种的音乐有所了解，学习如何跟节奏、数节拍，然后通过反复听练来刺激对音乐的敏感度。

（2）身体律动的练习。不同的舞种有不同的表现风格，要想练好街舞必须掌握其基本律动，要加强街舞各种基本律动的练习。

（3）简单的组合动作练习。在练习好身体的基本律动之后进行微加工，添加一些动作，加入一点感觉进行适当的变化，这样的动作组合可以帮助学习者锻炼身体的协调性和身体各关节的灵活性。

第三节 排　　舞

一、排舞运动概述

排舞是一项将音乐和固定舞步融合在一起，一人或多人通过风格各异的舞步循环来愉悦身心的国际性体育运动。它以音乐为核心，通过风格迥异的舞步组合循环，来展现世界各国民间舞蹈的多元素的文化魅力。它对培养音乐素养、提高身体素质、了解世界文化、培养礼仪行为有着重要意义。

二、排舞的起源与发展

排舞最早萌芽于美国的民间社交舞，它包含了很多舞蹈元素的风格特征。在此后的发展过程中，排舞又相继吸收了不同时代的流行音乐和舞蹈元素，最终形成了如今被广泛认可的现代舞蹈模式。

三、排舞的分类及特点

1. 排舞的分类

(1) 按照舞步组合结构分类，可将排舞分为以下 4 类。

① 完整型排舞：不断重复固定的舞步组合。如果是 2/4 或 4/4 拍的音乐，舞步组合一般由 32 拍、48 拍、64 拍组成。如果是 3/4 拍的音乐，舞步组合一般由 $8×3$ 拍、$12×3$ 拍组成。这种类型的排舞无论是舞步动作还是方向变化都较简单，属于初级水平的排舞。

② 组合型排舞：由两个或更多的舞步组合构成，而且每一舞步组合的节拍数不一定相同。这种类型的排舞不按照一定的规律进行循环，有些组合重复，有些组合并不一定重复。

③ 间奏型排舞：在固定的舞步组合外再编排一节舞步动作或一个舞步组合。间奏型舞步一般不超过一个 8 拍。通常这一类型的排舞较难记忆，属于中等难度的排舞。

④ 表演型排舞：这一类型的舞步较复杂，而且没有固定的舞步组合，属于高难度级别的排舞。

(2) 按照舞步组合变化的方向分类，可将排舞分为以下两类。

① 两个方向变化的排舞：舞步组合结束后，在相反方向又开始重复这一舞步组合，即面向 12 点钟方向的舞步组合结束后，面向 6 点钟方向又开始重复这一组合。

② 四个方向变化的排舞：每完成一个舞步组合，又在一个新的方向上开始动作。一般按顺时针 12 点、3 点、6 点、9 点的方向进行变化，也可按逆时针 12 点、9 点、6 点、3 点的方向进行变化。

2. 排舞的特点

(1) 舞步的统一性与身体动作的自由性。

排舞中收录的每支舞曲都有固定的名称和舞码(节拍数)，每首曲目的舞步要求全世界统一，但是对舞者的身体及手臂的动作并无统一要求。练习者可以根据个人喜好自编动作，诠释属于自己的舞蹈。

(2) 舞蹈和音乐风格的多样化。

随着时代的发展，排舞融入了越来越多时尚的舞蹈和音乐元素，在多种舞蹈和音乐元素组合、变化及不断创新下形成了今天这样丰富多样的排舞风格。

(3) 参与形式的灵活性。

排舞摆脱了舞伴的束缚，既可以独舞又可以群舞，可以数十人集体跳，也可以成千上万人齐跳，参与形式非常灵活。

(4) 创新性。

排舞的包容性强，风格多样，任何具有一定创编水平的排舞爱好者都可以根据自己的喜好，创编自己喜欢的排舞作品。

四、排舞的基本技术

排舞共有 26 种步法：平衡步、恰恰步、海岸步、藤步、爵士盒步、踢换脚、锁步、曼波步、摇摆步、摇椅步、伦巴盒步、水手步、桑巴步、剪刀步、趾踵步、闪亮步、查尔斯顿步、桃乐茜、夜总会二步、纺织步、糖果步、开关步、苹果杰克、定轴转、蒙特利转、三连步转。

五、排舞的比赛规则

1. 排舞比赛的分组

(1) 单人赛的分组。

单人赛分男、女组别。男、女选手可以同场比赛，但必须分开取名次。单人赛又按年龄和水平分别设立组别。按年龄分组，单人赛分为幼儿组、小学组、少年组、青年组、中年组、老年组、黄金组。按水平分组，单人赛分为初级水平、中级水平、高级水平、大师级、原创编舞。

(2) 团队赛的分组。

参加团队赛的人员不得少于 4 人，也不得多于 16 人，不分男、女组别。团队赛按年龄分为青少年组(0～18 岁)、中青年组(19～55 岁)、老年组(56 岁以上)。

2. 排舞比赛的曲目

(1) 每个组别由组委会事先规定 3 首曲目，一首是乡村舞曲，一首是现代舞曲，一首是最新舞曲(自发布日起不超过 6 个月)。组委会于 3 个月前告知每位参赛者。

(2) 每位参赛者必须按照国际排舞认定的步伐和音乐进行比赛。大赛组委会应于一个月前将国际排舞认定的步伐和音乐副本提供给参赛者，以作为比赛的依据。

(3) 大师级和原创编舞的音乐 CD 片必须于 15 天前交给大赛组委会，由组委会进行审查。音乐长度为 3～5 分钟(包括前奏、间奏和结尾)，并在碟片上注明参赛人员(队)、曲名和编舞者。

3. 排舞的比赛形式

(1) 所有排舞比赛的前两个方向(面)必须按照国际排舞认定的步伐和要求(以下简称"规定动作")来进行，不得随意改变脚步动作、身体位置、身体方向和行走路线。

（2）"规定动作"结束后，只要遵循国际排舞认定的步伐，只要"舞蹈还在进行中"，就鼓励参赛者通过节拍变化和一般滑动变化做个性化动作和造型动作。在表演创造性的个人动作时，要求参赛者保持"认可的舞蹈形式"。

（3）为了烘托舞蹈的表现力，添加手上动作、利用服装和帽子做各种造型都是允许的，但这些选择都必须与舞蹈相适应。

（4）除团体赛外，音乐前奏和结尾时段只允许参赛者在原地表演，不得有任何移动。

4. 排舞的服装规定

（1）男性必须穿衬衫、T恤、背心、长裤或牛仔裤。跳乡村舞蹈时，必须戴牛仔帽。但如果不是乡村音乐，是否戴牛仔帽自行决定。

（2）女性必须穿连衣裙，或者穿长裤配衬衫和外套；靓丽的舞蹈服必须是紧身的，是否戴牛仔帽不做规定。

（3）对男性和女性，任何形式的主题服装和礼服都是不允许的，也不允许穿签有名字或带有广告的服装。

（4）对所有裙子做如下要求：站着的时候，膝盖中心以上的大腿部分，不能露出10厘米以上。长度的衡量方法是，从各个角度看，裙子的边到膝关节中心部位。在所有的组别中，不允许穿很暴露的裙子。裸露肚脐的服装也是不允许的。

（5）服装的材质不能太透明或太艳丽。

（6）所有组别如果对自己的服装是否符合比赛要求不太清楚，应在比赛前的预备会上进行认定。

5. 排舞比赛的计分方法

（1）单人、团队的计分方法。

技术分：1～50分。评分依据：平衡、步伐、节奏、整齐、及时、姿态和肩部、手臂动作。

内容分：1～30分。评分依据：变化、难易程度、音乐掌握、连续性、流畅性和对舞蹈的认知。

表演分：1～20分。评分依据：平衡、姿态、台风、舞台技巧和激情。

（2）原创舞蹈的计分方法。

内容分：1～50分。评分依据：原创性、多变性、连续性和流畅性。

音乐分：1～15分。评分依据：音乐的表达形式和音乐与舞蹈的融恰性。

步伐说明：：1～25分。评分依据：步伐说明简明易懂，舞蹈与步伐相吻合。

难易度：1～10分。评分依据：所创编的舞蹈与确定的水平组十分贴切。

第四节　啦　啦　操

一、啦啦操概述

啦啦操是在音乐伴奏下，通过队员集体完成复杂、高难度的基本手位与舞蹈动作，项目特有的难度动作，以及过渡配合等动作内容，以充分展示团队的高度一致性和高超的运动技术为主要表现方式，并体现运动员青春活力、积极向上的团队精神，努力追求团队最高荣誉感的一项体育运动。

二、啦啦操的起源与发展

啦啦操起源于美国，最早源于球迷为美式足球呐喊助威。啦啦操借助美国职业篮球赛逐渐在全球范围内广泛传播，至今已有 100 多年的历史。

20 世纪 80 年代初，啦啦操开始向世界传播，并建立了统一的啦啦操标准。

现代啦啦操以团队的形式出现，结合了舞蹈、口号、舞伴特技、技巧、叠罗汉、跳跃等动作技术，并配合音乐、服装、队形变化及标示物品(如彩球、口号板、喇叭与旗帜)等要素。

啦啦操运动于 2002 年正式引入我国。2009 年，国家体育总局正式批准开展全国啦啦操联赛官方赛事。从 2013 年起，我国啦啦操联赛开始实行 A 级赛区和 B 级赛区制。

三、啦啦操的类型

啦啦操按照活动目的分为竞技性啦啦操、表演性啦啦操。竞技性啦啦操又可分为舞蹈啦啦操和技巧啦啦操。

舞蹈啦啦操是一项在音乐的伴奏下，运用多种舞蹈元素的动作组合，结合转体、跳步、平衡与柔韧等难度动作以及舞蹈的过渡连接技巧，通过空间、方向与队形的变化表现出不同的舞蹈风格特点，强调速度、力度与运动负荷，展示运动舞蹈技能以及团队风采的体育项目。舞蹈啦啦操包括花球舞蹈啦啦操、爵士舞蹈啦啦操、街舞舞蹈啦啦操和自由舞蹈啦啦操。

技巧啦啦操是在音乐的伴奏下，以跳跃、托举、叠罗汉、翻筋斗、抛接和跳跃等技巧性难度动作为主要内容，配合口号、啦啦操基本手位、舞蹈动作及过渡连接等，充分展示运动员高超的技能技巧的团队比赛项目。

四、啦啦操的技术特点

(1) 上肢的发力点在前臂，手臂的 36 个基本手位均在肩关节前制动，发力速度快，制动时间短，制动之后没有延伸，身体控制精确，位置准确。

(2) 动作内容丰富，所有的手臂动作都必须严格按照 36 个基本手位的标准来完成，没有固定的基本步法。

(3) 动作重心较低，在做动作的过程中膝关节不完全伸直，保持微微弯曲的状态，重心稳定，移动平稳。

(4) 动作的完成干净利落，具有清晰的开始和结束，肢体运动中直线动作曲直分明，弧线动作蜿蜒流畅，具有较高的欣赏价值和艺术价值。

(5) 三维空间高低起伏突出，队形变化多样，能够充分利用场地空间。

(6) 音乐风格多样，旋律优美，气氛热烈，节奏快慢有致、强弱有别。

(7) 服装款式各异，绚丽多姿。

五、啦啦操的基本动作

1. 啦啦操的基本手型

啦啦操的基本手型有 6 种。

(1) 并拢式：五指伸直，相互并拢；大拇指微屈，指关节贴于食指旁。

(2) 分开式：五指用力伸直，充分张开。

(3) 芭蕾手式：五指微屈，后三指并拢、稍内收，大拇指内扣。

(4) 拳式：握拳，大拇指在外，指关节弯曲，紧贴于食指和中指。

(5) 立掌式：五指伸直，手掌用力上翘。

(6) 西班牙舞手式：五指用力，小拇指、无名指、中指自掌指关节处依次屈，大拇指稍内扣。

2. 啦啦操的手位

啦啦操共有 36 个基本手位。

(1) 下 A：双臂斜下举，分别与脊柱形成 30° 夹角，拳心紧贴相对。

(2) 上 A：双臂斜上举，分别与脊柱形成 30° 夹角，拳心紧贴相对。

(3) 上 V：双臂侧上举，分别与脊柱形成 45° 夹角，但没有完全张开，应置于双耳斜前方 45°，拳心朝外。

(4) 下 V：双臂侧下举，分别与脊柱形成 45° 夹角，且与肩形成 45° 夹角，拳心朝下。

(5) 加油：双手握拳式胸前击掌，肘关节朝下，双拳略低于下颚。

(6) T：双臂侧平举，但没有完全张开，分别与肩形成 30° 夹角，拳心朝下。

(7) 短 T：双臂侧平举，于胸前平屈，小臂略低于肩，两拳相对，拳心朝下。

(8) W：双臂侧上举，于肩上平屈，大小臂成 90° 夹角，拳心相对。

(9) 上 L：一臂前上举，与脊柱形成 30° 夹角，拳心朝内；另一臂侧平举，与肩形成 30° 夹角，拳心朝下。

(10) 下 L：一臂前平举，略低于肩，拳心朝内；另一臂侧平举，与肩形成 30° 夹角，拳心朝下。

(11) 斜线：一臂侧上举，与脊柱形成 45° 夹角，拳心朝外；另一臂侧下举，与脊柱形成 45° 夹角，拳心朝下。

(12) K：一臂前上举，与脊柱形成 45° 夹角，拳心朝内；另一臂前下举，与脊柱形成 45° 夹角，拳心朝内，两拳拳眼相对。

(13) 侧 K：手臂动作同 K，身体向一侧转动，成后腿弯曲弓步。

(14) 弓箭：一臂胸前平屈，肘关节朝外，小臂略低于肩；另一臂侧平举，与肩形成 30° 夹角，拳心朝下。

(15) 小弓箭。一臂侧平举，与肩形成 30° 夹角，拳心朝下，另一臂胸前屈，肘关节朝下，拳心朝内。

(16) 短剑：一手握拳叉腰，手臂与肩形成 30° 夹角，拳心朝后；另一臂胸前屈，肘关节朝下，拳心朝内。

(17) 侧上冲拳：一手握拳叉腰，手臂与肩形成 30° 夹角，拳心朝后；另一臂侧上举，与脊柱形成 45° 夹角，拳心朝前。

(18) 侧下冲拳：一手握拳叉腰，手臂与肩形成 30° 夹角，拳心朝后；另一臂侧下举，与脊柱形成 45° 夹角，拳心朝下。

(19) 斜下冲拳：一手握拳叉腰，手臂与肩形成 30° 夹角，拳心朝后；另一臂斜下举，与脊柱形成 30° 夹角，拳心朝下。

(20) 斜上冲拳：一手握拳叉腰，手臂与肩形成 30° 夹角，拳心朝后；另一臂斜上冲拳，与脊柱形成 30° 夹角，拳心朝外。

(21) 高冲拳：一臂前上举，与脊柱形成 30° 夹角，拳心朝内；另一手握拳叉腰，手臂与肩形成 30° 夹角，拳心朝后。

(22) R：一臂斜下举，与脊柱形成 30° 夹角，拳心朝下；另一臂侧上举，头后屈肘，肘关节朝外，拳心紧贴后脑勺。

(23) 上 M：双臂侧上举，于肩上平屈，肘关节朝外，手腕向下屈，指尖触肩。

(24) 下 M：双手握拳叉腰于髋部，双臂与肩形成 30° 夹角，拳心朝后。

(25) 屈臂 X：双臂屈肘交叉于胸前，拳心朝内。

(26) 高 X：双臂交叉斜上举于额头前上方，分别与脊柱形成 30° 夹角，拳心朝前。

(27) 前 X：双臂交叉前平举，略低于肩，拳心朝下。

(28) 低 X：双臂交叉斜下举，分别与脊柱形成 30° 夹角，拳心朝下。

(29) X：双臂侧上举，于头后平屈，肘关节朝外，两拳相对，拳心紧贴后脑勺。

(30) 上 H：双臂前上举与肩同宽，分别与脊柱形成 30° 夹角，拳心相对。

(31) 小 H：一臂前上举，与脊柱形成 30° 夹角，拳心朝内；另一臂胸前平屈，肘关节朝下，拳心朝内。

(32) 下 H：双臂前下举，分别与脊柱形成 30° 夹角，拳心相对。

(33) 屈臂 H：双臂屈肘平行收于胸前，拳心相对。

(34) 后 M：双臂屈肘平行向身后伸展，双手握拳收于腰侧，拳心相对。

(35) 前 H(拳心向下)：双臂前平举，与肩同宽，双手握拳，拳心向下。

(36) 前 H(拳心相对)：双臂前平举，与肩同宽，双手握拳，拳心相对。

六、啦啦操的基本套路与编排

1. 啦啦操的基本套路

目前国内的啦啦操规定动作标准是《2016 版全国啦啦操规定动作》。

2. 啦啦操编排的原则

(1) 统一性原则。

啦啦操编排的统一性原则是指啦啦操的动作、音乐、服装及道具等方面与其主题风格、思想一致。

(2) 安全性原则。

在编排啦啦操时，必须根据每一个队员的真实水平，基于安全角度进行考虑，在队员能力范围之内组织编排适合其完成的动作，尽可能避免发生伤害事故。

(3) 创新性原则。

创新性原则要求啦啦操在编排过程中要标新立异，突出风格，不但要体现出前瞻性，还要表现出时代感。

3. 啦啦操的编排方法

(1) 变换新颖的队形。

啦啦操中常用的队形有几何图形、十字形、弧形、直线形及字母形等。

(2) 动作与音乐配合。

动作的快慢、强弱、幅度大小及不断变换的队形空间都应紧密配合音乐的节奏。

(3) 创编工作要有主次。

在动作编排的初级阶段，要根据队伍的真实情况及表演目标进行创编。编排要掌握主次，按照音乐的快慢、节奏进行编排。

(4) 设计啦啦操口号。

设计的口号内容要呼应表演目标与主题思想。

(5) 服装道具的设计与选择。

在对啦啦操的服装款式进行设计时，要保证服装、音乐与动作之间的一致性。

第十三章　游泳运动

第一节　游泳运动概述

一、游泳运动的起源与发展

从地球上出现人类的那一刻起，人类的生活就离不开水。人类为了生存，经常跋山涉水；为了捕捉水里的鱼虾，不可避免地要与水打交道；当洪水泛滥时，则要与洪水进行生死搏斗。人类正是在与大自然进行斗争的过程中，逐渐学会了游泳。最初，人类只是简单地模仿水栖动物的姿势与动作，在水中简单地移动，久而久之，便掌握了在水中行动的技能，如漂浮、游动、潜水等，进而产生了各种游泳姿势。1896 年举办的第 1 届现代奥运会将游泳列为比赛项目之一。第 2 届奥运会增设仰泳、障碍泳和潜泳比赛。第 3 届奥运会将游泳比赛的姿势规定为自由泳和仰泳，比赛距离以"码"为单位。1908 年成立了国际游泳联合会，并制定了国际游泳比赛规则，同时规定比赛距离统一以"米"为单位。1996 年第 26 届奥运会和 2000 年第 27 届奥运会，游泳比赛项目达 32 项，游泳成为奥运会比赛金牌数仅次于田径的比赛大项。

二、游泳运动的作用

游泳运动可以强身健体、减肥降脂、延缓衰老、减缓压力、磨炼意志。

三、游泳运动主要赛事

现代国际游泳联合会主办的国际高水平游泳赛事主要有奥运会、世界游泳锦标赛、世界杯短池游泳系列赛、世界短池游泳锦标赛等。

我国主办的高水平游泳赛事主要有全国运动会、全国游泳锦标赛和全国游泳冠军赛等。

第二节　竞技游泳的基本技术

一、熟悉水性

1. 站立与水中行走

放松心情，速度平稳，逐渐加速，体会行走过程中身体位置的改变以及如何在行走中保持平衡。

(1) 双手扶池边，面向池壁，沿着池壁侧向行走。

(2) 单手扶池边，面向游泳池的一端，向前、向后行走。

(3) 双手不扶池边，在体侧轻微划水帮助移动和保持平衡。

2. 呼吸

吐气用口和鼻，吸气时主要靠嘴，不要用鼻子。

(1) 闭气练习：浅水区，双手扶池边，弯腰，吸气后下蹲低头使头部完全没入水中，10 秒后起身站立。

(2) 吐气练习：浅水区，双手扶池边，弯腰，将鼻子和嘴没入水中，同时慢慢吐气，眼睛看着水面的波浪。

(3) 呼吸练习：浅水区，双手扶池边，弯腰，吸气后低头没入水中闭气 2 秒左右，用口鼻在水中慢慢呼气，将近吐完气时抬头，在嘴刚露出水面时，用力张大嘴将余气吐出同时吸气。重复吸气、闭气、吐气的连续过程。

3. 漂浮

肩放松，肘伸直，将身体完全舒展，就像趴在床上一样。

(1) 扶池边漂浮：浅水区，双手扶池边，吸气低头，双脚离地，使自己的身体完全放松。肩放松，双手轻轻扶住池边即可。

(2) 抱膝漂浮：浅水区，吸一口气后低头，轻轻蹬离池底(不要跳)，全身抱成一团漂在水面上。双手松开下压水面，抬头挺身直立，两腿伸直双脚向下踩池底，直立。

4. 滑行

肩放松，手臂、腿自然伸直并拢，身体完全舒展，低头看池底。双手伸直扶打水板，深吸气、低头、身体前倾并屈膝，双脚同时蹬池壁(浅水区一只脚蹬地)，两腿并拢向前滑行。

二、蛙泳

1. 腿部动作

(1) 动作要点：蛙泳腿部动作包括收腿、翻脚、蹬夹水、滑行 4 个方面。

① 收腿：屈膝收腿，脚掌沿水面靠近臀部，小腿缓慢收回，直至两膝与肩同宽，小腿与水面垂直。

② 翻脚：膝关节不动，小腿向外翻转，使脚尖向外，脚掌外翻，由后方看呈 W 形。

③ 蹬夹水：小腿带动大腿，向外蹬水紧接着向内夹水。小腿的动作路线是 2 个半圆。在蹬夹水过程中，脚内侧和小腿应当有很大的阻力感。蹬夹水结束时，双腿并拢，两脚呈内八字形。

④ 滑行：在蹬夹水完成后，两腿放松，保持双腿并拢、两脚尖相对的姿势 2 秒左右。

(2) 陆上模仿包括陆上翻脚练习和池边坐姿模仿。

① 陆上翻脚练习：双腿伸直，勾脚后脚腕外转。

② 池边坐姿模仿：眼睛看着自己的腿，按照"收腿、翻脚、蹬夹水、滑行"的步骤进行练习，注意翻脚后要使双腿呈 W 形。

(3) 池边俯卧模仿：趴在池边，双手拿一打水板，使双腿在水中、上半身在岸上。按照动作顺序练习，注意体会脚内侧和小腿是否有很大的阻力感。每次滑行结束，做一次呼吸的模仿动作。

（4）水中俯卧模仿：双手持打水板，闭气，使自己漂浮起来，按照动作顺序进行蛙泳腿部练习。注意换气是在每次滑行结束，吸气低头后再收腿之时。

2. 手部动作

（1）动作要点：外划时放松，内划时加速用力，积极前伸，放松滑行。

① 外划：双臂伸直，双手同时边向外、边向后划至比肩略宽，然后屈臂向后下方划水。

② 内划：双手向后划水至肩下时，手掌转向内，双手加速内划，在胸前合拢，两前臂同时夹紧身体。

③ 前伸：双手双臂并拢伸直，伸直的同时低头。

④ 滑行：在前伸结束后，保持双臂并拢、低头放松的姿势2秒左右。

（2）陆上模仿包括陆上站立模仿和池边俯卧练习。

① 陆上站立模仿：站立低头弯腰，双手向前伸直。按照动作顺序进行练习。注意双手在分手向外划水时就抬头进行吸气，在前伸的同时低头闭气、吐气。

② 池边俯卧练习：趴在池边，腰部以上在水中，腰部以下在岸上。按照动作顺序进行划水与呼吸的配合练习。注意体会双手和小臂内侧是否划到水，是否有阻力感。

（3）水中站立练习：站在浅水区，进行蛙泳手部模仿练习。注意体会双手和小臂内侧是否划到水。划水时会带动身体前进，但要注意避免主动向前迈步。

3. 完整配合

（1）动作要点：划水腿不动，收手再收腿，先伸胳膊再蹬腿，并拢伸直漂一会儿。

（2）陆上模仿包括陆上俯卧模仿和池边俯卧模仿。

① 陆上俯卧模仿：趴在地上，按照动作顺序进行练习。跟随口令，"1"划水，"2"收手，"3"收腿，"4"伸手，"5"蹬腿。

② 池边俯卧模仿：把胸部以上放水里，腿在岸上进行练习，或把腿放在水里，腰部以上在岸上进行练习。口令同陆上俯卧模仿。

（3）水中练习包括推拉板练习、扶池边练蛙泳配合、憋气配合和分解配合。

① 推拉板练习：双手抓住打水板，全身伸直俯卧水中，抬头吸气的时候肘关节弯曲，把板子拉到胸前，收腿、翻脚、低头吸气时把板子推出去，肘关节快伸直的时候蹬腿。

② 扶池边练蛙泳配合(深水池用)：一只手抓住池边，另一只手和腿练习配合，然后换手再做一遍。

③ 憋气配合：减少了呼吸动作，降低了动作难度，比较容易掌握配合动作。

④ 分解配合：从3次蹬腿1次划水过渡到2次蹬腿1次划水，最后完成1次蹬腿1次划水的完整配合。

三、自由泳

1. 腿部动作

髋部发力，大腿带动小腿。绷脚尖，双脚成内八字形。下踢用力，上抬放松。打腿要做到幅度小、频率快、动作连贯。

（1）动作要点：打腿时髋部发力，大腿带动小腿向下打水。打水幅度为30～40厘米。

直腿上抬，在脚接近水面时略屈膝关节，由大腿带动小腿向下打水。

(2) 池边练习：臀部以上在岸边，大腿根部以下放在水里，身体伸展俯卧在池边，练习打水。速度由慢到快，重点体会直腿上抬时髋关节的展开拉伸感。

(3) 水中练习：全身俯卧水中，两手扶住池边或手持打水板，闭气进行打腿练习。肩要放松，腋下要完全伸展开。

2. 手部动作

手开始划动，头开始转动并慢吐气，手出水时头出水，有力吐气并被动式吸气，随着手在空中移动，头随之转动复原。

(1) 动作要点：自由泳手部动作可分为入水及划水、出水及移臂、两臂配合 3 个方面。

① 入水及划水：手贴近耳朵，在肩的延长线入水。手掌和前臂对准水，沿着身体的中线向后划水至大腿。

② 出水及移臂：手臂划水结束时成直臂，此时略微转肩，提肩提肘，由肩带动肘关节并顺势带动前臂向前移动。

③ 两臂配合：对于初学者，推荐前交叉配合，即一手入水伸直时，另一手开始划水，两手在头前有短暂的交接。右手伸直，左手开始划水。

(2) 陆上模仿：站在岸边，弯腰低头。先进行单臂的模仿划水练习，眼睛看着划水的路线是否正确。单臂熟练后，再开始两臂配合练习，逐渐加上呼吸一起练习。每划水 2～3 次，呼吸 1 次。

(3) 水中练习：站在浅水区，面向池壁，双手指尖刚好碰到池壁。练习方法同陆上模仿。

3. 完整配合

身体要保持伸展平直，双臂、双腿并拢伸直，身体要整体转动，不能有侧向的扭动。呼吸是难点，关键在于身体的整体转动配合呼吸，常见的错误是采用蛙泳式的抬头吸气。

(1) 动作要点：自由泳配合为 6 次打腿、2 次划水、1 次呼吸，也可采用 3 次划水、1 次呼吸；两臂采用前交叉配合，一只手入水伸直时，另一只手开始划水，两手在头前有短暂的交接；转头吸气时，该侧的肩也要转动并露出水面，这样有利于呼吸。

(2) 陆上模仿：原地踏步，如同在水中不停顿地打腿。跟随口令，边划水边转头慢吐气；手划至大腿时用力吐气；移臂，眼睛看手，手移至肩平处吸气完毕，随着手入水头复原。

(3) 水中练习：包括扶池边练习和两人配合练习。

① 扶池边练习：双手扶池边，打腿让自己浮起来，先练习一侧手臂。以右臂为例。左手扶池边始终不动，打腿帮助漂浮，划右臂配合呼吸。手臂的单臂练习熟练后，可以进行双臂的练习。注意双手在池边处进行交叉。

② 两人配合练习：浅水区，一人练习，一人帮助。练习者打腿漂浮，两臂划水并配合呼吸，同伴在头前拉住练习者的一只手，缓慢前进，帮助练习者体会划水和前进的效果。

四、仰泳

1. 腿部动作

直腿下压，屈腿上踢，踢腿要踢直。两脚略并拢，呈内八字形。

(1) 动作要点：仰泳腿部动作包括下压和上踢两方面。

① 下压：大腿带动小腿直腿下压，大腿停止下压后，小腿和脚在惯性的作用下继续下压，当膝关节成 135°左右时，转入上踢过程。

② 上踢：大腿带动小腿用力向后上方做踢水动作，在上踢过程中膝关节和脚不能露出水面，两腿的上下打腿幅度为 30～40 厘米。

(2) 陆上模仿：池边仰卧练习。仰卧在池边，臀部以下在水里进行练习。

(3) 水中练习包括水中抱板练习和水中练习。

① 水中抱板练习：双手轻轻抱一打水板帮助身体漂浮，伸展身体仰卧于水中进行练习。

② 水中练习：双手放于体侧，仰卧水中进行练习。此为上一个练习的进阶练习。

2. 手部动作

入水、划水、出水及空中移臂依次紧密衔接。划水时注意呼吸要有节奏，不能随意呼吸。通常在移臂的时候吸气，在划水时呼气。

(1) 动作要点：仰泳手部动作包括入水、划水、出水及空中移臂 3 个方面。

① 入水：掌心朝外，手臂伸直，小拇指先入水。臂的入水位置在肩的正前方。

② 划水：手臂入水后，上臂贴近身体，手掌和小臂向外下方划水直至手臂划至大腿附近为止。划水过程中手掌不能露出水面。

③ 出水及空中移臂：划水结束时手掌贴近大腿，因此大拇指先出水。此时注意手臂伸直。移臂过程中保持手臂伸直，当手臂与水面垂直时使掌心向外，手臂贴着耳朵，小拇指先入水。

(2) 陆上模仿包括站立模仿和仰卧池边练习两方面。

① 站立模仿：站在岸边，单臂做划水练习，逐渐过渡到两臂配合。

② 仰卧池边练习：仰卧在池边，右侧手靠近水边，在水中进行练习，然后换方向，左手练习。

(3) 水中练习：二人水中配合练习。同伴坐池边或站在水中，扶住练习者的双腿，帮助其漂浮。练习者仰卧水中做划水练习。

3. 完整配合

身体要保持伸展平直，腰腹挺起来，完全仰卧在水面上，略收下颌。

(1) 动作要点：一手入水时，另一手划水。仰泳配合是 6 次打腿、2 次划水。在练习时可以不考虑打腿的次数，只要记住持续打腿不要停即可。练习时先打腿，当感觉身体漂浮起来并且匀速前进时，再加划水。在划水时切记腿不能停。注意调整呼吸。

(2) 陆上模仿：站在岸边，两腿原地摆动，模仿打腿动作，两臂配合做划水练习。

(3) 水中练习：浅水区，同伴扶住练习者的腰部帮助其漂浮，练习者仰卧水中练习两臂划水配合，逐渐过渡到手腿配合或不需要同伴的帮助。

五、蝶泳

在掌握了蛙泳、自由泳和仰泳技术后，蝶泳技术就相对容易掌握了。蝶泳来源于蛙泳，在技术上，很多地方却和自由泳相似。

1. 腿部动作

两腿并拢伸直，双脚呈内八字形，腰背发力，大腿带动小腿做"鞭打"打水动作。

（1）动作要点：略微屈膝成 120°～130°，绷脚背对准水，大腿带动小腿向下快速打水。向下打水结束时，大腿直腿上移，在脚后跟刚露出水面时，再次重复向下打水。

（2）陆上模仿：左手扶墙边站立，右手放于腰部，左脚站立，右脚进行单脚的模仿练习。

（3）水中练习：包括池边练习、俯卧水中练习和打水板练习。

① 池边练习：深水区，双手扶池边，肩部放松，双腿进行蝶泳腿练习。

② 俯卧水中练习：俯卧于水面，双手先放于体侧，闭气，连续打蝶泳腿。注意头部不要入水太深，在水面附近并要保持相对稳定。

③ 打水板练习：双手扶打水板进行蝶泳腿练习，注意肩和头部要保持放松稳定，不能乱晃。

2. 手部动作

划水时抬头吸气。空中移臂时，伴随双臂入水，低头闭气。

（1）动作要点：双手在肩的延长线上由大拇指先入水。入水后，双臂和肩继续前伸至腋下完全伸展，双臂高肘抱水在身体下方划向大腿，此时随着划水的进行开始抬头呼吸。双臂沿着身体加速推水至大腿后，顺势小拇指先出水，肘关节保持伸直状态。两臂在水面上前移至入水。伴随双臂在空中移动，低头入水闭气。

（2）陆上模仿：站在岸上做双臂与呼吸的配合练习。

（3）水中练习：包括浅水站立模仿练习和夹板辅助练习。

① 浅水站立模仿练习：站在浅水区，弯腰低头，进行练习。注意体会双手划水时遇到的阻力。

② 夹板辅助练习：双腿中间夹住一块打水板，进行练习。

3. 完整配合

抬头呼吸时主要是借助打腿时划水的力量，顺势抬起上身，不要刻意通过弓腰发力来抬上身。2 次打腿配合 1 次划水、1 次呼吸。

（1）动作要点：手入水时，配合第一次打腿，在肩部继续前伸时，大腿开始上抬。手臂划水到腹部下方时进行第二次打腿。第二次打腿通常是为了帮助身体上升，以便于抬头换气。

（2）陆上模仿：准备姿势为直立，两臂上举，一条腿配合划水进行蝶泳配合的模仿练习。

（3）水中练习：水中扶板练习。单手扶打水板，进行单手和腿配合的练习。双手交替进行。按照多打腿少划水的原则，由 4 次打腿配合 1 次划水和 1 次呼吸逐渐过渡到 2 次打腿配合 1 次划水和 1 次呼吸。

第三节　竞技游泳的比赛规则

一、技术规定

1. 出发的规定与犯规判罚

（1）蛙泳、自由泳、蝶泳、个人混合泳及自由泳接力的比赛必须从出发台出发。仰泳比赛、混合泳接力比赛的第一棒，必须从水中出发。

(2) 运动员在"出发信号"发出前出发，应判犯规。因裁判员的失误或器材失灵而导致运动员抢跳时，不判抢跳犯规。

2. 蛙泳比赛的技术规定

(1) 在出发和每次转身后，运动员可没入水中并可做一次手臂充分向后划至腿部的动作。在出发和每次转身后，运动员可在第一次蛙泳蹬腿动作前打一次蝶泳腿。

(2) 从出发和每次转身后的第一次手臂动作开始，身体应保持俯卧，任何时候都不允许身体呈仰卧姿势。在出发后的整个游程中，动作周期必须以一次划水和一次蹬腿的顺序完成。

(3) 两臂的所有动作应同时并在同一水平面上进行，不得有交替动作。除出发和每次转身后的第一次划水动作外，两手向后划水不得超过臀线。

(4) 在每个完整动作周期内，运动员头的一部分必须露出水面。

(5) 两腿的所有动作应同时并在同一水平面上进行，不得有交替动作。在蹬腿过程中，两脚必须做外翻动作。

(6) 在每次转身和到达终点时，两手应分开在水面、水上或水下同时触壁。在触壁前的最后一次划水动作结束后，运动员的头可以没入水中；但在触壁前最后一个完整或不完整的动作周期中，头的一部分必须露出水面。

3. 自由泳比赛的技术规定

(1) 自由泳比赛中，可采用任何泳姿。但在个人混合泳及混合泳接力比赛中，自由泳指除蝶泳、仰泳、蛙泳以外的泳姿。

(2) 每次转身和到达终点时，运动员身体的某一部分必须触及池壁。

(3) 在整个游程中，运动员身体的某部分必须露出水面。在出发和转身时，允许运动员的身体完全没入水中；出发和每次转身后，在 15 米前(含 15 米)运动员头的一部分必须露出水面。

4. 仰泳比赛的技术规定

(1) 在"出发信号"发出前，运动员应在水中面对出发端，两手抓住出发握手器。禁止两脚蹬在水槽里、水槽上或脚趾勾在水槽沿上。

(2) 除转身过程外，整个游程中应始终呈仰卧姿势，允许身体做转体动作，但必须保持与水平面小于 90°的仰卧姿势，头部位置不受此限。

(3) 出发和每次转身后，运动员潜泳距离不得超过 15 米。在 15 米前(含 15 米)运动员头的一部分必须露出水面。

(4) 转身过程中，运动员身体的某部分必须触壁，运动员必须呈仰卧姿势蹬离池壁。

(5) 运动员到达终点时，必须以仰卧姿势触壁。

5. 蝶泳比赛的技术规定

(1) 从出发和每次转身后的第一次手臂动作开始，身体应保持俯卧，允许水下侧打腿。任何时候都不允许呈仰卧姿势。

(2) 两臂同时摆动和划水，在转身和到达终点时，两手应同时触壁。打腿动作应同时进行，不得交替，不允许采用蛙泳腿动作。

(3) 在出发和每次转身后，允许运动员在水下做一次或多次打腿动作和一次划水动作，这次划水动作应使身体升至水面。出发和每次转身后，在 15 米前(含 15 米)运动员头的一部分必须露出水面。运动员应使身体保持在水面上，直至下次转身或到达终点。

6. 混合泳比赛的技术规定

(1) 个人混合泳必须按照蝶泳、仰泳、蛙泳、自由泳的顺序进行比赛。每种泳姿必须完成赛程 1/4 的距离。混合泳接力必须按照仰泳、蛙泳、蝶泳、自由泳的顺序进行比赛。

(2) 在混合泳比赛中，每一泳式都必须符合有关规定。在仰泳转蛙泳过程中，运动员应呈仰卧姿势触壁。

二、比赛规定与犯规判罚

1. 比赛规定

(1) 运动员应游完全程才能获得录取资格。

(2) 运动员应始终在其出发的同一泳道内比赛和抵达终点。

(3) 运动员转身时必须按各泳姿的规定触及池壁，不允许在池底跨越或行走，不允许拉分道线。在自由泳项目和混合泳项目的自由泳段比赛中，允许运动员在池底站立，但不得行走。

(4) 比赛中，运动员不得使用或穿戴任何有利于其速度、浮力、耐力的器材和泳装，游泳镜除外。不允许在身上使用任何胶带，除非得到组织委员会(竞赛委员会)指定的医疗机构同意。

(5) 在比赛场地内，不允许进行速度诱导及采用任何能起速度诱导作用的装置与方法。

2. 犯规判罚规定

(1) 游出本泳道阻碍或以其他方式干扰其他运动员者，应判犯规。当所有比赛的运动员还未游完全程前，未参加比赛的运动员如果下水，应取消其原定的下一次的比赛资格。

(2) 运动员抵达终点后或在接力比赛中游完自己的距离后，应尽快离池，如妨碍其他游进中的运动员，应判该运动员(接力队)犯规。

3. 接力比赛规定与犯规判罚

(1) 接力比赛以队为单位，每个接力队应有 4 名队员，每名接力队员在一次接力比赛中只能游其中的一棒。每队可在报名参加比赛的同组运动员中任选 4 人参加接力比赛，在预赛、决赛中参加者可任意调换。接力队必须按提交的名单和顺序参加比赛，否则将被取消录取资格。

(2) 接力比赛中若前一名运动员尚未触及池壁，后一名运动员的脚已蹬离出发台，应判犯规。

(3) 接力比赛中，在各队的所有运动员还未游完之前，除了应游该棒的运动员，其他接力队员如果进入水中，应判犯规。

第四节 游泳安全卫生常识与水上救生常识

一、游泳安全卫生常识

1. 选择安全卫生的游泳场地

大学生学习游泳时应选择人工游泳场馆，不要到自然水域游泳。人工游泳场馆的管理比较规范，池水经常消毒、排污和过滤，清晰度较高，深水和浅水有明显的标志，安全性和卫生情况都较好。

2. 游泳前的准备

游泳前应进行身体检查，患有心脏病、高血压、癫痫、肺结核、传染性肝炎、皮肤病、红眼病、精神病、中耳炎的人，处于发烧状态的人，以及开放性创伤者，都不宜游泳。游泳前还应进行适当的热身，以提高神经系统的兴奋性，增强心血管系统和呼吸系统的功能，增加肌肉的力量和弹性，加快血液循环和新陈代谢，提高身体各关节的灵活性。热身活动对防止抽筋、拉伤也有积极的作用。

二、水上救生常识

1. 实用游泳技术

实用游泳是游泳运动的一种，主要指为了生产和生活需要而进行的游泳活动。通常意义上讲的实用游泳技术指踩水、侧泳、反蛙泳、潜泳、抬头自由泳和着装泅渡等。下面介绍人们在日常生活生产中经常用到的踩水、侧泳、反蛙泳、潜泳和抬头自由泳技术。

(1) 踩水。踩水是一项实用价值较大的游泳技术，其在日常生活中应用较多，如持物过河、通过逆流、救溺水者等。

踩水的基本动作与蛙泳类似，但踩水时身体在水中与水平面的夹角比较大，基本接近直立，头部始终在水上。踩水时，身体直立水中稍前倾，头露出水面，稍收髋，两腿微屈勾脚，两臂胸前平屈，掌心向下，两手划水路线呈八字弧形。腿和臂的动作配合要连贯，腿与手臂的动作比例为 1∶1，即一般是两腿各蹬夹一次水，或是两腿同时蹬夹一次水，两手做一次划水动作。

踩水时，呼吸要自然，随腿、臂动作的节奏自然地呼吸。用踩水技术游进时，身体要略前倾，腿稍向侧后蹬水，两臂向后拨水。也可以采用侧身向前的技术，这时后腿应较为用力。

(2) 侧泳。侧泳的技术动作自如省力，实用价值很大，水中搬运物品、拖带溺水者等多用侧泳。侧泳时身体侧卧水中，稍向胸侧倾斜与水平面成 10°～15°，头的下半部浸入水中，下面的手臂前伸，上面的手臂置于体侧，两腿并拢伸直、摆动打腿。两臂交替划水(或同时划水)，两腿蹬剪水，呼吸时头稍向侧转动。侧泳两腿蹬剪水一次，两臂各划水一次，呼吸一次。两腿蹬剪水后，在上面的臂划水结束与下面的臂前伸时，应有短暂的滑行动作。

(3) 反蛙泳。反蛙泳的动作比较简单，易操作，游进时由于比较省力故能持久使用。在水中救助溺水者时，可采用托枕、双手托颌和托双腋等多种方法用反蛙泳进行拖带运送，因此，该技术在游泳救生工作中起着重要作用。

反蛙泳的完整配合技术有两种。一种是移臂与收腿同时进行，另一种是手划水和腿蹬夹水交替进行，当腿、臂各做一次动作之后身体自然滑行。两臂前移的同时，两腿慢慢收回，边收边分开，两臂将入水时，两腿同时做蹬夹水；然后两臂自然并拢前伸，开始做臂划水动作。划水结束，身体自然伸直滑行。呼吸与臂、腿配合，在两臂入水后稍闭气，两臂划水时用口鼻均匀地呼气，在移臂时用力吸气。

(4) 潜泳。潜泳是在水下游进的一种游泳技术，它的实用价值也很大，如水下搜寻、打捞溺水者、水中沉物及水下工程等，都要采用潜泳。潜泳技术可分为潜深和潜远两种技术。

潜深时头朝下，提臂举腿，两臂做蛙泳伸臂动作，向下伸直，由于两腿的重力作用，身体潜入水中。入水后，两腿向上做蛙泳腿的蹬水动作，以增大身体的下沉速度。当身体达到需要的深度后，通过两臂、头部后仰以及胸部和腰部后屈的动作，使身体由垂直姿势转为水平姿势。

潜远时多在水下用蛙泳游进。在游进中为了避免身体上浮，头的位置应稍低于蛙泳头的位置，头与躯干成一直线。臂划水的幅度要比蛙泳臂划水的幅度小，收腿时屈髋幅度较小。配合动作与蛙泳相同，但是滑行时间稍加延长。

(5) 抬头自由泳。抬头自由泳是在自由泳游进过程中保持头部始终露在水面上的一种游泳技术。抬头自由泳有助于救生员在接近溺水者时准确捕捉目标，主要用于接近目标时的观察。抬头自由泳的完整配合采用 6∶2∶1 的比例，即 6 次打腿配合 2 次划水和 1 次呼吸，这种配合能保持腿、臂协调，保持身体位置较高，以保证整个配合动作的稳定性。

2. 间接赴救

间接赴救指救生员在岸上发现并经过准确判断，对发生溺水事故正在呼救挣扎的溺水者，采用现场救生器材，如救生圈、救生浮漂、救生杆和其他可用器材，在保证自身安全的前提下，对溺水者进行救助。

3. 直接赴救

直接赴救指救生员对距离游泳池边较远处发生溺水事故的溺水者，在不能采用救生器材的情况下，救生员入水与溺水者直接接触进行救助。直接赴救是由观察、入水、接近、解脱、拖带(徒手和器材)、上岸(徒手和器材)等技术环节组成的。直接赴救是与溺水者直接接触，由于带有一定的危险性，故在使用直接赴救技术时，应以保证自己的安全为前提，未经过专业救生技术培训的人，不建议其对溺水者进行直接赴救。

4. 自我救护

(1) 抽筋。游泳时可能出现手指抽筋、小腿与脚趾抽筋、大腿抽筋等情况。发生抽筋时，首先要保持镇静，大声呼救；其次，在水中保持静立，进行自救，主要方法是先反向牵拉抽筋的肌肉，然后进行按摩，抽筋缓解后迅速上岸休息。

(2) 呛水。预防呛水较好的方法是多练习呼吸技术，在未完全掌握的时候不去深水区游泳，并且游泳的时候注意力要集中，避免过度紧张。发生呛水时，要保持冷静，采用踩水技术使身体保持平衡，缓解后上岸休息。

第十四章　球类项目竞赛编排

球类项目竞赛常见的赛制包括淘汰赛和循环赛，或者是这两种赛制分阶段进行，前阶段采用一种赛制，后阶段采用另一种赛制，即所谓的混合赛。混合赛的目的就是取两种赛制的优点弥补各自的缺点。混合赛每个阶段的赛制其实还是淘汰赛或循环赛，并没有什么不同的赛制。如果说有不同的赛制，那就是积分循环赛(另述)。所以，可以说淘汰赛和循环赛是球类项目竞赛的基本赛制。

第一节　淘　汰　赛

淘汰赛就是败者淘汰退出比赛，胜者进级下一轮，再淘汰再进级，直到决出冠军。淘汰赛的优点是赛程短，强强相遇竞争激烈。缺点是偶然性大，参赛者锻炼的机会少。编排淘汰赛可以分为3步：第1步，轮次编排；第2步，位置编排；第3步，赛程安排。

一、轮次编排

淘汰赛从轮次编排方法来分，可以分为单淘汰赛、单淘汰附加赛和双败淘汰赛。

1. 单淘汰赛

单淘汰赛参赛队(或人，下同)数与淘汰赛位置数满足关系式：$2^n \geq N$。其中，N 表示参赛队数；2^n 表示位置数，n 表示比赛轮次数($n \geq \mathrm{lb}N$)。也就是说，淘汰赛的位置数必须是2的幂次方，且必须大于等于参赛队数。当 $N=2^n$ 时，比赛场次为 2^n-1。由于参赛队数 N 有可能不是2的幂次方，这时，存在 2^n-N 个空位，所以，实际比赛场次为 $(2^n-1)-(2^n-N)=N-1$。图14-1所示是8个队的比赛轮次表，比赛轮次 $n=\mathrm{lb}8=3$ 轮，比赛场次为 $2^3-1=7$ 场。

单淘汰赛可以判别冠亚军，如果要判别第3名就只能并列。例如，图14-1中的⑤胜和⑥胜并列第3。

单淘汰赛根据比赛决定胜负的场(或盘、局，下同)数可以分为两种类型：

(1) 单场淘汰赛。通过一场比赛决定胜负。

(2) 多场淘汰赛。通过多场比赛决定胜负，通常比赛奇数场次，以避免平局。例如，排球比赛或者乒乓球团体比赛采用五局三胜制，篮球联赛季后赛采用七场四胜制等。对于多场淘汰赛来说，轮次编排实质就是单淘汰赛，只是胜负不是以一场比赛来决定的，而以多场比赛来决定，这样更能体现胜者进级，败者淘汰。

第1轮		第2轮	第3轮	名次
位置	种子			
1	1	①胜		
2	8		⑤胜	
3	5	②胜		
4	4			⑦胜 冠军
5	3	③胜		⑦负 亚军
6	6		⑥胜	
7	7	④胜		进级队编码：场次＋胜负
8	2			

图 14-1

2．单淘汰附加赛

单淘汰赛只能判别前两名。有时需要判别每个参赛队的名次，这时，可以采用附加赛。在单淘汰赛(胜组)失败的队按胜组失败的轮次进行分组，每个败组又是单淘汰赛；每个败组再按失败轮次进行分组，以此类推，直到一个败组只有两个队时，不再淘汰分组，加上胜组，共可分 $2^n/2$ 个单淘汰赛组。由于每个单淘汰赛组都只能判别 1、2 名，所以，为了区分每个单淘汰赛组以及判别每个组的名次，可以用名次附加值作为组别以示区分，因为名次附加值可以唯一表示一个单淘汰赛组，所以名次附加值等于累加失败轮次失败的队数。通过名次附加值可以判别每个单淘汰赛组的 1、2 名在整个单淘汰附加赛中的名次。图 14-2 所示是 8 个队单淘汰附加赛比赛轮次表。

第1轮		第2轮	第3轮	名次	判别名次	失败轮次	名次附加值
位置	种子						
1	1	0①胜			1，2		
2	8		0⑤胜				
3	5	0②胜					0
4	4			0⑦胜			
5	3	0③胜		(12)			
6	6		0⑥胜				
7	7	0④胜					
8	2			0⑦负			
进级队编码：名次附加值＋场次＋胜负		0⑤胜	2①胜	(11)	3，4	第2轮	4/2
		0⑥胜	2①负				
附加赛		0①负	4①胜		5，6	第1轮	8/2
		0②负	(7)	4③胜			
		0③负	4②胜	(10)			
		0④负	(8)	4③负			
		4①负	6①胜	(9)	7，8		8/2＋4/2
		4②负	6①负				

图 14-2

从图 14-2 中可以看到，8 个队单淘汰附加赛共分为 4 个组，每个组的名次附加值和名次分别是：胜组名次附加值为 0，前两名为冠、亚军；第 2 轮败组名次附加值为 2，前两名为第 3 名和第 4 名；第 1 轮败组名次附加值为 4，前两名为第 5 名和第 6 名；第 1 轮败组中第 2 轮败组名次附加值为 6(4 + 2)，前两名为第 7 名和第 8 名。

3．双败淘汰赛

双败淘汰赛是为了给单淘汰赛失败的队增加一次"复活"机会，采用失败两场才被淘汰的比赛办法。双败淘汰赛方法是一种复合方法，其中包含单淘汰赛和梯级挑战赛两种方法。双败淘汰赛可以看成 3 个组的比赛：胜组(A)、败组(B)和梯级挑战组(C)。

在胜组失败的队到败组，败组按在胜组失败的轮次依次进行分组，一共可分为 n(胜组轮次)个败组，每个败组又是单淘汰赛，决出每个败组的第 1 名后，从第 1 轮败组开始逐级向后一轮败组挑战，败者淘汰，胜者继续向后一轮败组挑战，直到最后挑战胜组第 1 名。图 14-3 所示是双败淘汰赛比赛轮次表。

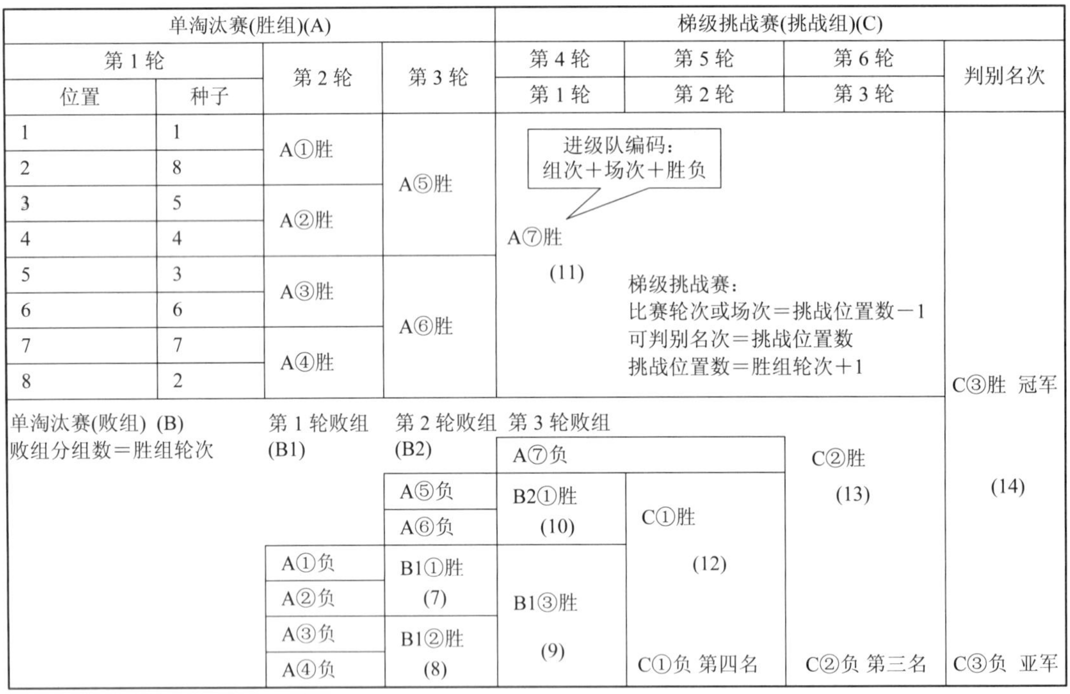

单淘汰赛(胜组)(A)				梯级挑战赛(挑战组)(C)			
第 1 轮		第 2 轮	第 3 轮	第 4 轮	第 5 轮	第 6 轮	判别名次
位置	种子			第 1 轮	第 2 轮	第 3 轮	
1	1	A①胜	A⑤胜				
2	8						
3	5	A②胜		A⑦胜			
4	4			(11)	梯级挑战赛：比赛轮次或场次＝挑战位置数－1　可判别名次＝挑战位置数　挑战位置数＝胜组轮次＋1		
5	3	A③胜	A⑥胜				C③胜 冠军
6	6						
7	7	A④胜					
8	2						
单淘汰赛(败组)(B)　败组分组数＝胜组轮次	第 1 轮败组(B1)	第 2 轮败组(B2)	第 3 轮败组				
			A⑦负	C②胜		(14)	
	A⑤负	B2①胜	C①胜	(13)			
	A⑥负	(10)					
A①负	B1①胜	(12)					
A②负	(7)	B1③胜					
A③负	B1②胜	(9)					
A④负	(8)	C①负 第四名	C②负 第三名	C③负 亚军			

进级队编码：组次＋场次＋胜负

图 14-3

从图 14-3 中可以看到，8 个队双败淘汰赛被分为 3 个组：胜组、败组和梯级挑战组，其中，败组按失败轮次又被分为 3 个组，3 个败组第 1 名加上胜组第 1 名共 4 个队进入梯级挑战组，首先由第 1 轮败组的第 1 名挑战第 2 轮败组的第 1 名，胜者挑战第 3 轮败组的第 1 名(由于第 3 轮只淘汰一个 A⑦负队，不战而成为本组第 1 名)，再胜者挑战胜组的第 1 名。

已知胜组的轮次($n \geqslant$ lb$N$)、场次($N - 1$)计算方法同单淘汰赛的计算方法；败组的场次等于每个败组的场次之和：

$$\text{败组场次} = (2^{n-1} - 1) + (2^{n-2} - 1) + (2^{n-3} - 1) + \cdots + (2^{n-k} - 1) = \sum_{k=1}^{n}(2^{n-k} - 1)$$

梯级挑战组的位置数等于 $n+1$(胜组轮次 $+1$),比赛轮次(或比赛场次)等于 n(挑战位置数 -1),可判别的名次等于 $n+1$(挑战位置数)。

因此,可以得到双败淘汰赛轮次数等于 2^n;比赛场次数等于 $(2^n - 1) + \sum_{k=1}^{n}(2^{n-k} - 1) + n$;可判别名次为 $n+1$。

二、位置编排

淘汰赛位置编排可以分为种子位置编排、轮空位置编排、交叉淘汰赛位置编排。

1. 种子位置

可以假设所有参赛队都有排名,这个排名就是种子,最多 2^n(淘汰赛位置数)个种子。为了避免强队过早相遇,合理分配种子位置是必要的。种子位置的分配原则如下:当 $n=1$ 时(单淘汰轮次),只有 2^1 个位置,1 号位排 1 号种子,2 号位排 2 号种子,以此推算出 2^n 个位置的种子。图 14-4 所示是淘汰赛种子位置推算表。

2^n 位置		奇偶	2^n 种子	---乘法---	2^{n+1} 上半区种子	---加减法---	2^{n+1} 下半区种子
2^1 上半区	1 —— ①	1	1	$\times 2 - 1 =$	1	$+2 =$	3
2^1 下半区	2 ——	0	2	$\times 2$	4	$-2 =$	2
2^2 上半区	1 —— ①	1	1	$\times 2 - 1 =$	1	$+2 =$	3
	2 ——	0	4	$\times 2 =$	8	$-2 =$	6
2^2 下半区	3 —— ②	1	3	$\times 2 - 1 =$	5	$+2 =$	7
	4 ——	0	2	$\times 2 =$	4	$-2 =$	2
2^3 上半区	1 —— ①	1	1	$\times 2 - 1 =$	1	$+2 =$	3
	2 ——	0	8	$\times 2 =$	16	$-2 =$	14
	3 —— ②	1	5	$\times 2 - 1 =$	9	$+2 =$	11
	4 ——	0	4	$\times 2 =$	8	$-2 =$	6
2^3 下半区	5 —— ③	1	3	$\times 2 - 1 =$	5	$+2 =$	7
	6 ——	0	6	$\times 2 =$	12	$-2 =$	10
	7 —— ④	1	7	$\times 2 - 1 =$	13	$+2 =$	15
	8 ——	0	2	$\times 2 =$	4	$-2 =$	2

以此类推:2^4 上半区,2^4 下半区;2^5 上半区,2^5 下半区;2^6 上半区,2^6 下半区;……;2^n 上半区,2^n 下半区。

注:①②③④表示场次。$\text{--}\longrightarrow$ 表示推算方向。

计算方法: 2^n 奇数种子 $\quad \times 2 - 1 = 2^{n+1}$ 上半区奇数种子;(乘法)
$\qquad\qquad 2^n$ 偶数种子 $\quad \times 2 = 2^{n+1}$ 上半区偶数种子;(乘法)
$\qquad\qquad 2^{n+1}$ 上半区奇数种子 $\quad +2 = 2^{n+1}$ 下半区奇数种子;(加法)
$\qquad\qquad 2^{n+1}$ 上半区偶数种子 $\quad -2 = 2^{n+1}$ 下半区偶数种子;(减法)

图 14-4

图 14-4 中的第 1 列是 2^1，2^2，2^3，$\cdots$，2^n 个位置号码；第 2 列是每个位置的奇偶性，同时也是每个种子的奇偶性，1 表示奇数，0 表示偶数；第 3 列是每个位置对应的种子号码；第 4 列和第 6 列是推算公式，推算方向从 2^n 全区种子到 2^{n+1} 上半区种子再到 2^{n+1} 下半区种子。依据图 14-4 可以推算出从 2^1 个位置到 2^n 个位置所对应的种子。

从 2^1 到 2^2 上半区：$1 \times 2 - 1 = 1$，$2 \times 2 = 4$；从 2^2 上半区到 2^2 下半区：$1 + 2 = 3$，$4 - 2 = 2$。以此得到 2^2 全区种子：1432。

从 2^2 到 2^3 上半区：$1 \times 2 - 1 = 1$，$4 \times 2 = 8$，$3 \times 2 - 1 = 5$，$2 \times 2 = 4$；从 2^3 上半区到 2^3 下半区：$1 + 2 = 3$，$8 - 2 = 6$，$5 + 2 = 7$，$4 - 2 = 2$。以此得到 2^3 全区种子：18543672。

依次类推，可以得到 2^n 全区种子。

种子位置的运用：如果全部参赛队都有排名(如职业联赛)，就可以按种子位置排出全部参赛队位置。如果只有 $m(m < 2^n)$ 个参赛队有排名，那么，按 1 到 m 个种子排位，剩余位置抽签。如果没有种子队，全部位置抽签。

2. 轮空位置

如果参赛队数小于淘汰赛位置数，只允许在第 1 轮出现 $2^n - N$ 个空位，与空位对阵的队就是轮空队，以后各轮不再出现空位。空位就是依据种子位置来确定的，大于参赛队数的种子(号码)所在的位置就是空位。例如，8 队淘汰赛，当只有一个种子时，依据图 14-4(淘汰赛种子位置推算表)，1 号种子排在 1 号位置；有两个种子时，第 2 号种子排在 8 号位置。那么，当只有 7 队参赛时，因为 8 号种子大于 7 队，所以，2 号位置对应 8 号种子就是空位，1 号种子首轮轮空；当只有 6 队参赛时，因为 7 号种子大于 6 队，所以，7 号位置对应 7 号种子就是第 2 个空位，2 号种子首轮轮空。

3. 交叉淘汰赛位置

所谓交叉淘汰赛，实际就是单淘汰赛，比赛轮次、场次与单淘汰赛没有不同，不同的只是在位置编排上采用交叉排位。例如，同组前 4 名交叉淘汰，1234 号位置对应的前 4 名是 1432；又例如，分组赛两组前 2 名交叉淘汰，1234 位置号码对应的两组前 2 名是 1A、2B、2A、1B。胜队争冠、亚军，负队争第 3、第 4 名。

假设我们把分组看成有序的(从分组循环赛种子队蛇形分组方法可以证明，见本章第二节)，我们按"名次"＋"组别"组合排序，可以得到像 1A、1B、2A、2B 这样的序列，把这个序列看成种子序列 1234，然后，我们采用种子排位，可以看到，种子排位的结果(1432)与两组前 2 名交叉排位(1A、2B、2A、1B)是一致的。这就证明，交叉淘汰赛的排位实际就是种子排位。

三、赛程安排

淘汰赛的赛程安排：

(1) 可以直接在比赛轮次表上安排，位置号码对应参赛队(抽签或种子排位确定)，进级队编码对应进级的参赛队，比赛轮次对应比赛日期，比赛场次对应比赛场地。

(2) 生成比赛日程表安排。图 14-5 所示是 8 个队双败淘汰赛的比赛日程表例子。

8个队双败淘汰赛比赛日程

比赛轮次	总场序	组别	组场序	主场	客场	比赛日期	比赛场地	裁判
1	1	A	①	1	2			
	2	A	②	3	4			
	3	A	③	5	6			
	4	A	④	7	8			
2	5	A	⑤	A①胜	A②胜			
	6	A	⑥	A③胜	A④胜			
	7	B1	①	A①负	A②负			
	8	B1	②	A③负	A④负			
3	9	B1	③	B1①胜	B1②胜			
	10	B2	①	A⑤负	A⑥负			
	11	A	⑦	A⑤胜	A⑥胜			
4	12	C	①	B1③胜	B2①胜			
5	13	C	②	C①胜	A⑦负			
6	14	C	③	C②胜	A⑦胜			

图 14-5

第二节 循 环 赛

循环赛就是各参赛队之间都要相互进行比赛，最后根据比赛积分进行排名，如果积分相同，根据破同分规则区分名次，不同项目有不同或相同的破同分规则。循环赛的优点是能客观地排出所有参赛队名次；参赛者锻炼机会多。缺点是赛程长；强、弱队之间也要比赛，给比赛带来消极、打假球因素。编排循环赛可以分为3步：第1步，轮次编排(同时决定了位置编排，因为循环赛位置号码等于种子号码)；第2步，主客编排或平衡各队比赛场地编排；第3步，赛程安排(同淘汰赛，略)。

一、轮次编排

循环赛根据循环次数的不同可以分为单循环赛和双循环赛。根据是否分组可以分为大循环和分组循环赛。循环赛不管如何分类，其基本编排就是单循环，其他只是重复单循环编排。

参赛队数为偶数时，单循环赛比赛轮次等于队数减1，比赛场次等于每轮场次(队数除2)乘以比赛轮次。参赛队数为奇数时，比赛轮次同偶数队时轮次，只是每轮比赛场次比偶数队时少一场(轮空)。双循环和分组循环只是重复单循环的计算。

1. 单循环赛轮次编排

采用固定 N 逆时针轮转法。把参赛队 N(偶数)分成左右两列，左边一列从序号1到 $N/2$，右边一列从序号 $N/2+1$ 到 N，左右配对。第1轮：1 对 $N/2+1$，2 对 $N/2+2$，3 对 $N/2+3$，……，

$N/2$ 对 N。以后各轮：固定 N 号(右下角)不动，其余号按逆时针方向每轮转动一个位置，由此，可生成全部轮次配对。如果是奇数参赛队，将 N 号(最大号)改为 0，遇 0 队轮空。图 14-6 所示为固定 N 逆时针轮转法。

轮场序	第1轮		第2轮		第3轮		第4轮		第5轮		第6轮		第7轮	
第1场	1	5	5	6	6	7	7	4	4	3	3	2	2	1
第2场	2	6	1	7	5	4	6	3	7	2	4	1	3	5
第3场	3	7	2	4	1	3	5	2	6	1	7	5	4	6
第4场	4	8	3	8	2	8	1	8	5	8	6	8	7	8

图 14-6

图 14-6 这种轮次编排的优点是平衡各队每两场比赛间隔场次；平衡各队主客(左右)次数；奇偶数队编排方法统一；最强两个种子 1 对 2 的比赛在最后一轮；方便手工编排操作；同时，也能实现计算机编排(有算法)；奇数队时，各队轮空合理，平衡各队比赛场地。缺点是各队不能主客交替平衡；偶数队时，不能平衡最大号比赛场地。

2. 双循环赛轮次编排

双循环赛的场次和轮次是单循环的两倍，比赛轮次编排是单循环赛的重复，只是第 1 循环与第 2 循环主客相反。

3. 分组循环赛轮次编排

分组循环赛在每个组的轮次编排同单循环或双循环，不同的只是如何把参赛队分到每个组。如果全部参赛队都有排名(如职业联赛)，可以按蛇形排位分组，如图 14-7 所示(种子蛇形分组)。如果只有部分参赛队有排名，那么，可以按部分种子排位(无法区分种子大小时，按部分种子抽签)和非种子抽签分组。如果没有种子队，全部参赛队抽签分组。

位置	A	B	C	D
1	1	2	3	4
2	8	7	6	5
3	9	10	11	12
4	16	15	14	13

图 14-7

二、单循环赛主客编排

主客编排有其必要性。

(1) 因为比赛记录的需要，比赛记录通常分主队和客队记录。例如，篮球比赛记录，需要知道对阵的两个队哪个队是主队哪个队是客队。

(2) 因为比赛秩序的需要，在球类竞赛规程中经常会看到这样的规定，在秩序册赛程表中列前的队为主队，服装颜色为浅色，坐席在记录台左边；列后的队为客队，服装颜色深色，坐席在记录台右边。要符合这个规定就需要主客编排。

(3) 因为公平竞赛的需要，由于存在主场(先手)优势，因此需要平衡主客场。例如，棋类比赛先手占有一定的优势，篮球主客场制的比赛主场占有一定的优势。

为了达到主客交替平衡的目的，首先，对图 14-6 中的最大号做一个调整，就是调换偶数轮中最后一场(最大号与对手)的左右位置(图 14-6 中带框的配对)，调换后的比赛轮次表如图 14-8 所示(带框的配对)。目的是使最大号左右(主客)交替平衡。其次，在图 14-8 的基础上，用黑白两色设置梅花阵，如图 14-9 所示，通过黑白两种颜色来区分两对手的主客场。

轮场序	第1轮		第2轮		第3轮		第4轮		第5轮		第6轮		第7轮
第1场	1	5	**5**	**6**	6	7	7	4	**4**	**3**	3	2	2	1
第2场	**2**	**6**	1	7	7	5	4	6	3	5	2	**4**	**1**	3	5
第3场	3	7	2	4	**1**	**3**	**5**	**2**	6	1	7	5	4	6
第4场	4	8	8	3	2	8	8	1	5	8	8	6	7	8

图 14-8

场 序	第1轮		第2轮		第3轮		第4轮		第5轮		第6轮		第7轮
第1场	1	5	5	6	6	7	7	4	4	3	3	2	2	1
第2场	2	6	1	7	7	5	4	6	3	7	2	4	1	5
第3场	3	7	2	4	1	3	5	2	6	1	7	5	4	6
第4场	4	8	8	3	2	8	8	1	5	8	8	6	7	8

图 14-9

可以直观地看到图 14-9 所示的主客秩序，假设，规定白色为主场，黑色为客场，可以列出每个队全部轮次的主客场秩序。图 14-10 所示为梅花阵法主客秩序表。

队员	第1轮	第2轮	第3轮	第4轮	第5轮	第6轮	第7轮
1	主	客	主	主	客	主	客
2	客	主	客	客	主	客	主
3	主	主	客	主	客	主	客
4	客	客	主	客	主	客	主
5	客	主	客	主	客	客	主
6	主	客	主	客	主	主	客
7	客	主	客	主	客	主	客
8	主	客	主	客	主	客	主

图 14-10

从图 14-10 中可以看到，各队都是主客交替平衡。梅花阵法的最大优点就是没有牺牲原编排的优点，只是补充完善了原编排各队不能主客交替平衡的缺点。

三、单循环赛平衡各队比赛场地编排

从图 14-8(或图 14-9)看，偶数队时，只有最大号不能平衡比赛场地。可以采用"固定对调法"来平衡。固定对调法就是通过把每轮的最后一场与同轮的某一场次调换，来实现平衡各队比赛场地。其方法是：先固定最后一轮(如图 14-8 中第 7 轮)不用调换其余轮次，先找出调换轮中(如图 14-8 中第 1 轮)最大号的对手"A"(如图 14-8 中第 1 轮 4 号)，然后找到对手"A"在固定轮中的对手"B"(如图 14-8 中第 7 轮 6 号)，再回到调换轮中找到包含有对手"B"的场次(如图 14-8 中第 1 轮 2 对 6)，最后，在调换轮中把包含对手"B"的场次(如图 14-8 中第 1 轮 2 对 6)与包含最大号的场次(如图 14-8 中第 1 轮 4 对 8)对调。图 14-8 中用斜体字显示了需要调换的场次，图 14-11(固定对调法平衡各队比赛场地)是调换后的比赛轮次表(斜体字部分)。

轮场序	第1轮		第2轮		第3轮		第4轮		第5轮		第6轮		第7轮	
第1场	1	5	*8*	*3*	6	7	7	4	*5*	*8*	3	2	2	1
第2场	*4*	*8*	1	7	5	4	6	3	7	2	*8*	*6*	3	5
第3场	3	7	2	4	*2*	*8*	8	*1*	6	1	7	5	4	6
第4场	*2*	*6*	5	6	*1*	*3*	5	2	*4*	*3*	*4*	*1*	7	8

图 14-11

固定对调法虽然能平衡偶数队时每个队在每个场地的比赛次数，但是，却带来了两个新的问题：

(1) 每个队在每个场地的主客不能平衡，如果要平衡，就会失去交替平衡。

(2) 原比赛轮次表(见图 14-8)能平衡各队每两场比赛间隔场次，但由于调整了最大号在每轮的场次，因此，就打破了原各队每两场比赛间隔场次的平衡。

总之，单循环赛的运用，只有在偶数队时，有平衡场地需求的情况下，才可采用图 14-11 所示的比赛轮次表；其余情况都采用图 14-9 所示的比赛轮次表。

附录 大学生测试项目评分标准

表 1　大学男生各测试项目评分标准

等级	单项得分	肺活量体重指数	1000 m 跑/s	台阶试验	50 m跑/s	立定跳远/m	掷实心球/m	握力体重指数	引体向上/次	坐位体前屈/cm	跳绳/(次/min)	篮球运球/s	足球运球/s	排球垫球/次
优秀	100	84	3′27″	82	6.0	2.66	15.7	92	26	23.0	198	8.6	6.3	50
	98	83	3′28″	80	6.1	2.65	15.2	91	25	22.6	193	9.0	6.5	49
	96	82	3′31″	77	6.2	2.63	14.4	90	24	22.0	186	9.6	6.9	46
	94	81	3′33″	74	6.3	2.62	13.6	89	23	21.4	178	10.3	7.3	44
	92	80	3′35″	71	6.4	2.60	12.5	87	22	20.6	168	11.1	7.7	41
	90	78	3′39″	67	6.5	2.58	11.5	86	21	19.8	158	12.0	8.2	38
良好	87	77	3′42″	65	6.6	2.56	11.3	84	20	18.9	152	12.4	8.5	37
	84	75	3′45″	63	6.8	2.52	10.9	81	19	17.5	144	12.9	8.9	34
	81	73	3′49″	60	7.0	2.48	10.5	79	18	16.2	136	13.5	9.3	32
	78	71	3′53″	57	7.3	2.43	10.0	75	17	14.3	124	14.3	9.9	29
	75	68	3′58″	53	7.5	2.38	9.5	72	16	12.5	113	15.0	10.4	26
及格	72	66	4′05″	52	7.6	2.35	9.3	70	15	11.3	108	15.6	10.7	25
	69	64	4′12″	51	7.7	2.31	8.9	66	14	9.5	101	16.6	11.2	23
	66	61	4′19″	50	7.8	2.26	8.5	63	13	7.8	94	17.5	11.7	21
	63	58	4′26″	48	8.0	2.20	8.0	59	12	5.0	85	18.8	12.3	18
	60	55	4′33″	46	8.1	2.14	7.5	54	11	3.0	75	20.0	12.9	15
不及格	50	54	4′40″	45	8.2	2.12	7.3	53	9	2.4	71	20.6	13.3	14
	40	52	4′47″	44	8.3	2.09	7.0	51	8	1.4	64	21.6	13.8	12
	30	51	4′54″	43	8.5	2.06	6.7	49	7	0.5	58	22.5	14.3	10
	20	49	5′01″	42	8.6	2.03	6.2	47	6	-0.8	49	23.8	15.0	8
	10	47	5′08″	40	8.8	1.99	5.8	44	5	-2.0	40	25.0	15.7	5

表2　大学女生各测试项目评分标准

等级	单项得分	肺活量体重指数	1000 m 跑/s	台阶试验	50 m 跑/s	立定跳远/m	掷实心球/m	握力体重指数	仰卧起坐/次	坐位体前屈/cm	跳绳/(次/min)	篮球运球/s	足球运球/s	排球垫球/次
优秀	100	70	3′24″	78	7.2	2.07	8.6	74	52	21.1	190	11.2	7.3	46
	98	69	3′27″	75	7.3	2.06	8.5	73	51	20.8	184	11.5	7.8	44
	96	68	3′29″	72	7.4	2.05	8.4	72	50	20.3	175	12.0	8.6	41
	94	67	3′32″	69	7.5	2.03	8.2	71	49	19.8	166	12.6	9.4	38
	92	65	3′35″	64	7.7	2.01	8.0	69	47	19.2	154	13.3	10.5	34
	90	64	3′38″	60	7.8	1.99	7.8	67	45	18.6	142	14.0	11.5	30
良好	87	63	3′42″	59	7.9	1.97	7.7	66	44	17.7	137	14.6	11.9	29
	84	61	3′46″	57	8.0	1.93	7.6	63	43	16.3	130	15.6	12.5	27
	81	59	3′50″	55	8.2	1.89	7.5	61	42	15.0	122	16.5	13.2	25
	78	57	3′54″	52	8.3	1.84	7.4	58	40	13.1	112	17.8	14.0	23
	75	54	3′58″	49	8.5	1.79	7.2	55	38	11.3	102	19.0	14.9	20
及格	72	53	4′03″	48	8.6	1.76	7.1	53	37	10.1	98	19.8	15.6	19
	69	51	4′08″	47	8.7	1.72	7.0	50	35	8.3	92	20.9	16.7	17
	66	49	4′13″	46	8.8	1.69	6.8	48	33	6.5	86	22.0	17.8	15
	63	46	4′18″	44	8.9	1.63	6.6	44	31	4.1	78	23.5	19.3	13
	60	43	4′23″	42	9.0	1.58	6.4	40	28	1.7	70	25.0	20.8	10
不及格	50	42	4′30″	41	9.1	1.56	6.2	39	27	1.5	66	25.8	21.2	9
	40	41	4′37″	40	9.3	1.53	6.0	38	26	1.3	59	26.9	21.9	8
	30	39	4′44″	39	9.5	1.50	5.7	36	25	1.0	53	28.0	22.5	7
	20	37	4′51″	38	9.8	1.46	5.4	34	23	0.6	44	29.5	23.4	6
	10	35	5′00″	36	10.0	1.42	5.0	32	21	0.2	35	31.0	24.3	4